서울대 한국어

Student's Book 6A

서울대학교 언어교육원

서울대 한국어 6A Student's Book

지은이 서울대학교 언어교육원
편집인 박형만, 양승주, 김지연
펴낸곳 (주)투판즈
서울특별시 서초구 논현로 87, 5층
Tel (02)2140-2500
Fax (02)2140-2599
www.twoponds.co.kr
등록 1980년 10월 7일 제2004-000086호
디자인 새담디앤피
초판 1쇄 2015년 6월 1일
8쇄 2023년 6월 1일

ISBN 978-89-539-4964-5

Written by Language Education Institute, Seoul National University
Published by TWOPONDS Co., Ltd.
Designed by SAEDAM D&P

머리말

〈서울대 한국어 6A Student's Book〉은 한국어 성인 학습자를 위한 정규 과정용(약 200시간) 한국어 교재 시리즈 중 여섯 번째 책이다. 이 책은 1,000시간의 한국어 교육을 받았거나 그에 준하는 한국어 능력을 가진 성인 학습자들이 정치, 경제, 사회, 문화 등 사회적 영역과 관련된 심화된 주제로 의사소통을 하고 전문 분야에서의 연구나 업무 수행에 필요한 언어 기능을 익힐 수 있도록 하는 데 목적이 있다. 이를 위해 본 책은 다음과 같은 특징을 가지고 있다.

첫째, 고급 학습자에게 적합한 주제를 선정하고 이를 기반으로 의사소통 활동이 이루어지도록 주제 중심 교수요목으로 구성하였다. 주제는 정치, 경제, 사회, 문화, 과학, 문학 등 광범위한 분야에 걸쳐 선정함으로써 의사소통 능력을 함양함과 동시에 고급 학습자에게 필요한 지식을 습득할 수 있도록 하였다. 또한 대주제의 하위에 2개의 소주제를 설정하여 단원 구성을 함으로써 주제 관련 학습의 폭을 넓히고자 하였다.

둘째, 대단원 내에서 듣기와 말하기, 읽기와 쓰기가 연계되도록 과를 구성함으로써 구어와 문어의 집중 학습이 가능하도록 하였다. 듣기와 읽기는 주제를 중심으로 선정된 다양한 텍스트를 이해하도록 하고 후 활동으로 말하기와 쓰기를 각각 통합하였다. 특히 듣기와 읽기의 이해 활동을 중심 내용 파악하기, 세부 내용 파악하기, 추론하기, 태도 파악하기 등으로 구분하여 제시함으로써 목표 중심적인 활동이 이루어지도록 하였다.

셋째, 듣기와 연계된 말하기 과제, 읽기와 연계된 쓰기 과제를 각각 구성하였다. 말하기 과제는 요약하기, 발표하기, 토의하기, 토론하기 등의 기능을 수행하도록 하되 발표하기와 토론하기는 여러 과에 걸쳐 단계적으로 제시함으로써 고급 학습자에게 필수적인 기능을 집중적으로 학습할 수 있도록 하였다. 쓰기 과제는 문장 단위의 쓰기와 텍스트 단위의 쓰기로 구분하여 문장 단위의 쓰기는 조사, 시제, 어미, 호응 관계, 어휘 사용 오류 등 언어 지식적인 측면의 학습이 가능하도록 하였다. 텍스트 단위의 쓰기는 장르 중심 쓰기를 중심으로 하여 논설문, 설명문, 평전, 묘사문, 서사문 등의 쓰기가 과정 중심적으로 이루어지도록 하였다.

넷째, 고급 수준의 어휘 및 문법 학습이 체계적으로 이루어지도록 구성하였다. 어휘는 주제 어휘와 유형별 어휘를 구분하여 제시하였다. 주제 어휘는 각 과의 주제와 유기적으로 연계될 수 있도록 의미장으로 제시하여 체계적인 어휘력을 기를 수 있도록 하였다. 또한 매 단원별로 의성어, 의태어, 관용어, 속담, 한자성어 등 유형별 어휘를 제시하여 어휘 확장을 꾀하고 언어와 문화의 통합 학습이 가능하도록 하였다. 또한 고급 수준의 학습자에게 필요한 문법 항목을 제시하여 학습자가 상위 수준의 의사소통 맥락에서 적합한 구조를 사용할 수 있도록 하였다.

다섯째, 사진과 삽화 등 다양한 시각 자료를 풍부하게 제공하여 실제적이고 흥미 있는 학습이 가능하도록 하였다. 단원의 각 항목을 이해하는 데 도움이 되는 시각 자료를 통해 의미와 상황을 정확하게 전달하고 학습자의 흥미를 유발함으로써 학습 효과를 높이고자 하였다.

이 책이 완성되기까지 많은 분들의 노력과 수고가 있었다. 오랜 기간에 걸쳐 집필 및 출판 과정에 참여한 교재개발위원회 선생님들의 헌신이 없었다면 책이 만들어질 수 없었을 것이다. 또한 2012년 봄 학기부터 2014년 봄 학기에 걸쳐 6급을 사용하며 꼼꼼하게 수정해 주신 최지훈, 선우용, 박지영, 정인아, 강유리, 하승현 선생님, 2013년 겨울 학기에 말레이시아 프로그램에서 사용하며 수정 의견을 추가해 주신 장은아, 장용원, 이창용, 조용미, 신필여, 박유미, 이희진, 신윤희 선생님, 원고의 교열을 담당해 주신 이소연, 민유미 선생님, 시험 사용 교재의 삽화를 담당해 주신 조소명, 송지성 선생님, 정확한 발음으로 녹음을 해 주신 성우 임채헌, 윤미나 선생님의 노고에 감사를 드린다. 아울러 책이 출판되기까지 오랜 기간 동안 작업을 도와주신 투판즈의 사장님과 도현정 부장님, 박형만 편집팀장님, 양승주 대리님, 김지연 주임님을 비롯한 편집진 여러분께도 고마운 마음을 전한다.

2015. 6.

서울대학교 언어교육원

원장 **전 영 철**

일러두기

서울대 한국어 6A Student's book은 총 7단원 14과로 되어 있다. 각 단원은 2개의 과로 구성되어 있는데, 1과는 '들어가기, 어휘와 문법, 듣기, 말하기, 어휘와 표현 목록', 2과는 '들어가기, 어휘와 문법, 읽기, 쓰기, 어휘와 표현 목록'으로 구성되어 있다. 또한 단원별로 자기 평가, 보충 어휘가 포함되어 있다. 각 과의 세부 내용은 다음과 같다.

과별 주제, 어휘, 문법과 표현, 듣기, 말하기 혹은 읽기, 쓰기의 학습 목표가 제시된다.

들어가기

해당 과의 주제, 어휘, 문법과 표현, 듣기와 말하기, 혹은 읽기와 쓰기의 학습 목표가 제시된다.

이야기해 보세요

그림이나 사진, 도표 등의 시각 자료를 활용해 주제를 도입함으로써 학습자의 배경 지식을 활성화하고 내적 동기를 이끌어 낸다.

주제와 관련한 간단한 질문을 통해 주제를 도입한다.

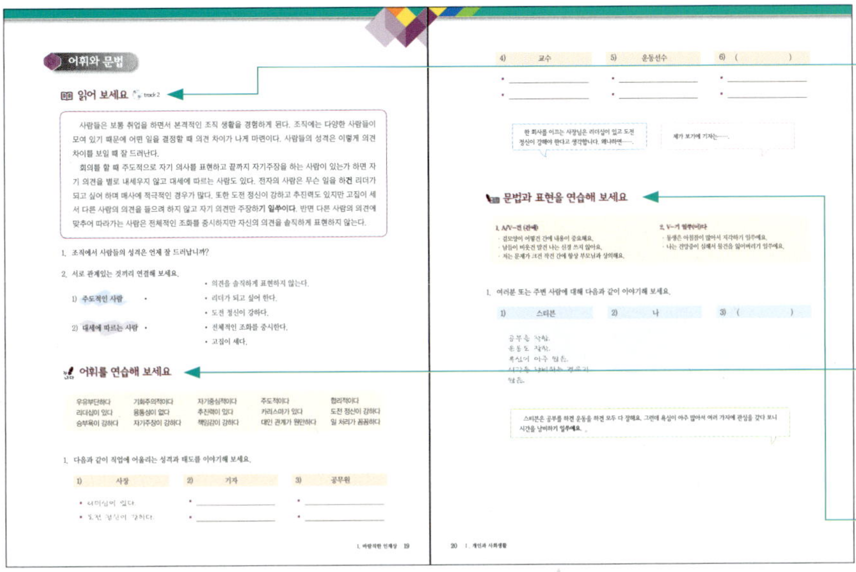

어휘와 문법

읽어 보세요

주제와 관련된 짧은 텍스트에 주제 어휘와 문법을 포함하여 맥락 속에서 의미와 용법을 익히도록 한다.

어휘를 연습해 보세요

주제 어휘를 의미장으로 묶어서 제시하고 간단한 어휘 연습을 하도록 한다.

문법과 표현을 연습해 보세요

문법과 표현을 예문으로 제시하고 문장 완성하기, 대화 연습 등을 하도록 한다.

듣기

준비해 보세요

그림이나 사진 등을 통해 배경 지식을 활성화하거나 제공하여 학습 동기를 유발한다.

일러두기

들어 보세요 1 / 들어 보세요 2

대화, 대담, 강연, 토론, 발표, 경험담 소개 등 다양한 구어 텍스트를 들으며 세부 내용 파악하기, 주제 파악하기, 추론하기 등의 다양한 듣기 기술을 익힌다.

이야기해 보세요

듣기를 말하기와 연계하여 학습한 주제를 심화하고 내재화한다.

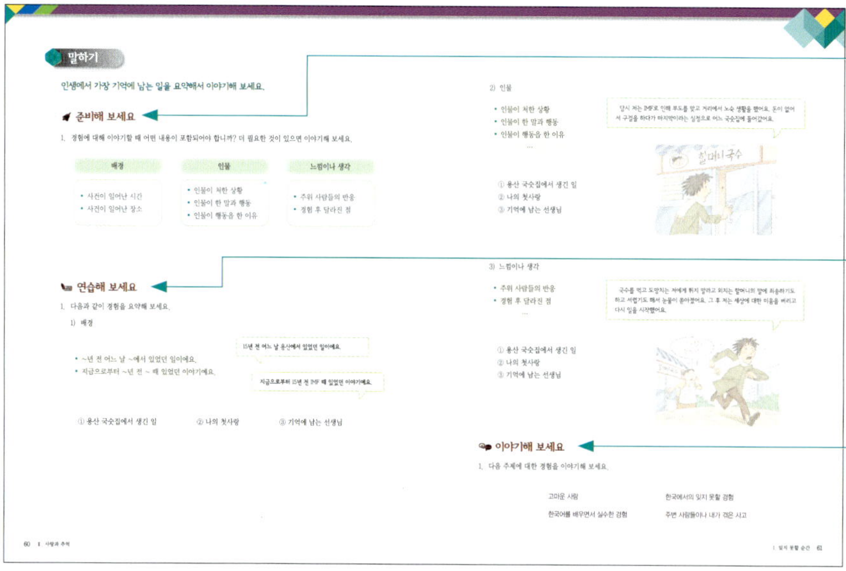

말하기

준비해 보세요

학습자의 배경 지식을 활성화하여 말하기 기능을 원활히 수행하도록 한다.

연습해 보세요

주장하기, 동의하기, 반박하기, 부연 설명하기, 평가하기 등 말하기 기능과 관련된 표현을 제시하고 연습을 통해 이를 익힌다.

이야기해 보세요

학습자가 개별적으로 또는 동료와 상호작용하면서 아이디어나 자료를 모아 말하기 과제를 수행한다. 발표하기, 토론하기, 소개하기, 토의하기, 요약하기 등의 다양한 말하기 기술을 익힌다.

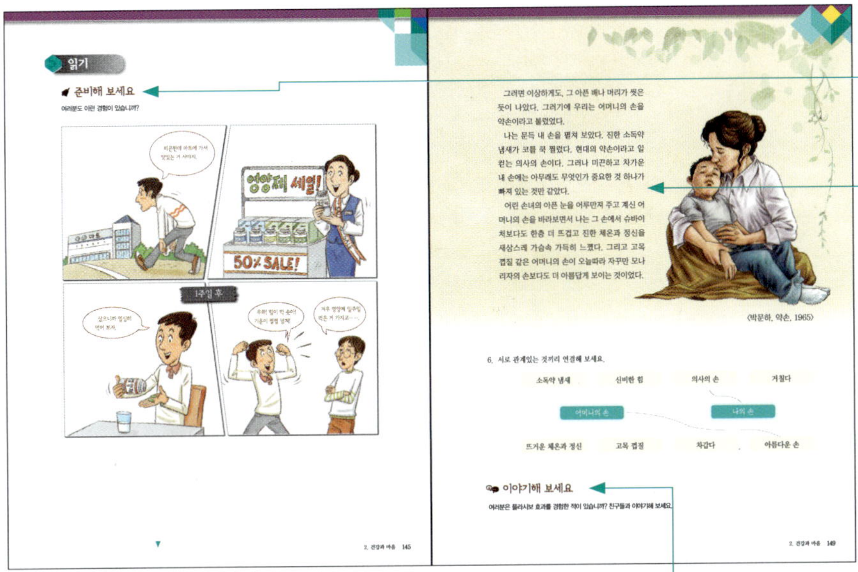

읽기

준비해 보세요

그림이나 사진 등을 통해 배경 지식을 활성화하거나 제공하여 학습 동기를 유발한다.

읽어 보세요

설명문, 논설문, 수필, 소설, 신문 기사 등 다양한 문어 텍스트를 읽으며 훑어 읽기, 자세히 읽기, 주제 찾기, 주장과 근거 찾기 등의 다양한 읽기 기술을 익힌다.

이야기해 보세요

읽기를 말하기와 연계하여 학습 내용을 강화하고 정보를 개인화하여 표현한다.

쓰기

준비해 보세요

빈번히 나타나는 쓰기 오류를 수정해 봄으로써 문장 쓰기의 정확성을 높일 수 있도록 한다.

표현을 연습해 보세요

논증하기, 묘사하기, 요약하기 등 쓰기 기능과 관련된 표현을 제시하고 연습을 통해 이를 익힌다.

써 보세요

학습자가 개별적으로 또는 동료와 상호작용하면서 쓰기 과제를 수행한다. 주장하는 글, 설명하는 글, 묘사하는 글 등 다양한 장르의 글쓰기를 익힌다.

일러두기

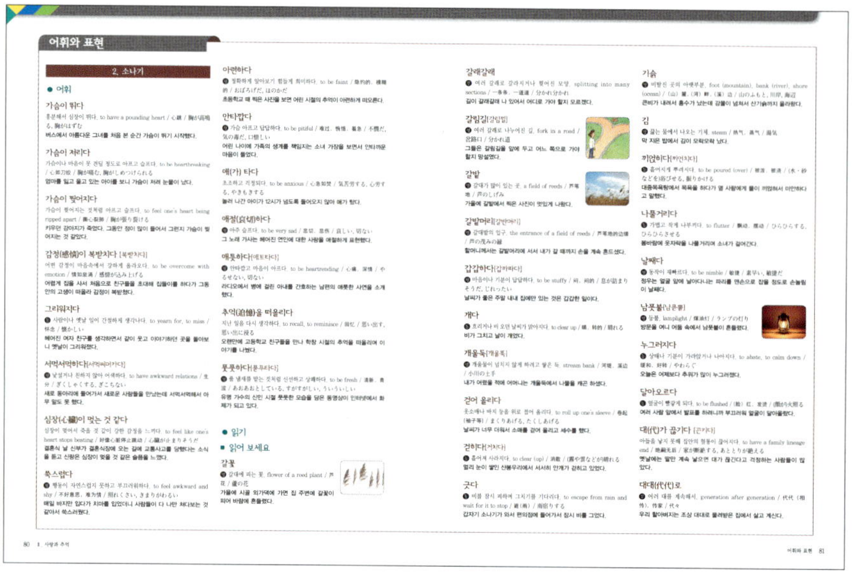

어휘와 표현

해당 과에 출현한 어휘와 표현의 뜻풀이(한국어, 영어, 중국어, 일본어), 예문, 발음이 제공되고 필요한 경우 이해를 돕기 위한 사진이 함께 제시된다. 음운 규칙이 적용되는 어휘는 [ ]에 발음이 표기되고 한자어는 한자 정보가 함께 제공된다.

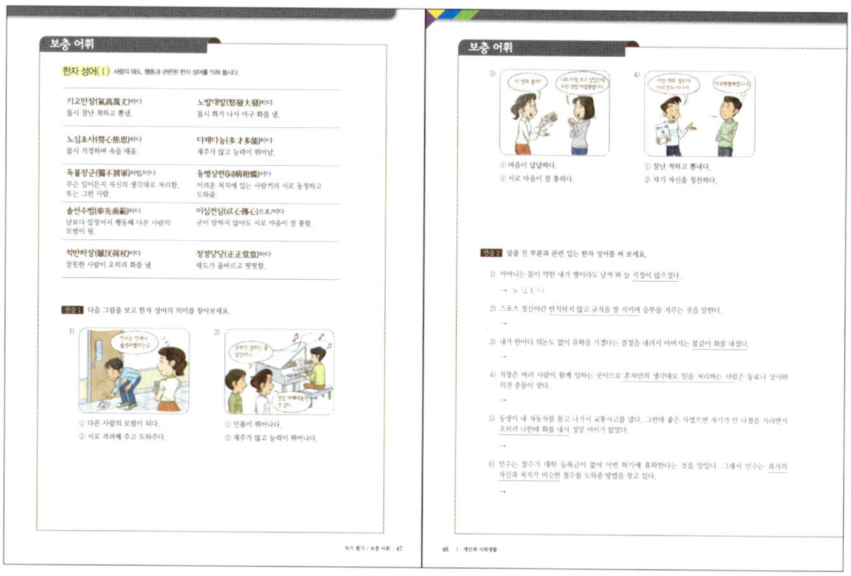

자기 평가

학습자 스스로 학습 정도를 점검함으로써 자기 주도 학습으로 이끈다.

보충 어휘

관용어, 속담, 의성어, 의태어 등 유형별 어휘의 의미를 파악하고 문맥 내에서의 용법을 이해하도록 한다.

부록

부록은 〈보충 자료〉, 〈듣기 지문〉, 〈모범 답안〉, 〈어휘 색인〉으로 구성된다.

보충 자료

소설 〈소나기〉의 전문이 제공된다.

듣기 지문

각 과의 '들어 보세요'의 내용이 텍스트로 제공된다.

일러두기

모범 답안

각 과에 포함된 '들어 보세요', '읽어 보세요', '보충 어휘'의 답이 모범 답안의 형태로 제공된다.

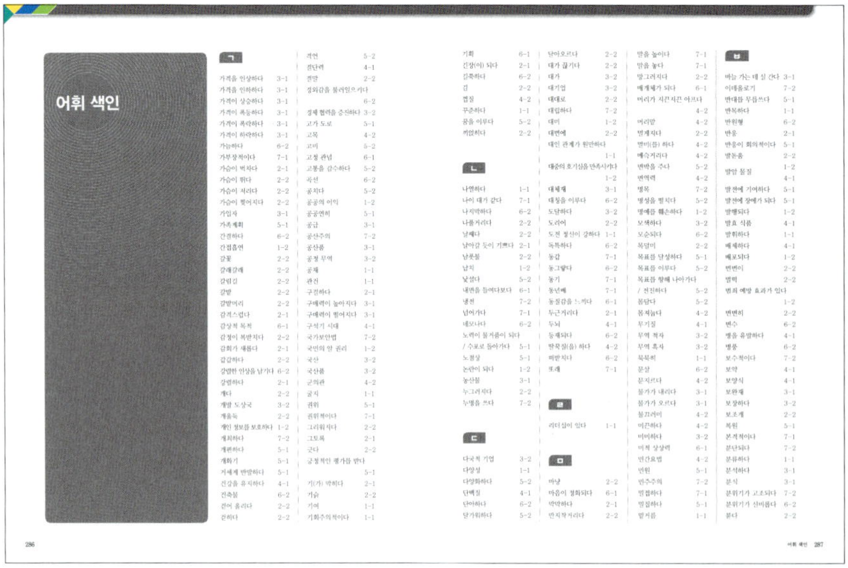

어휘 색인

각 과의 어휘와 표현을 가나다순으로 정리하고 출현한 단원과 과를 함께 제시한다.

자기소개를 해 보세요

1. 동영상을 본 후 자신에 대해 메모하고 정리해 보세요. 여러분은 어떤 사람이 되고 싶은지 친구에게 이야기해 보세요.

동영상을 보면서 도입이나 과제 활동을 할 때 도움을 받을 수 있다.

차례 Contents

교재 구성표

대단원명	소단원명	기능	
Ⅰ. 개인과 사회생활	1과 바람직한 인재상	듣기	말하기
		• 강연과 대담 듣고 추론 및 비교하기	• 인상적으로 자기소개하기 (나열하기, 분류하기, 비유하기)
	2과 공익과 사생활	읽기	쓰기
		• 소설 읽고 추론하기 • 사설 읽고 주장과 근거 파악하기	• 호응에 유의하며 문장 쓰기 1 • 주장하는 글 쓰기 1 (단락 쓰기)
Ⅱ. 사랑과 추억	1과 잊지 못할 순간	듣기	말하기
		• 라디오 사연 듣고 요약하기 • 텔레비전 프로그램 듣고 이어질 내용 추측하기	• 요약하여 말하기
	2과 소나기	읽기	쓰기
		• 소설 읽고 내용 파악하기 • 등장인물의 심리 이해하기	• 조사에 유의하며 문장 쓰기 1 • 소설의 결말 바꿔 쓰기
Ⅲ. 경제와 생활	1과 물가 이야기	듣기	말하기
		• 대담과 강의 듣고 추론하기	• 발표하기 1 (자료 출처 밝히기, 자료 분석하기)
	2과 경제와 무역	읽기	쓰기
		• 설명문 읽고 추론하기	• '–아 있다'와 '–고 있다'에 유의하며 문장 쓰기 • 설명하는 단락 쓰기 (정의하기, 예시하기)
Ⅳ. 건강한 삶	1과 음식과 체질	듣기	말하기
		• 라디오 방송 듣고 정보 찾기 • 토론 듣고 개별 의견 추론하기	• 의견을 정리하고 종합해서 말하기

어휘	문법과 표현	보충 어휘
• 성격과 태도	• A/V-건 (간에) • V-기 일쑤(이)다	한자 성어 Ⅰ
• 공익과 사생활	• A/V-거니와 • A/V-다손 치더라도	
• 느낌과 기분	• N은/는 말할 것도 없다 • V-(으)려고 들다	한자 성어 Ⅱ
• 사랑의 감정	• A-(으)ㄴ/V-는 양 • A/V-(으)리라	
• 물가와 경제	• N에도 불구하고 • V-자	관용어 Ⅰ
• 경제와 무역	• N(으)로 보다 • A-(으)ㄴ/V-는 가운데	
• 음식과 건강	• V-(으)ㄹ래야 V-(으)ㄹ 수(가) 없다 • 어찌나 A/V-던지	관용어 Ⅱ

교재 구성표

대단원명	소단원명	기능	
Ⅳ. 건강한 삶	2과 건강과 마음	읽기	쓰기
		• 설명문 읽고 내용 파악하기 • 수필 읽고 공감하기	• 조사에 유의하며 문장 쓰기 2 • 경험을 바탕으로 한 수필 쓰기
Ⅴ. 성공과 실패	1과 새로운 시도	듣기	말하기
		• 강연과 인터뷰 듣고 요약하기 • 화자의 태도 파악하기	• 평가하여 말하기
	2과 흔들리며 피는 꽃	읽기	쓰기
		• 시 읽고 시어의 의미 파악하기 • 자서전 읽고 서사 구조 이해하기	• 호응에 유의하며 문장 쓰기 2 • 자서전 및 평전 쓰기
Ⅵ. 생활과 예술	1과 생활 속의 예술	듣기	말하기
		• 인터뷰 듣고 내용 평가하기 • 발표 듣고 제목 붙이기	• 발표하기 2 (주제를 정하여 발표하기)
	2과 건축물의 미학	읽기	쓰기
		• 설명문 읽고 묘사 대상 상상하기 • 묘사하는 글을 읽고 필자의 인상 이해하기	• 시제에 유의하며 문장 쓰기 • 건축물 외양 묘사하는 글 쓰기
Ⅶ. 사상과 이데올로기	1과 한국인과 유교 사상	듣기	말하기
		• 대화 듣고 관련 사례 추론하기 • 발표 듣고 개요 파악하기	• 발표하기 3 (자료 제시하기, 결론 말하기)
	2과 한국인과 이데올로기	읽기	쓰기
		• 만화 읽고 추론하기 • 설명문 읽고 인과 관계 파악하기	• '–았더니'와 '–았던'에 유의하며 글 • 역사적 사건 기술하기

	어휘	문법과 표현	보충 어휘
	• 건강과 치료	• V-(으)ㄹ 바에는[바에야] (차라리) • A-(으)ㄴ/V-는 까닭에[까닭으로]	관용어 Ⅱ
	• 도전의 과정과 결과	• A/V-다 뿐이지 • V-기란	속담 Ⅰ
	• 시련과 극복	• A/V-(으)ㄹ지라도 • V-는 한	
	• 예술의 활용	• V-고서는 • V-게끔	속담 Ⅱ
	• 건축물의 아름다움	• A-(으)면서(도) • A-기(가) 이를 데 없다	
	• 유교와 한국인의 사고방식	• N더러 • N이/가 다 뭐예요?	연어 Ⅰ
	• 전쟁과 이데올로기	• N은/는 고사하고 • (비록) A/V-(으)ㄹ망정	

I 개인과 사회생활

1 바람직한 인재상

주제 기업에 필요한 인재

어휘 성격과 태도

문법과 표현
- A/V-건 (간에)
- V-기 일쑤(이)다

듣기 강연과 대담 듣고 추론 및 비교하기

말하기 인상적으로 자기소개하기 (나열하기, 분류하기, 비유하기)

2 공익과 사생활

주제 공익과 사생활 보호

어휘 공익과 사생활

문법과 표현
- A/V-거니와
- A/V-다손 치더라도

읽기
- 소설 읽고 추론하기
- 사설 읽고 주장과 근거 파악하기

쓰기
- 호응에 유의하며 문장 쓰기 1
- 주장하는 글 쓰기 1 (단락 쓰기)

보충 어휘 한자 성어 Ⅰ

1 바람직한 인재상

주제
기업에 필요한 인재

어휘
성격과 태도

문법과 표현
· A/V-건 (간에)
· V-기 일쑤(이)다

듣기
강연과 대담 듣고 추론 및 비교하기

말하기
인상적으로 자기소개하기
(나열하기, 분류하기, 비유하기)

들어가기

이야기해 보세요

1. 어떤 상황인 것 같습니까?

2. 회의 참석자들과 관련 있는 것을 연결해 보세요. 그리고 이 사람들의 성격은 어떨지 추측해 보세요.

1) 김 과장 •	• 아, 지루해. 언제 끝나나?
2) 박 과장 •	• 제 의견대로 꼭 해야 됩니다.
3) 이 대리 •	• 난 관심 없어. 결정되는 대로 따르지, 뭐.
4) 최 대리 •	• 이런 융통성 없는 사람을 봤나!

어휘와 문법

읽어 보세요 track 2

사람들은 보통 취업을 하면서 본격적인 조직 생활을 경험하게 된다. 조직에는 다양한 사람들이 모여 있기 때문에 어떤 일을 결정할 때 의견 차이가 나게 마련이다. 사람들의 성격은 이렇게 의견 차이를 보일 때 잘 드러난다.

회의를 할 때 주도적으로 자기 의사를 표현하고 끝까지 자기주장을 하는 사람이 있는가 하면 자기 의견을 별로 내세우지 않고 대세에 따르는 사람도 있다. 전자의 사람은 무슨 일을 하**건** 리더가 되고 싶어 하며 매사에 적극적인 경우가 많다. 또한 도전 정신이 강하고 추진력도 있지만 고집이 세서 다른 사람의 의견을 들으려 하지 않고 자기 의견만 주장하**기 일쑤이다**. 반면 다른 사람의 의견에 맞추어 따라가는 사람은 전체적인 조화를 중시하지만 자신의 의견을 솔직하게 표현하지 않는다.

1. 조직에서 사람들의 성격은 언제 잘 드러납니까?

2. 서로 관계있는 것끼리 연결해 보세요.

1) 주도적인 사람 •
2) 대세에 따르는 사람 •

• 의견을 솔직하게 표현하지 않는다.
• 리더가 되고 싶어 한다.
• 도전 정신이 강하다.
• 전체적인 조화를 중시한다.
• 고집이 세다.

어휘를 연습해 보세요

우유부단하다	기회주의적이다	자기중심적이다	주도적이다	합리적이다
리더십이 있다	융통성이 없다	추진력이 있다	카리스마가 있다	도전 정신이 강하다
승부욕이 강하다	자기주장이 강하다	책임감이 강하다	대인 관계가 원만하다	일 처리가 꼼꼼하다

1. 다음과 같이 직업에 어울리는 성격과 태도를 이야기해 보세요.

1) 사장	2) 기자	3) 공무원
▪ 리더십이 있다.	▪ ______	▪ ______
▪ 도전 정신이 강하다.	▪ ______	▪ ______

4) 교수

-
-

5) 운동선수

-
-

6) (   )

-
-

한 회사를 이끄는 사장님은 리더십이 있고 도전 정신이 강해야 한다고 생각합니다. 왜냐하면…….

제가 보기에 기자는…….

문법과 표현을 연습해 보세요

1. A/V-건 (간에)

· 겉모양이 어떻건 간에 내용이 중요해요.
· 남들이 비웃건 말건 나는 신경 쓰지 않아요.
· 저는 문제가 크건 작건 간에 항상 부모님과 상의해요.

2. V-기 일쑤(이)다

· 동생은 아침잠이 많아서 지각하기 일쑤예요.
· 나는 건망증이 심해서 물건을 잃어버리기 일쑤예요.

1. 여러분 또는 주변 사람에 대해 다음과 같이 이야기해 보세요.

1) 스티븐

공부를 잘함.
운동도 잘함.
욕심이 아주 많음.
시간을 낭비하는 경우가 많음.

2) 나

3) (   )

스티븐은 공부를 하**건** 운동을 하**건** 모두 다 잘해요. 그런데 욕심이 아주 많아서 여러 가지에 관심을 갖다 보니 시간을 낭비하**기 일쑤예요**.

듣기

준비해 보세요

1. 여러분이 이 질문을 받는다면 어떻게 대답하겠습니까?

2. 친구들 중 누구의 대답이 가장 인상적입니까?

🎧 들어 보세요 1

다음은 어느 대기업 회장의 강연입니다. 잘 듣고 질문에 답해 보세요.

중심 내용 파악하기

1. 강연의 첫 부분을 듣고 질문에 답해 보세요. track 3

1) 기업이 경쟁에서 이기기 위해서 필요한 것은 무엇입니까? 그중에서 가장 중요한 것은 무엇입니까?

- ☐ 인재 발굴
- ☐ 새로운 기회
- ☐ 기업 경쟁력
- ☐ 기술 개발
- ☐ 창의적인 아이디어
- ☐ 개발 속도

추론하기

2) 앞으로 어떤 내용이 이어질 것 같습니까?

세부 내용 파악하기

2. 전체 내용을 듣고 질문에 답해 보세요. track 4

1) 이 사람은 왜 직접 면접을 합니까?

2) 이 사람이 선호하는 인재 유형과 관련이 있는 것에 ✓ 해 보세요.

- ☐ 리더십이 있는 사람
- ☐ 경쟁심이 강한 사람
- ☐ 추진력이 있는 사람
- ☐ 일 처리가 꼼꼼한 사람
- ☐ 책임감이 강한 사람
- ☐ 도전 정신이 강한 사람

3) 이 사람이 말하는 '천재'는 어떤 사람입니까?

들어 보세요 2 track 5

다음은 어느 대기업 회장과의 대담입니다. 잘 듣고 질문에 답해 보세요.

중심 내용 파악하기

1. 이 사람이 생각하는 인재 유형과 관련이 있는 것에 ✓ 해 보세요.

□ 소수 엘리트 : □ 평범한 다수
□ 강한 리더십 : □ 원만한 대인 관계
□ 다양함 : □ 특별함

세부 내용 파악하기

2. 서로 관계있는 것끼리 연결해 보세요.

1) 거북이형 •

2) 토끼형 •

3) 경주마형 •

• 자기중심적이다
도전 정신과 승부욕이 강하다

• 창의적이다
실수가 많다

• 실수가 없다
일 처리가 느리다

3. 이 회사의 인재 경영법은 무엇입니까?

추론하기

4. 사회자의 마지막 질문에 이 사람은 뭐라고 대답했을까요?

이야기해 보세요

1. 강연과 대담을 다시 듣고 내용을 비교해 보세요.

	들어 보세요 1	들어 보세요 2
공통점		
차이점		

2. 여러분은 두 사람의 주장에 대해 어떻게 생각합니까? 이야기해 보세요.

> 제 생각에도 소수의 엘리트로 구성된 회사는 발전하지 못할 것 같아요. 왜냐하면……

말하기

면접에서 인상적으로 자기소개를 해 보세요.

준비해 보세요

1. 다음 유형의 사람들은 어떤 특성이 있습니까? 여러분은 조직(학교, 직장 등)에서 어떤 유형의 사람입니까?

천재형
거북이형
토끼형
경주마형

예스맨
소신파

리더형
순응형
조화형

표현을 연습해 보세요

1. 다음은 나열하거나 분류할 때 쓰는 표현입니다. 다음 표현을 사용하여 자신이 어떤 유형의 사람인지 이야기해 보세요.

〈나열하기, 분류하기〉

- ~에는 ~ 등이 있다
- 이[그] 중에서 ~은 ~으로 분류할 수 있다

> 조직**에는** 천재형, 거북이형, 토끼형 **등이 있습니다. 이 중에서** 저는 거북이형**으로 분류할 수 있습니다.** 조금 느리지만 일을 꼼꼼하게 처리하기 때문입니다.

2. 다음은 비유할 때 쓰는 표현입니다. 다음 표현을 사용하여 자신이 되고 싶은 사람에 대해 이야기해 보세요.

〈비유하기〉

- ~ 같다
- ~는 것같이[것처럼]
- ~같이[처럼]
- ~듯이

> 저는 소금**같이** 회사에 꼭 필요한 사람이 되고 싶습니다. 소금이 모든 음식에 들어가**는 것처럼** 저도 회사의 모든 일에 적극적으로 참여하는 사람이 되겠습니다.

3. 다음을 읽고 알맞은 그림과 연결해 보세요.

1) 저는 __________ 같은 사람입니다. 음식을 만들 때 이것이 없으면 음식의 맛을 제대로 낼 수 없습니다. 이것이 필요하지 않은 음식이 없고 사람은 이것을 먹지 않으면 살아갈 수 없습니다. 저는 이것과 같이 회사에 꼭 필요한 인재가 되려고 노력하고 있습니다.

• •

2) 저는 __________ 같은 사람입니다. 여러분은 모두 커피 전문점에 가 본 적이 있을 겁니다. 아메리카노, 카페라떼, 카페모카 등 어떤 커피를 만들건 간에 이것을 넣어서 만들게 됩니다. 이것이 가장 기본적인 재료가 되어서 다양한 커피 맛을 내는 데 쓰이는 것처럼 저도 다양한 분야에 활용되는 인재가 되고 싶습니다.

• •

3) 저는 __________ 같은 사람입니다. 여러분은 이것이 한 자리에 계속 서 있어서 답답하다고 생각할지도 모릅니다. 그러나 이것은 묵묵히 자신의 일을 하고 있습니다. 꽃을 피우고 열매를 맺어 사람들에게 기쁨을 줍니다. 저는 이것처럼 회사에서 묵묵히 자신의 일을 해내는 사람이 되겠습니다.

• •

자기소개를 해 보세요 clip 1

1. 동영상을 본 후 자신에 대해 메모하고 정리해 보세요. 여러분은 어떤 사람이 되고 싶은지 친구에게 이야기해 보세요.

- 인재 유형 : 리더형, 순응형, 조화형
  → 이유 : 다른 사람과의 조화를 중시함.
- 비유 : 에스프레소
  → 이유 : 커피의 기본적인 재료, 회사에 없어서는 안 되는 인재가 되고 싶음.

- 인재 유형 :
  → 이유 :
- 비유 :
  → 이유 :

2. 메모한 것을 바탕으로 인상적으로 자기소개를 해 보세요.

안녕하십니까? 저는 스도 아키라라고 합니다. 저는 기업에 필요한 인재에는 리더형, 순응형, 조화형 등이 있다고 생각합니다. 이 중에서 저는 스스로를 조화형으로 분류할 수 있을 것 같습니다. 저는 무슨 일을 하건 다른 사람과의 조화를 제일 먼저 생각합니다. 왜냐하면 중요한 순간에 결정을 내리거나 결정된 일에 최선을 다하는 것도 중요하지만 의견 충돌이 있을 때 여러 사람의 의견을 조율하는 것이 제일 중요하다고 생각하기 때문입니다.

또한 저는 에스프레소 같은 사람이 되려고 노력하고 있습니다. 에스프레소는 모든 커피 메뉴에 들어가는 기본적인 재료입니다. 이 에스프레소처럼 저는 회사에 없어서는 안 되는 꼭 필요한 인재가 되고자 노력하겠습니다.

3. 누가 가장 인상적으로 자신을 소개한 것 같습니까? 친구들의 자기소개를 평가해 보세요.

	매우 좋다	좋다	보통이다	좋지 않다
▪ 비유가 적절했는가?	☐	☐	☐	☐
▪ 배운 표현을 잘 사용했는가?	☐	☐	☐	☐
▪ 태도, 발음, 표정이 좋았는가?	☐	☐	☐	☐
▪ 내용이 인상적이었는가?	☐	☐	☐	☐

어휘와 표현

1. 바람직한 인재상

● 어휘

기회주의적(機會主義的)이다
상황에 따라 자신에게 이익이 되는 쪽으로 행동하다. to be opportunistic / 立场不坚定，骑墙派的，机会主义的 / どっちつかずだ, 日和見主義的だ
기회주의적인 사람은 성공을 위해서라면 무슨 일이든지 한다.

대인 관계(對人關係)가 원만하다
사람들과 사이가 좋다. to have good personal relationships / 人际关系好 / 人間関係が円満だ
최정우 씨는 대인 관계가 원만해서 다른 직원들과 부딪치는 일이 없다.

도전 정신(挑戰情神)이 강하다
새로운 일을 시작해 보려는 마음이 강하다. to have a strong challenging spirit / 富有挑战精神 / チャレンジ精神が旺盛だ
새로운 사업을 시작하려면 도전 정신이 강해야 한다.

리더십(leadership)이 있다
다른 사람들을 이끄는 능력이 있다. to have leadership / 有领导才能 / リーダーシップがある
회사를 대표하는 사장은 리더십이 있어야 한다.

승부욕(勝負欲)이 강하다
경쟁에서 이기려는 욕심이 많다. to have a strong competitive nature / 要强，争强好胜 / 負けず嫌いだ
켈리는 너무 승부욕이 강해서 사소한 게임에서도 지는 것을 싫어한다.

우유부단(優柔不斷)하다
형 망설이면서 쉽게 결정하지 못하다. to be indecisive / 优柔寡断 / 優柔不断だ
민수는 우유부단해서 점심 메뉴를 결정하는 데에도 시간이 오래 걸린다.

융통성(融通性)이 없다
상황의 변화에 따라 일을 처리하지 못하다. to lack flexibility / 不灵活，不知变通，古板 / 融通がきかない
융통성이 없으면 예상하지 못한 문제가 생겼을 때 쉽게 해결하지 못한다.

일 처리가 꼼꼼하다
일을 할 때 실수 없이 잘 처리하다. to be detailed in one's work / 办事认真细致 / 仕事が丁寧だ
이번 계약은 매우 중요하니까 일 처리가 꼼꼼한 사람이 맡아야겠어요.

자기주장(自己主張)이 강하다
자기의 의견이나 생각을 강하게 주장하다. to be self-assertive / 自作主张，独断专行，固执己见 / 自己主張が強い, 我が強い
줄리앙은 너무 자기주장이 강해서 토론 시간에 거의 혼자서만 이야기한다.

자기중심적(自己中心的)이다
언제나 자신만을 먼저 생각하고 자신의 일을 더 중요하게 여기다. to be self-centered / 以自我为中心的 / 自己中心的だ
어린아이들은 아직 사회성이 발달하지 않아서 자기중심적인 경향이 있다.

주도적(主導的)이다
중심이 되어 이끌려고 하다. to be leading, to be dominant / 主导的 / 主導的だ
기업인들은 컴퓨터 관련 산업을 21세기의 주도적인 산업으로 전망하고 있다.

책임감(責任感)이 강하다
자신이 맡은 일을 중요하게 여기다. to have a strong sense of responsibility / 责任心强 / 責任感がある
민수는 책임감이 강해서 밤을 새워서라도 맡은 일을 끝까지 해낸다.

추진력(推進力)이 있다 [추진녁]
목표를 향해 밀고 나아가는 힘이 있다. to have drive (driving force, impetus) / 有推动力 / 推進力がある
그는 추진력이 있어서 많은 사람들이 반대해도 일을 끝까지 해낸다.

카리스마(charisma)가 있다
많은 사람이 자신을 따르게 하는 능력이 있다. to have charisma / 能服众，有领袖风范 / カリスマがある
그 교수님은 카리스마가 있어서 수업 시간에 학생들을 모두 집중시킨다.

합리적(合理的)이다 [함니적]
이론에 맞고 논리적이다. to be reasonable / 合理的，公道的 / 合理的だ
그는 합리적인 사람이라서 공적인 일과 사적인 일을 잘 구분한다.

● 듣기

■ 들어 보세요 1

공채(公採)
명 공개적인 방법으로 직원을 뽑음. open recruitment / 公开选拔 / 公募, 公開採用
올 하반기에는 대기업의 신입 사원 공채가 있다.

관건(關鍵)
명 어떤 물건이나 문제 해결의 가장 중요한 부분. key factor / 关键 / 核心, 鍵, キー
성공의 관건은 열정과 성실함이다.

발휘(發揮)하다
동 재능이나 능력 등을 나타내다. to demonstrate / 发挥 / 発揮する
서 대리는 노래방에서 숨겨진 노래 실력을 발휘했다.

창의적(創意的)이다
새로운 생각이나 의견을 가지다. to be creative / 创新的 / 創造的だ, 独創的だ
김 대리는 신제품 개발 회의에서 창의적인 아이디어를 내놓아 부장님의 칭찬을 받았다.

치열(熾烈)하다
형 일의 상황이나 세력 등이 불같이 강하다. to be fierce / 激烈 / 熾烈だ
스마트폰 시장에서 삼성과 애플의 경쟁이 치열하다.

확보(確保)[확뽀]
명 확실히 가지고 있음. securement / 确保 / 確保
광고와 마케팅에서는 정보의 확보가 무엇보다도 중요하다.

■ 들어 보세요 2

굴지(屈指)[굴찌]
명 손꼽을 정도로 매우 뛰어남. outstandingness / 屈指可数，首屈一指 / 屈指
그는 자동차 회사를 세워 20년 만에 세계 굴지의 기업으로 키워 냈다.

기여(寄與)
명 도움이 되도록 함. contribution / 贡献 / 寄与
김대중 대통령은 세계 평화에 큰 기여를 해 노벨 평화상을 수상했다.

꾸준하다
형 항상 부지런하고 끈기가 있다. to be tireless / 坚持不懈的，孜孜不倦的 / 粘り強い, 着実だ
꾸준한 노력이 있어야 사업에 성공할 수 있다.

다양성(多樣性)[다양썽]
명 특성이 여러 가지로 많음. diversity / 多样性 / 多様性
오랜 이민 역사를 지닌 미국은 인종의 다양성을 가진 나라다.

밑거름[믿꺼름]
명 어떤 일을 이루는 데 기초가 되는 것. foundation / 基础 / 前提, 基礎
한석봉이 성공할 수 있었던 밑거름은 어머니의 희생이다.

반목(反目)하다[반모카다]
동 서로 미워해서 사이가 좋지 않다. to hate each other, to be at odds / 反目，不和 / 反目, いがみ合う
감독과 선수들이 의견 차이로 반목하다가 결국 감독이 팀을 그만두었다.

설립(設立)하다[설리파다]
동 기관이나 조직 등을 만들다. to establish / 设立，成立 / 設立する
빌 게이츠는 1975년에 마이크로소프트사를 설립했다.

안목(眼目)
명 사물을 보고 판단할 수 있는 능력. discerning eye / 眼光 / 眼目, 見る目
내 친구는 물건을 고르는 안목이 뛰어나다.

조화(調和)
명 서로 잘 어울림. harmony, balance / 和谐，协调 / 調和
그의 얼굴과 옷차림, 목소리는 조화를 이루어 자연스러운 분위기를 만들어 낸다.

친화력(親和力)
명 다른 사람들과 사이좋게 잘 어울리는 능력. sociability / 亲和力 / 親和力
친화력이 뛰어난 사람은 처음 만난 사람들과도 잘 어울린다.

● 말하기

나열(羅列)하다
동 나란히 줄을 지어 놓다. to list / 罗列 / 羅列する
사건 기록을 순서대로 나열해 보면 해결의 실마리가 보일 것이다.

묵묵히[뭉무키]
부 말없이 조용히. silently / 默默地 / 黙々と
당장 떠나라는 어머니의 말씀에 묵묵히 가방을 쌌다.

분류(分類)하다[불류하다]
동 종류에 따라서 나누다. to classify / 分类 / 分類する
우체부는 우편물을 지역별로 분류해서 배달한다.

어휘와 표현

비유(比喩)하다

동 어떤 것을 직접 설명하지 않고 다른 비슷한 것으로 설명하다. to compare / 比喻 / 比喩する, 譬える

한국에서는 착하고 순한 사람을 양에 비유한다.

소신(所信)

명 옳다고 믿는 것이나 생각하는 것. belief / 信念 / 所信, 信念

김민수 씨는 동료들의 비판에 신경 쓰지 않고 소신대로 일한다.

순응형(順應型)

명 환경이나 변화에 쉽게 따르는 유형. adaptive type, well-adjustive / 顺应型 / 順応性の高い

그는 순응형 인간으로 윗사람의 명령에 반대하는 일 없이 조용히 회사 생활을 하고 있다.

충돌(衝突)

명 서로 부딪치거나 대립함. collision / 冲突 / 衝突

부장님과 과장님은 성격이 너무 달라서 회의 때마다 의견 충돌이 심하다.

2

공익과 사생활

주제
공익과 사생활 보호

어휘
공익과 사생활

문법과 표현
· A/V-거니와
· A/V-다손 치더라도

읽기
· 소설 읽고 추론하기
· 사설 읽고 주장과 근거 파악하기

쓰기
· 호응에 유의하며 문장 쓰기 1
· 주장하는 글 쓰기 1
(단락 쓰기)

들어가기

이야기해 보세요

1. 무엇이 문제가 되고 있습니까?

2. 여러분 나라에서도 이런 경우가 있는지 이야기해 보세요.

어휘와 문법

읽어 보세요 track 6

집중 탐구

연예인 사생활 보호 어디까지?

얼마 전 인기 가수 K 씨가 사적인 자리에서는 사진 촬영을 거절한다고 말해 화제가 되고 있다. 사생활에 대한 연예인들의 생각을 들어 봤다.

"K 씨에게 공감. 사적인 자리에서는 사진 촬영이나 사인 요구 거절은 당연"
-영화배우 L 씨-

"연예인은 대중의 관심과 사랑을 먹고 사는 존재, 사생활 침해는 참아야"
-탤런트 P 씨-

"연예인의 수입에는 대중의 호기심도 호기심**이려니와** 팬들을 만족시키는 값도 포함돼 있으므로 어느 정도 사생활 침해는 감수해야"
-개그맨 H 씨-

"연예인이 대중의 관심을 받는**다손 치더라도** 일터가 아닌 사적인 자리에서까지 사생활 침해를 참아야 할 이유 없어"
-가수 K 씨-

1. K 씨는 어떤 말을 해서 화제가 되었습니까?

2. 다른 연예인들의 의견은 어떻습니까?

어휘를 연습해 보세요

공공의 이익
명예를 훼손하다
사생활을 침해하다
개인 정보를 보호하다

국민의 알 권리
인권을 존중하다
초상권을 보호하다
범죄 예방 효과가 있다

논란이 되다
인권을 침해하다
초상권을 침해하다
대중의 호기심을 만족시키다

화제가 되다
사생활을 보호하다
신상 정보가 유출되다

1. 서로 관계있는 것끼리 연결해 보세요.

1) 초상권을 침해하다 •		• 연예인이나 일반인의 사진이 허락 없이 신문이나 인터넷 등에 사용되는 경우
2) 범죄 예방 효과가 있다 •		• 어떤 사람의 개인 정보가 인터넷과 같은 대중 매체에 공개되는 경우
3) 신상 정보가 유출되다 •		• 범인이 법원이나 범죄 현장으로 갈 때 모자나 마스크로 얼굴을 가리도록 해 주는 경우
4) 명예를 훼손하다 •		• 엘리베이터에 CCTV가 설치되고 나서 아파트에서 범죄가 줄어든 경우
5) 인권을 존중하다 •		• 개인이나 회사에 관한 거짓 주장이나 사실이 아닌 일이 대중에게 공개되는 경우

문법과 표현을 연습해 보세요

1. A/V-거니와

- 민수는 돼지고기도 못 먹거니와 생선도 못 먹는다.
- 음식은 맛도 맛이려니와 만드는 사람의 정성도 중요하다.
- 제주도는 경치도 아름답거니와 음식도 맛있어서 외국인들이 많이 찾는다.

2. A/V-다손 치더라도

- 아무리 버릇이 없다손 치더라도 기본적인 예의는 지켜야 한다.
- 너무 늦어서 택시를 탄다손 치더라도 제시간에 도착할 수 없을 것이다.

1. 다음 주장에 대해 이야기해 보세요.

1) 연예인 커플의 휴가 사진을 공개하는 것은 사생활을 침해하는 것입니다.

- 동의 : 초상권을 침해함.
- 반대 : 사진 공개는 대중의 호기심을 만족시킴.

2) 범죄자의 얼굴을 공개하면 범죄자의 인권을 침해하게 됩니다.

- 동의 : 범죄자 가족이 피해를 입을 수 있음.
- 반대 : 범죄 예방을 위해 필요함.

3) 학교에서 체벌하는 것은 교육적 효과가 있습니다.

- 동의 : 교사의 권위를 지켜 주기 위해 필요함.
- 반대 : 학생의 인격 형성에 부정적인 영향을 줌.

저도 같은 생각입니다. 연예인의 휴가 사진을 공개하는 것은 사생활도 침해하**거니와** 초상권도 침해하는 일입니다.

저는 생각이 좀 다릅니다. 사생활을 침해한**다손 치더라도** 대중의 호기심을 만족시키는 일이므로 크게 문제가 되지 않는다고 생각합니다.

읽기

준비해 보세요

1. 두 상황이 어떻게 다릅니까?

2. 여러분 나라에서는 이런 경우에 어떻게 합니까?

읽어 보세요 1 track 7

다음은 소설 〈7년의 밤〉의 일부분입니다. 글을 읽고 질문에 답해 보세요.

벽에 걸린 텔레비전에서 아버지의 이름이 흘러나왔다. 사형이 확정됐다고 했다. (…)

사형 확정 판결 소식은 내 희망을 앗아 갔다. 다음 날 오후, 내 앞으로 날아든 우편물은 마지막 자존심을 조각냈다. 발신인을 알 수 없는 갈색 봉투 안에 〈선데이 매거진〉이라는 주간지가 들어 있었다. 그날 아침 발행된 것으로 사진 한 장이 1면 전체를 차지하고 있었다. 입을 꾹 다물고 카메라를 돌아보는 소년의 사진이었다. 모자이크가 없었으므로 누군지 알아보는 데 크게 힘들지 않았다. 나였다. S시 경찰서에서 카메라 플래시를 받으며 서 있던 열두 살의 나. 다음 페이지엔 '세령호의 재앙'이라는 제목의 특집 기사가 열 쪽에 걸쳐 실려 있었다. 판결문 전문이 실리고, 세령호 사건을 재구성한 기록이 뒤를 이었다. 아버지의 어린 시절, 20여 년에 걸친 야구 선수 생활, 은퇴 후 직장 생활까지 조명했으니 평전이라 부를 수도 있겠다. 기사 중간중간에는 현장 검증 사진이 들어갔다. 대미를 장식한 건 확정 판결을 받은 후에 찍힌 아버지의 사진이었다. 아버지는 모자나 마스크로 얼굴을 가리지 않았다. 고개를 숙이지도 않았다. 카메라를 돌아보는 무표정한 눈은 1면 사진 속 내 눈과 똑같았다. (…)

나는 중학교를 졸업하지 못했다. 열두 번의 전학 끝에 자퇴해 검정고시로 고등학교에 들어갔다. 고등학교 네 학기 동안엔 아홉 번 전학을 했다. 신분이 알려지는 방식은 늘 같았다. 〈선데이 매거진〉과 나에 대한 기사의 복사본이 학교와 학부모회와 반 아이들, 집주인과 이웃집으로 동시 배포됐다.

〈정유정, 7년의 밤, 2011〉

*세령호: 호수 이름

*세령호 사건: 교통사고를 당한 뒤 목 졸려 죽게 된 한 소녀와 관련된 사건

중심 내용 파악하기

1. 주인공이 고통을 겪게 된 이유는 무엇입니까?

① 주인공이 범죄자라서

② 주인공이 재판을 받아서

③ 주인공이 학교를 제대로 다니지 못해서

④ 주인공이 범죄자의 아들인 것이 알려져서

세부 내용 파악하기

2. 주인공의 아버지는 어떤 사람이었습니까?

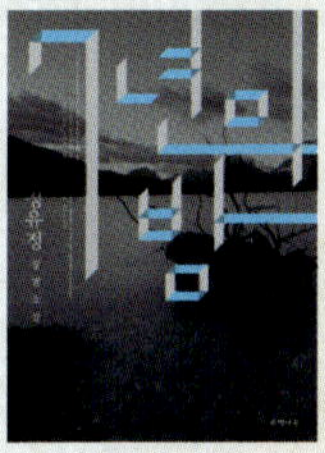

〈7년의 밤〉의 줄거리

전직 야구 선수였던 최현수(주인공의 아버지)는 7년 전에 의도하지 않은 교통사고를 내고 그 사고로 다친 여자아이(세령)를 죽여 호수(세령호) 속에 빠뜨렸다. 여자아이의 아버지(오영재)는 딸을 죽인 최현수와 그의 아들인 주인공('나')에 대한 잔인한 복수를 계획한다. 이렇게 딸의 복수를 하려는 한 남자와 아들의 목숨을 지키려는 또 다른 남자의 대결이 치열하게 펼쳐진다.

3. 주간지 〈선데이 매거진〉은 어떤 정보를 공개했습니까?

추론하기 4. 학교나 동네 사람들은 어떻게 주인공의 아버지에 대해 알게 되었을까요?

읽어 보세요 2 track 8

다음은 개인의 인권과 공공의 이익에 대한 사설입니다. 글을 읽고 질문에 답해 보세요.

개인의 인권과 공익, 무엇이 우선인가?

최근 일상생활에서 개인이 하루 평균 83회 CCTV에 찍힌다는 다소 충격적인 보도가 있었다. 이 뉴스를 접한 시민들은 CCTV의 사생활 침해를 우려하고 있다. CCTV가 범죄 예방을 위해 꼭 필요하다손 치더라도 지나치게 개인의 사생활을 엿보고 있는 것이 아니냐는 것이다. 우리 사회가 복잡해짐에 따라 이처럼 개인의 인권과 공익이 충돌하는 경우는 필연적으로 발생할 수밖에 없다.

얼마 전 연쇄 살인 사건의 현장 검증에서 시민들은 살인범의 얼굴을 공개하라고 요구했다. 그러나 이러한 시민들의 요구에 반대하는 목소리도 있다. 만약 흉악범의 얼굴과 사진이 공개되면 범인의 인권도 인권이려니와 그 가족들의 인권도 침해될 수 있으므로 얼굴을 공개해서는 안 된다는 것이다.

정부는 성폭력 범죄자의 신상 정보를 인터넷에 공개할 뿐만 아니라 이웃 주민들에게 우편으로 알려주는 제도를 시행하고 있다. 이것 역시 범죄자의 일상생활을 어렵게 하고 범죄자의 인권을 지나치게

중심 내용 파악하기 1. 이 글의 주장은 무엇입니까?

세부 내용 파악하기 2. 다음 문장이 주장인지 근거인지 구분해 보세요.

	주장	근거
1) 엘리베이터 어린이 납치 사건에서 범인을 잡는 데 CCTV가 결정적인 역할을 했다.	☐	☐
2) 범죄가 발생하기 쉬운 장소에는 CCTV를 적극적으로 설치해야 한다.	☐	☐
3) 범죄 예방을 위해서는 그들의 얼굴과 신상 정보를 반드시 공개해야 한다.	☐	☐

침해한다는 비판을 받고 있다.

현대 사회는 과거에 비해 개인의 인권과 사생활 보호를 중시하고 있다. 그럼에도 불구하고 공공의 이익과 개인의 인권이 갈등을 일으킨다면 공익을 우선시해야 한다. 왜냐하면 사회는 개인이 혼자서 살아가는 공간이 아니라 여러 사람이 더불어 생활하는 공동체이기 때문이다.

엘리베이터 어린이 납치 사건에서 범인을 잡는 데 CCTV가 결정적인 역할을 한 것처럼 CCTV는 공공의 안전과 이익을 위해 꼭 필요하다. 범죄가 발생하기 쉬운 장소에는 CCTV를 적극 설치해 범죄를 예방하고 이미 일어난 범죄 해결에도 활용해야 한다. 또한 범죄자의 인권이 다소 침해된다손 치더라도 범죄 예방을 위해서는 그들의 얼굴과 신상 정보를 반드시 공개해야 한다.

개인의 인권과 공익의 갈등은 앞으로도 끊임없이 발생할 것이다. 우리는 사회 구성원으로서 공동체의 안전과 질서를 위해 공익을 우선시해야 한다. 인권을 보호받아야 할 개인은 범죄자가 아니라 사회적 책임을 다하는 시민이라는 점을 잊지 말아야 한다.

3. 다음에 대해 반대하는 사람들의 의견은 무엇입니까?

문제	반대 의견
범죄자의 신상 정보 공개	
CCTV 설치	

이야기해 보세요

1. 소설 〈7년의 밤〉의 주인공 입장에서 다음 문제에 대한 주장과 근거를 이야기해 보세요.
   - 버스나 지하철 안 CCTV 설치
   - 연예인 커플의 휴가 사진 공개

2. 여러분은 개인의 인권과 공공의 이익이 충돌했을 때 무엇이 우선이라고 생각합니까?

쓰기

적절한 근거를 들어 주장하는 단락을 써 보세요.

준비해 보세요

다음 문장에서 어색한 부분을 찾아 바르게 고쳐 보세요.

1. 제가 CCTV 설치에 반대하는 이유는 개인의 사생활 침해도 문제려니와 초상권 침해도 문제입니다.

2. 범죄자의 얼굴 공개에 반대합니다. 왜냐하면 범인의 얼굴이 공개되면 범인 가족들의 신상 정보도 쉽게 유출될 수 있습니다.

3. 범죄자의 사생활보다는 국민의 알 권리가 우선되어야 합니다. 그 이유는 범죄는 개인만의 문제가 아니라 사회적으로 영향을 미치는 중요한 문제입니다.

표현을 연습해 보세요

1. 다음은 주장의 이유나 근거를 설명할 때 쓰는 표현입니다. 다음 표현을 사용하여 자신의 의견을 이야기해 보세요.

- 왜냐하면 ~기 때문이다
- ~하는 것[이유]은 ~기 때문이다
- ~기 때문에 ~이다[해야 한다]

저는 교실에 CCTV를 설치하는 것에 반대합니다. **왜냐하면** 교실은 자유롭게 공부를 하는 곳이지, 누군가의 감시를 받는 곳이 아니**기 때문입니다.**

- 교실에 CCTV를 설치해야 한다.
- 수업 시간에 음식을 먹으면 안 된다.
- 수업 시간에 휴대 전화를 꺼 놓아야 한다.

2. 다음 근거를 읽고 주장을 한 문장으로 써 보세요.

• ____

____.

왜냐하면 범죄를 저질렀다손 치더라도 한 인간으로서 인권을 가지고 있으며 그 가족들의 인권도 존중받아야 하기 때문이다.

3. 다음 주장을 읽고 중심어를 이용해 적절한 근거를 써 보세요.

• 공공장소에서 담배를 피우는 것은 금지되어야 한다. 왜냐하면 ______________

____

____.

▪ 중심어 : 간접흡연, 발암 물질

주장하는 글을 써 보세요

1. 다음 문제에 대해 입장을 정해 보세요.

1) 성폭력 범죄자의 신상 정보는 이웃 주민들에게 공개되어야 한다.

찬성 / 반대

2) 연예인의 사생활은 존중되어야 한다.

찬성 / 반대

2. 여러분의 주장을 다음과 같이 한 문장으로 써 보세요.

성폭력 범죄자의 신상 정보 공개는 공익을 위해서 필요하다.

- 주장 : ______________________________

______________________________.

3. 입장이 같은 친구들과 함께 적절한 근거를 생각해 보세요.

- 근거 : 1) ______________________________.

2) ______________________________.

3) ______________________________.

4. 두 개 이상의 근거를 들어 자신의 주장을 한 단락으로 완성해 보세요.

5. 친구와 글을 바꿔 읽고 다음 〈평가 항목〉을 이용하여 친구에게 자신의 의견을 이야기해 주세요.

평가 항목	예	아니요
1) 문장이 자연스러운가?		
2) 주장이 한 문장으로 명확하게 표현되었는가?		
3) 주장과 근거가 논리적으로 연결되어 있는가?		

어휘와 표현

2. 공익과 사생활

● 어휘

개인 정보(個人情報)를 보호(保護)하다
개인의 정보가 다른 사람에게 알려지지 않도록 지켜 주다. to protect personal information / 保护个人信息 / 個人情報を保護する
정부는 개인 정보를 보호하기 위해 홈페이지에서 주민 등록 번호나 전화번호를 본인의 동의 없이 수집하는 것을 규제하기로 했다.

공공(公共)의 이익(利益)
국가나 여러 사람에게 도움이 되는 일. public interest / 公共利益 / 公共の利益
대통령은 자신의 이익보다는 공공의 이익을 위해서 행동해야 한다.

국민(國民)의 알 권리(權利) [궁민] [알꿘리]
국민이 국가 일에 대해 정보를 요구할 수 있는 힘이나 자격. the people's right to know / 公民知情权 / 国民の知る権利
경찰은 이번 사건의 조사 결과가 국민의 알 권리에 해당하지 않으므로 내용을 공개하지 않겠다고 했다.

논란(論難)이 되다 [놀란]
여러 사람들이 서로 다른 주장을 하며 대립하다. to be controversial / 引发争议 / 論争をよぶ
정부의 결정에 대해 찬성하는 쪽과 반대하는 쪽의 주장이 맞서면서 논란이 되고 있다.

대중(大衆)의 호기심(好奇心)을 만족(滿足)시키다
여러 사람이 알고 싶어 하는 것을 알려 주어 만족하게 만들다. to satisfy the public's curiosity / 满足大众好奇心 / 大衆の好奇心を満足させる
연예부 기자들은 연예인에 대한 대중의 호기심을 만족시키기 위해 연예인의 취미나 가족에 대한 기사를 쓴다.

명예(名譽)를 훼손(毁損)하다
다른 사람의 사회적 평가를 떨어뜨리는 사실이나 거짓을 지적해 알리다. to damage one's reputation / 损害名誉 / 名誉を毀損する
선거 기간에는 상대 후보에 대해 거짓 정보를 퍼뜨려 명예를 훼손하는 일이 많다.

범죄 예방 효과(犯罪豫防效果)가 있다
범죄가 일어나지 않게 하는 데에 도움이 되다. to be effective in preventing crime / 有预防犯罪的效果 / 犯罪予防効果がある
공공장소에 CCTV를 설치하면 범죄가 발생할 확률이 떨어져 범죄 예방 효과가 있다.

사생활(私生活)을 보호(保護)하다
개인의 생활에 피해를 주지 않고 지켜 주다. to protect one's privacy / 保护隐私 / プライバシーを保護する
이번에 새로 지은 아파트에서는 주민의 사생활을 보호하기 위해 아파트 복도에 CCTV를 설치하지 않기로 했다.

사생활(私生活)을 침해(侵害)하다
개인의 생활에 피해를 주다. to infringe on one's privacy / 侵犯隐私 / プライバシーを侵害する
다른 사람의 휴대폰을 허락 없이 보는 것은 사생활을 침해하는 행동이다.

신상(身上) 정보(情報)가 유출(流出)되다
개인의 정보가 다른 사람에게 알려지다. personal information has been leaked / 个人信息泄露 / 個人情報が流出する
인터넷 등 통신 수단이 발달하면서 개인의 나이, 학력, 가족 관계 등과 같은 신상 정보가 유출되는 일이 자주 일어난다.

인권(人權)을 존중(尊重)하다 [인꿘]
인간으로서 가지는 권리를 중요하게 여기다. to respect human rights / 尊重人权 / 人権を尊重する
학생들의 인권을 존중하기 위해 학교에서 체벌을 금지하는 법이 만들어졌다.

인권(人權)을 침해(侵害)하다 [인꿘]
인간으로서 가지는 권리에 피해를 주다. to infringe on human right / 侵犯人权 / 人権を侵害する
어떠한 이유로도 개인의 인권을 침해해서는 안 된다.

초상권(肖像權)을 보호(保護)하다 [초상꿘]
개인의 얼굴, 모습이 허락 없이 전시되거나 알려지지 않을 권리를 보호하다. to protect one's portrait rights / 保护肖像权 / 肖像権を保護する
그 가수는 딸의 초상권을 보호하기 위해 기자들에게 아이의 사진을 찍지 말라고 요구했다.

초상권(肖像權)을 침해(侵害)하다 [초상꿘]
개인의 얼굴, 모습이 허락 없이 전시되거나 알려지지 않을 권리에 피해를 주다. to violate one's portrait rights / 侵犯肖像权 / 肖像権を侵害する
인터넷 쇼핑몰 운영자가 자신의 쇼핑몰에 가수 L 씨의 사진을 올렸는데 이 사실을 안 L 씨는 초상권을 침해했다며 소송을 제기했다.

화제(話題)가 되다
이야기의 주제가 되다. to be the subject of talk / 成为谈论的话题 / 話題になる
한 스포츠 스타와 영화배우의 열애 사실이 화제가 되고 있다.

● 읽기

■ 읽어 보세요 1

대미(大尾)

명 맨 끝. finale / 大结局 / おしまい, フィナーレ, 大団円
화려한 수상식이 올림픽의 대미를 장식했다.

발행(發行)되다

동 책이나 신문이 인쇄돼 나오다. to be issued / 发行 / 発行される
이 잡지는 매월 1일에 발행된다.

배포(配布)되다

동 신문이나 잡지 등을 사람들이 받게 되다. to be distributed / 散发, 分发 / 配布する
새로 개업한 마트의 광고 전단지가 집집마다 배포되었다.

자퇴(自退)하다

동 학교를 스스로 그만두다. to leave school voluntarily, to drop out of school / 自退, 退学 / 自ら退く, 退学する
그 학생은 유학을 결심하고 다니던 대학교를 자퇴했다.

재앙(災殃)

명 불행한 사고. catastrophe / 灾难, 灾祸 / 災害
이 영화는 환경 파괴로 인한 재앙을 다룬 영화이다.

전문(全文)

명 글의 전체. full text / 全文 / 全文
소설 〈소나기〉의 전문이 교과서 뒤에 실려 있다.

조명(照明)하다

동 어떤 일을 특별한 관점에서 살펴보다. to light / 聚焦 / 照明する
이 프로그램에서는 입양 문제를 집중적으로 조명했다.

판결(判決)

명 재판의 결과. judgement, verdict / 判决 / 判決
법원은 그 사람에게 유죄 판결을 내렸다.

판결문(判決文)

명 재판의 결과를 알리는 글. judgement / 判决书 / 判決文
판사는 그 사건에 대한 판결문을 낭독했다.

평전(評傳)

명 어떤 사람의 일생을 평가해 쓴 글. critical biography / 评传 / 評伝
나는 초등학교 6학년 때 세종대왕의 평전을 읽고 감동을 받았다.

■ 읽어 보세요 2

납치(拉致)

명 강제로 끌고 감. abduction / 绑架 / 拉致
아덴 만에서 한국 선박의 납치 사건이 발생해 정부가 범인과 협상을 벌이고 있다.

설치(設置)하다

동 어떤 시설 등을 새로 두다. to install / 设置 / 設置する
서울시는 범죄 발생을 줄이기 위해 주택가에 가로등을 더 많이 설치하기로 했다.

연쇄(連鎖)

명 사슬처럼 이어져 있음. chain, series / 连锁 / 連鎖
도로가 미끄러워서 고속도로에서 자동차 연쇄 충돌이 일어났다.

우려(憂慮)하다

동 근심하거나 걱정하다. to worry / 担心 / 憂慮する
대부분의 기업들은 자기 회사 제품의 경쟁력이 떨어질 것을 우려해 기술 공개를 꺼린다.

필연적(必然的)으로

사물이나 사건이 반드시 그렇게 될 수밖에 없는. inevitably / 必然的 / 必然的だ
산업이 발전하면서 도시에 인구가 집중되는 것은 산업화 과정에서 필연적으로 일어나는 결과이다.

현장 검증(現場檢證)

명 사건 현장에서 범죄를 직접 재현해 보는 것. on-the-spot inspection / 现场勘查 / 現場検証
어제 살인 사건에 대한 현장 검증이 이루어졌다.

흉악범(凶惡犯)[흉악뻠]

명 악한 범죄를 저지른 범인. brutal criminal / 凶犯 / 凶悪犯
현대에 들어 사회가 복잡해지면서 잔인한 범죄를 저지르는 흉악범들이 증가하고 있다.

● 쓰기

간접흡연(間接吸煙)[간저프변]

명 담배 피우는 사람 주위에 있는 사람이 담배 연기를 들이마시는 것. second-hand smoking / 吸二手烟 / 間接喫煙, 受動喫煙
간접흡연으로 인해 담배를 피우지 않는 사람들이 받는 피해가 심각하다.

발암 물질(發癌物質)[바람물찔]

명 암에 걸리게 하는 물질. carcinogen, cancer-causing agent / 致癌物 / 発癌物質
아침에 A사의 음료수에서 발암 물질이 나왔다는 뉴스가 보도되어 시민들에게 충격을 주고 있다.

자기 평가

1. 다음 중 아는 어휘에 √ 해 보세요.

- ☐ 우유부단하다
- ☐ 주도적이다
- ☐ 공공의 이익
- ☐ 국민의 알 권리
- ☐ 추진력이 있다
- ☐ 카리스마가 있다
- ☐ 사생활을 침해하다
- ☐ 초상권을 보호하다
- ☐ 책임감이 강하다
- ☐ 대인 관계가 원만하다
- ☐ 신상 정보가 유출되다
- ☐ 범죄 예방 효과가 있다

2. 알맞은 표현을 골라서 문장을 완성해 보세요.

–건 (간에)　　–기 일쑤(이)다　　–다손 치더라도　　–거니와

1) 가 : 여기 휴대폰 놓고 가셨어요.
   나 : 감사합니다. 제가 요즘 정신이 없어서 ....

2) 가 : 전에 소개팅해 달라고 했지? 어떤 일을 하는 사람이 좋겠어?
   나 : .... 상관없어. 무엇보다 나와 대화가 잘 통하는 사람이면 돼.

3) 가 : 교수님, 요즘 어릴 때부터 컴퓨터에 빠져 사는 아이들이 늘어나고 있는데요. 그렇게 되면 건강에 문제가 생기지 않을까요?
   나 : .... 사회성도 부족해져서 문제가 됩니다.

4) 나는 범죄자의 신상 정보를 공개해야 한다고 생각한다. 왜냐하면 범죄자의 .... 신상 정보 공개를 통해 범죄를 예방할 수 있기 때문이다.

3. 이 단원을 공부하고 여러분이 할 수 있게 된 것에 √ 해 보세요.

- ☐ 근거를 들어 주장하는 단락을 쓸 수 있다.
- ☐ 비유를 활용하여 인상적으로 자기소개를 할 수 있다.
- ☐ 인재 유형에 대한 강연과 대담을 듣고 추론하거나 비교할 수 있다.
- ☐ 공익과 사생활에 관련된 소설과 사설을 읽고 추론하거나 주장과 근거를 파악할 수 있다.

정답

2. 1) 휴대폰을 놓고 다니기 일쑤예요 2) 어떤 일을 하건 3) 건강도 건강이려니와 4) 인권을 침해한다손 치더라도

보충 어휘

한자 성어(I) 사람의 태도, 행동과 관련된 한자 성어를 익혀 봅시다.

기고만장(氣高萬丈)하다
몹시 잘난 척하고 뽐냄.

노발대발(怒發大發)하다
몹시 화가 나서 마구 화를 냄.

노심초사(勞心焦思)하다
몹시 걱정하며 속을 태움.

다재다능(多才多能)하다
재주가 많고 능력이 뛰어남.

독불장군(獨不將軍)처럼/이다
무슨 일이든지 자신의 생각대로 처리함. 또는 그런 사람.

동병상련(同病相憐)이다
어려운 처지에 있는 사람끼리 서로 동정하고 도와줌.

솔선수범(率先垂範)하다
남보다 앞장서서 행동해 다른 사람의 모범이 됨.

이심전심(以心傳心)으로/이다
굳이 말하지 않아도 서로 마음이 잘 통함.

적반하장(賊反荷杖)이다
잘못한 사람이 오히려 화를 냄.

정정당당(正正堂堂)하다
태도가 올바르고 떳떳함.

연습 1 다음 그림을 보고 한자 성어의 의미를 찾아보세요.

1)

① 다른 사람의 모범이 되다.
② 서로 격려해 주고 도와주다.

2)

① 인품이 뛰어나다.
② 재주가 많고 능력이 뛰어나다.

보충 어휘

3)

① 마음이 답답하다.

② 서로 마음이 잘 통하다.

4)

① 잘난 척하고 뽐내다.

② 자기 자신을 칭찬하다.

연습 2 밑줄 친 부분과 관련 있는 한자 성어를 써 보세요.

1) 어머니는 몸이 약한 내가 병이라도 날까 봐 늘 걱정이 많으셨다.

→ 노심초사

2) 스포츠 정신이란 반칙하지 않고 규칙을 잘 지키며 승부를 겨루는 것을 말한다.

→

3) 내가 한마디 의논도 없이 유학을 가겠다는 결정을 내려서 아버지는 불같이 화를 내셨다.

→

4) 직장은 여러 사람이 함께 일하는 곳이므로 혼자만의 생각대로 일을 처리하는 사람은 동료나 상사와 의견 충돌이 잦다.

→

5) 동생이 내 자동차를 몰고 나가서 교통사고를 냈다. 그런데 좋은 차였으면 자기가 안 다쳤을 거라면서 오히려 나한테 화를 내서 정말 어이가 없었다.

→

6) 민수는 철수가 대학 등록금이 없어 이번 학기에 휴학한다는 것을 알았다. 그래서 민수는 과거의 자신과 처지가 비슷한 철수를 도와줄 방법을 찾고 있다.

→

연습 3 다음 그림을 보고 대화를 완성해 보세요.

1)

2)

3)

4)

보충 어휘

연습 4 어울리는 한자 성어를 골라 문장을 완성해 보세요.

기고만장 이심전심 정정당당 다재다능 솔선수범 노심초사

1) 나와 스티븐은 10년 된 친구이다. 우리는 눈빛만 봐도 서로 무슨 생각을 하는지, 무슨 고민이 있는지 ....(으)로 안다.

2) 수영 선수 A 씨가 이번 대회에서 형편없는 기록으로 탈락했다. 지난 대회에서 신기록을 세우고 나서 연습도 제대로 안 하고 우쭐대더니 이번에는 예선에서 탈락한 것이다. 이렇게 한 번 성공했다고 ....해서는 더 큰 성공을 이룰 수 없다.

3) 큰형은 대학 졸업 후 3년 동안이나 일자리를 찾지 못하고 있다. 어머니는 그런 형을 보면서 형이 용기를 잃지는 않을까, 다른 사람이 형에 대해 무슨 말이라도 하지는 않을까 .... 하신다.

4) 이번 올림픽에서 쉬운 팀을 만나기 위해 예선에서 최선을 다하지 않고 일부러 지려고 한 팀이 많은 비난을 받고 있다. 이처럼 ....하지 못한 경기를 한다면 운동선수로서의 자격이 없다고 할 수 있다.

5) 영화배우 B 씨는 연기력이 뛰어나기로 유명한데 연기 외에도 여러 가지 재능을 가지고 있다. 작년에는 가수 활동을 시작했고 최근에는 영화감독으로 데뷔하면서 ....한 모습을 보여 주고 있다.

6) 진정한 리더란 다른 사람들에게 모범을 보이는 사람이다. 도움이 필요한 곳에 망설임 없이 뛰어들어 ....하는 것보다 훌륭한 리더십은 없다고 생각한다.

II 사랑과 추억

1 잊지 못할 순간

주제 추억과 경험

어휘 느낌과 기분

문법과 표현
- N은/는 말할 것도 없다
- V-(으)려고 들다

듣기
- 라디오 사연 듣고 요약하기
- 텔레비전 프로그램 듣고 이어질 내용 추측하기

말하기 요약하여 말하기

2 소나기

주제 사랑

어휘 사랑의 감정

문법과 표현
- A-(으)ㄴ/V-는 양
- A/V-(으)리라

읽기
- 소설 읽고 내용 파악하기
- 등장인물의 심리 이해하기

쓰기
- 조사에 유의하며 문장 쓰기 1
- 소설의 결말 바꿔 쓰기

보충 어휘 한자 성어 Ⅱ

1 잊지 못할 순간

주제
추억과 경험

어휘
느낌과 기분

문법과 표현
- N은/는 말할 것도 없다
- V-(으)려고 들다

듣기
- 라디오 사연 듣고 요약하기
- 텔레비전 프로그램 듣고 이어질 내용 추측하기

말하기
요약하여 말하기

들어가기

이야기해 보세요

1. 어떤 순간의 사진인 것 같습니까?

2. 여러분도 이와 같은 경험이 있습니까?

어휘와 문법

읽어 보세요 track 9

인생에는 오랫동안 기억되는 첫 순간들이 있다. 초등학생이 되어 엄마 손을 잡고 학교에 처음 가던 날, 왠지 설레기도 하고 긴장이 되기도 했던 때를 생각하면 지금도 미소가 지어진다. 또한 그토록 원하던 대학에 합격했을 때는 **말할 것도 없고** 처음으로 데이트를 하게 되었을 때 느꼈던 감정도 아직 생생하다. 대학교 정문을 처음으로 들어서면서 날아갈 듯이 기뻤던 순간, 첫 데이트를 앞두고 가슴이 두근거려 잠을 못 이루던 순간을 잊을 수 없다. 처음으로 자동차를 운전하던 날, 겁이 나서 마음이 조마조마했지만 뭐든지 하**려고 들면** 다 해낼 수 있다는 아버지의 응원을 받으면서 조심스럽게 차를 몰던 기억도 새롭다. 아르바이트를 해서 처음 돈을 벌었을 때 부모님께 선물을 드리면서 마음이 뿌듯했던 기억도 잊을 수 없는 순간이다.

1. 오랫동안 기억되는 첫 순간과 감정을 연결해 보세요.

1) 초등학교에 처음 가던 날 •	• 마음이 조마조마했다
2) 대학교 정문을 처음 들어설 때 •	• 가슴이 두근거렸다
3) 첫 데이트를 앞두고 있었을 때 •	• 마음이 뿌듯했다
4) 처음 자동차를 운전했을 때 •	• 설레고 긴장되었다
5) 처음 번 돈으로 부모님께 선물을 드렸을 때 •	• 날아갈 듯이 기뻤다

어휘를 연습해 보세요

서럽다	설레다	막막하다	뿌듯하다	조마조마하다	짜릿하다
초조하다	감격스럽다	원망스럽다	두근거리다	긴장(이) 되다	가슴이 벅차다
감회가 새롭다	기(가) 막히다	앞이 캄캄하다	어이(가) 없다	날아갈 듯이 기쁘다	왈칵 눈물이 쏟아지다
쥐구멍에라도 들어가고 싶은 기분이다					

1. 어휘를 긍정적인 감정과 부정적인 감정으로 나눠 보세요.

긍정적

가슴이 벅차다

부정적

원망스럽다

문법과 표현을 연습해 보세요

1. N은/는 말할 것도 없다

· 이번 태풍으로 채소는 말할 것도 없고 과일도 값이 올랐어요.
· 서울은 말할 것도 없고 거의 모든 지역에 비가 많이 내렸어요.

2. V-(으)려고 들다

· 처음엔 잘 못해도 배우려고 들면 금방 운전을 잘할 수 있을 거예요.
· 아이가 밥은 안 먹고 아이스크림하고 과자만 먹으려고 들어서 걱정이에요.

1. 다음과 같이 이야기해 보세요.

1)

2)

3)

살을 빼기 위해서 음식 조절은 **말할 것도 없고** 운동도 열심히 하고 있어요.

2. 다음과 같이 이야기해 보세요.

1) 오늘 시험 망쳤는데 나 어떡하지?

괜찮아. 넌 똑똑하니까 공부하**려고 들면** 잘할 수 있을 거야.

2) 긴장하면 손톱을 물어뜯는 버릇이 있는데 고칠 수 있을까?

3) 다음 주까지 500쪽짜리 책을 읽고 보고서를 써야 하는데 아직 한 장도 못 읽었어.

듣기

준비해 보세요

설문 조사

내 인생에서 잊지 못할 순간은?

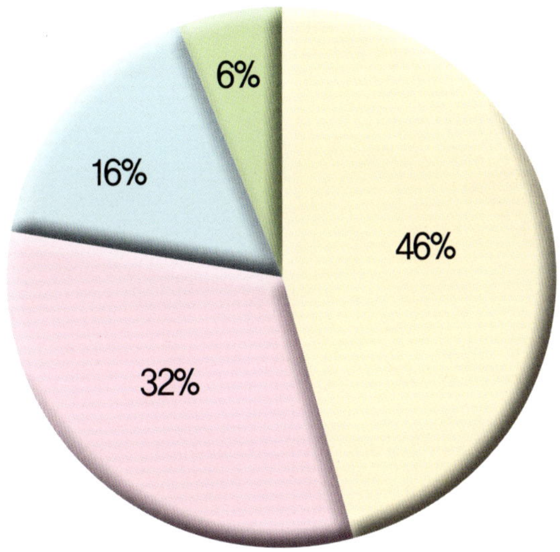

- _______________ (46%)
- 부모님이 돌아가셨을 때 (32%)
- 첫 데이트 (16%)
- 결혼식 (6%)

1. 사람들이 말한 잊지 못할 순간은 언제입니까?

2. 가장 많은 사람들이 말한 잊지 못할 순간은 언제일 것 같습니까?

들어 보세요 1 track 10

다음은 라디오 프로그램입니다. 잘 듣고 질문에 답해 보세요.

중심 내용 파악하기

1. 그림을 순서대로 맞추고 내용을 요약해서 이야기해 보세요.

1) 

2) 

3) 

4) 

5) 

2. 이 사람의 기분이 어땠습니까? 연결해 보세요.

1) 편지를 받았을 때 •	• 막막했다
2) 그녀와 연락이 끊어졌을 때 •	• 두근거렸다
3) 아기 울음소리를 들었을 때 •	• 원망스러웠다
4) 3년 후 다시 만났을 때 •	• 설렜다

세부 내용 파악하기

3. 남자와 여자에 대한 것으로 맞는 것을 고르세요.

① 남자는 아버지의 소개로 여자와 선을 보게 되었다.
② 남자는 여자와 성격이 맞지 않아서 헤어지게 되었다.
③ 여자는 호주로 이민을 가서 남자와 연락이 끊어졌다.
④ 남자는 여자를 다시 만났을 때 여자에 대한 오해가 풀렸다.

4. 이 사람은 3년 후 어떻게 여자와 다시 만나게 되었습니까?

들어 보세요 2 track 11

다음은 텔레비전 프로그램입니다. 잘 듣고 질문에 답해 보세요.

중심 내용 파악하기 1. 이 사람은 누구를 찾고 있습니까? 그 이유는 무엇입니까?

세부 내용 파악하기 2. 일이 일어난 순서대로 번호를 써 보세요.

(1) 남자는 15년 전 역 근처에서 노숙 생활을 한 적이 있다.
(　　) 할머니는 남자가 자신을 찾아 준 것에 대해 고맙게 생각했다.
(　　) 할머니는 국숫값을 내지 않고 도망가는 남자에게 다치니까 천천히 걸어가라고 했다.
(　　) 남자는 파라과이에서 사업을 하고 있다.
(　　) 남자는 사흘 동안 아무 것도 먹지 못하다가 할머니 국숫집을 찾아가게 되었다.

추측하기 3. 할머니는 마지막 질문에 뭐라고 대답했을까요?

요약하기 4. 그림을 보고 들은 이야기를 요약해서 말해 보세요.

1)

2)

3)

4)

이야기해 보세요

여러분 인생에서 꼭 찾고 싶은 사람이 있습니까? 이야기해 보세요.

저는 하숙집 아주머니를 다시 만나고 싶어요. 한국에 오자마자 심한 감기에 걸렸는데요. 너무 아파서 밥도 못 먹고 누워만 있어서 서러웠어요. 한국에 온 지 일주일밖에 안 되어서 한국말도 못하고 약국도 어디에 있는지 몰랐어요. 그때 하숙집 아주머니가 죽도 끓여 주시고 약도 챙겨 주셔서 나을 수 있었어요.

말하기

인생에서 가장 기억에 남는 일을 요약해서 이야기해 보세요.

준비해 보세요

1. 경험에 대해 이야기할 때 어떤 내용이 포함되어야 합니까? 더 필요한 것이 있으면 이야기해 보세요.

배경	인물	느낌이나 생각
▪ 사건이 일어난 시간 ▪ 사건이 일어난 장소	▪ 인물이 처한 상황 ▪ 인물이 한 말과 행동 ▪ 인물이 행동을 한 이유	▪ 주위 사람들의 반응 ▪ 경험 후 달라진 점

연습해 보세요

1. 다음과 같이 경험을 요약해 보세요.

   1) 배경

- ~년 전 어느 날 ~에서 있었던 일이에요.
- 지금으로부터 ~년 전 ~ 때 있었던 이야기예요.

> 15년 전 어느 날 용산에서 있었던 일이에요.

> 지금으로부터 15년 전 IMF 때 있었던 이야기예요.

① 용산 국숫집에서 생긴 일　② 나의 첫사랑　③ 기억에 남는 선생님

2) 인물

- 인물이 처한 상황
- 인물이 한 말과 행동
- 인물이 행동을 한 이유

…

당시 저는 IMF로 인해 부도를 맞고 거리에서 노숙 생활을 했어요. 돈이 없어서 구걸을 하다가 마지막이라는 심정으로 어느 국숫집에 들어갔어요.

① 용산 국숫집에서 생긴 일
② 나의 첫사랑
③ 기억에 남는 선생님

3) 느낌이나 생각

- 주위 사람들의 반응
- 경험 후 달라진 점

…

국수를 먹고 도망치는 저에게 뛰지 말라고 외치는 할머니의 말에 죄송하기도 하고 서럽기도 해서 눈물이 쏟아졌어요. 그 후 저는 세상에 대한 미움을 버리고 다시 일을 시작했어요.

① 용산 국숫집에서 생긴 일
② 나의 첫사랑
③ 기억에 남는 선생님

이야기해 보세요

1. 다음 주제에 대한 경험을 이야기해 보세요.

고마운 사람	한국에서의 잊지 못할 경험
한국어를 배우면서 실수한 경험	주변 사람들이나 내가 겪은 사고

2. 여러분의 인생에서 잊지 못할 순간이나 소중한 경험이 있습니까? 메모해 보세요.

〈한국에서의 잊지 못할 경험〉

- 시간과 장소
  - 2002년 6월에 서울에서 있었던 일.
- 인물의 상황과 행동
  - 여행을 하러 한국에 오게 됨.
  - 우연히 거리 응원전을 보고 응원에 참여하게 됨.
- 느낌이나 생각
  - 응원할 때의 기분을 잊을 수가 없었음.
  - 한국과 한국 사람의 매력에 푹 빠지게 되었음.

〈　　　　　　　　　　　　〉

- 시간과 장소
- 인물의 상황과 행동
- 느낌이나 생각

3. 메모한 것을 바탕으로 인생에서 잊지 못할 순간이나 소중한 경험에 대해 이야기해 보세요.

시간과 장소 → 2002년 6월 서울에서 있었던 일이에요.

인물의 상황과 행동 → 당시 저는 친구와 함께 한국으로 여행을 왔어요. 축구를 좋아하는 저는 사실 한국 여행보다는 당시 한국과 일본에서 열린 월드컵에 관심이 더 많았어요. 그래서 제가 좋아하는 팀의 경기는 말할 것도 없고 평소에는 별로 관심이 없었던 팀의 경기까지 보러 다녔어요. 어느 날 경기가 끝나고 호텔로 돌아가던 중 시청 근처를 지나게 되었는데 한국 사람들이 빨간 티셔츠를 입고 열정적으로 응원을 하고 있었어요. 골을 넣었을 때 뛸 듯이 기뻐하고 경기에 져도 즐겁게 응원하는 사람들을 보고 저도 모르게 응원에 참여하게 되었어요.

느낌과 생각 → 한국 사람들과 하나가 되어 응원하던 그때의 기분을 아직도 잊을 수가 없어요. 골을 넣기 전 초조하고 조마조마한 순간, 골 넣을 때의 짜릿한 기분을 거리에 모인 모든 사람들과 나눌 수 있었어요. 그리고 어디선가 "대~한민국!"이라는 말을 들으면 저도 모르게 박수를 치려고 들었어요. 경기장에서만 응원하던 저에게 거리 응원은 색다르고 강렬한 기억으로 남게 되었지요. 거리 응원을 경험한 후부터 저는 한국과 한국 사람의 매력에 푹 빠지게 되었고 기회가 있을 때마다 한국을 찾게 되었어요. 그리고 한국어도 배우게 되었고요. 2002년의 추억은 제 인생에서 잊을 수 없는 소중한 경험이에요.

어휘와 표현

1. 잊지 못할 순간

● 어휘

가슴이 벅차다

감격, 기쁨, 희망 등이 가슴에 가득하다. to be overwhelmed with joy / (有) 满足感, (有) 充实感 / 胸がいっぱいになる

합격 소식을 들으니 가슴이 벅차다.

감격(感激)스럽다[감격쓰럽다]

형 마음속 깊이 크게 감동하다. to be moved deeply / 感动, 感慨 / 感激だ

그 선수는 올림픽에서 금메달을 따고 감격스러워서 아무 말도 하지 못했다.

감회(感懷)가 새롭다

지난 일을 돌아보며 그때의 감정을 새롭게 다시 느끼다. to have past feelings return / 感受颇新, 有新的感受 / 懐かしさが新鮮だ

이십 년 만에 초등학교에 다시 와 보니 감회가 새로웠다.

기(氣)(가) 막히다 [마키다]

이해할 수 없고 당황스럽다. to be astounded, to be flabbergasted / 不可思议 / 息が詰まる, 呆れてものがいえない, すばらしい

내가 시간 내서 일부러 도와줬는데 일이 잘못됐다고 내 탓을 하니 기가 막혔다.

긴장(緊張)(이) 되다

마음을 조이고 정신을 바짝 차리게 되다. to be nervous / 紧张 / 緊張する

면접을 열심히 준비했지만 긴장이 되어 제대로 대답하지 못했다.

날아갈 듯이 기쁘다

날아갈 것 같이 아주 즐겁다. to be on top of the world / 喜出望外, 乐不可支 / 空も飛べそうなほど嬉しい

복권에 당첨되어 날아갈 듯이 기뻤다.

두근거리다

동 몹시 기대되거나 놀라거나 불안해 가슴이 자꾸 뛰다. to palpitate / (心) 扑通扑通跳, 忐忑不安 / どきどきする

내일 소풍갈 생각을 하니 벌써부터 가슴이 두근거린다.

막막(寞寞)하다[망마카다]

형 앞날이 걱정되어 답답하다. to not know what to do / 茫然, 孤独 / 途方にくれる, 先が見えない, 頼るべきものがない

취직 시험에서 열 번이나 떨어진 그는 앞날이 막막했다.

뿌듯하다[뿌드타다]

형 기쁨이나 감격이 마음에 가득 차다. to feel a sense of satisfaction / 满足 / したかいがある, 満足だ

건강하게 자란 아들을 보니 내 마음이 뿌듯했다.

서럽다

형 원망스럽고 슬프다. to be resentful and sad / 悲伤, 悲惨 / 悲しい, 待遇が不満で寂しい

독감에 걸려서 몸이 아픈데도 돌봐 줄 사람이 없다고 생각하니 서러웠다.

설레다

동 마음이 들떠서 두근거리다. to be aflutter / (心) 不平静, 激动 / どきどきする, わくわくする, ときめく

남자 친구와 첫 데이트를 할 생각을 하니 마음이 설렌다.

앞이 캄캄하다

앞으로 어떻게 해야 할지 몰라 답답하다. to not know where to start / 前途渺茫, 不知所措 / お先真っ暗だ, 五里霧中だ, 途方にくれる

혼자 해외여행을 갔는데 지갑을 잃어버려서 앞이 캄캄했다.

어이(가) 없다

예상하지 못한 일이라서 당황스럽다. to be dumbfounded / 无可奈何 / あいた口が塞がらない, 呆れ返る, 馬鹿馬鹿しすぎる

회사 일이 많아 모두 정신없이 바쁜데 혼자 놀러 가다니 정말 어이가 없다.

왈칵 눈물이 쏟아지다

갑자기 눈물이 많이 쏟아지다. to burst into tears / 眼泪夺眶而出 / どっと涙があふれだす

돌아가신 할머니 생각을 하니 왈칵 눈물이 쏟아졌다.

원망(怨望)스럽다

형 남을 탓하고 미워하고 싶은 마음이 있다. to be reproachful, to be resentful / 抱怨, 怨恨 / 恨めしい

지갑을 안 가져와서 친구에게 돈을 빌리려고 했지만 친구가 거절했다. 내 부탁을 딱 잘라 거절한 친구가 원망스러웠다.

조마조마하다

형 앞으로의 일이 걱정되어 마음이 불안하다. to be nervous, to be on pins and needles / 提心吊胆, 忐忑不安 / はらはらする, びくびくする

내가 발표할 순서가 다가오니 마음이 조마조마했다.

쥐구멍에라도 들어가고 싶은 기분이다

매우 부끄러워서 숨고 싶은 기분이다. to feel like hiding in shame, to want to crawl into a hole and die / 因羞愧而感到无地自容 / 穴があったら入りたい

내가 거짓말을 했다는 사실이 밝혀져서 쥐구멍에라도 들어가고 싶은 기분이었다.

짜릿하다[짜리타다]
형 마음이 순간적으로 조금 흥분되고 떨리다. to be thrilled / 过瘾, 惊心动魄 / 高揚する
번지 점프를 직접 해 보니 기분이 정말 짜릿했다.

초조(焦燥)하다
형 몹시 걱정이 되어 마음을 안정시킬 수 없다. to be restless / 焦躁 / 焦る
합격자 발표 시간이 다가오니 마음이 초조해졌다.

● 듣기

■ 들어 보세요 1

그토록
부 그렇게까지, 그럴 정도까지. like that, so (to the extent of) / 那样(地), 那么 / あれほどまで
그토록 그리워하던 부모님을 꿈속에서 다시 만났다.

사연(事緣)
명 어떤 일의 사정. story, reason / 事情缘由, 内情 / 事情, いきさつ
아침 방송에서 노숙자였던 사람이 중소기업의 사장이 된 사연을 소개해 눈길을 끌었다.

인연(因緣)
명 사람과의 운명적인 관계. relationship, connection / 缘分 / 縁, 絆
남자가 여자의 생명을 구해 준 것이 인연이 되어 두 사람은 결혼하게 되었다.

직감(直感)하다[직깜하다]
동 바로 느껴서 알다. to know by intuition / 直觉, 直接感到 / 直感する
경찰은 길에서 한 남자와 마주쳤을 때 그가 범인이라는 것을 직감했다.

친정(親庭)
명 결혼한 여자의 부모가 살고 있는 집. married woman's parents' home / 娘家 / 嫁の実家
결혼한 후 처음으로 남편과 친정에 다녀왔다.

■ 들어 보세요 2

구걸(求乞)하다
동 남에게 돈이나 음식, 물건 등을 달라고 하다. to beg (for) / 乞讨 / 物乞いする
한국 전쟁이 끝나고 부모를 잃은 고아들이 거리에서 구걸하기도 했다.

불을 지르다
불을 내다, 불을 붙이다. to start a fire / 放火 / 火をつける
주차된 차에 누군가 불을 질러서 경찰이 수사에 나섰다.

빚
명 남에게 빌린 돈. debt / 债务, 债 / 借金, 債務
유진 씨는 등록금이 부족해서 은행에서 빚을 내 대학에 다녔다.

용서(容恕)를 빌다
잘못한 일이나 죄에 대해서 이해해 달라고 하다. to beg for forgiveness / 请求宽恕 / 許しを乞う
도둑질을 한 아이는 어머니에게 다시는 그런 일을 하지 않겠다고 용서를 빌었다.

한눈팔다
동 볼 데를 보지 않고 다른 곳을 보다. to not pay attention, to get distracted / 东张西望, 分心 / わきめをふる, よそ見をする
백화점에서 엄마가 잠깐 한눈파는 사이에 아이가 없어졌다.

허겁지겁[허겁찌겁]
부 몹시 서두르는 모양. hurriedly / 慌慌张张 / あたふた, 大急ぎで
동생이 배고팠는지 김밥을 주니 허겁지겁 먹기 시작했다.

허름하다
형 좀 오래된 듯하다. to be shabby / (衣衫) 褴褛, 破旧 / 古びている, みすぼらしい
그 식당은 허름해 보여도 음식 맛은 좋아서 손님이 끊이지 않는다.

● 말하기

강렬(强烈)하다[강녈하다]
형 강하고 진하다. to be powerful or strong (feeling), to be intense / 强烈的 / 強烈だ
태권도 결승전에서 두 선수는 서로를 강렬한 눈빛으로 바라보았다.

반응(反應)
명 어떤 일에 대해 한 행동이나 일. reaction / 反应 / 反応
노총각 삼촌은 결혼에 대한 이야기만 나오면 민감한 반응을 보인다.

색(色)다르다[색따르다]
형 다른 것과 비교되는 특성이 있다. to be different, to be novel / 与众不同, 奇特的 / 風変わりだ, 異色だ
이 그림은 이국적인 외국 풍경을 배경으로 해서 색다른 느낌을 준다.

2

주제
사랑

어휘
사랑의 감정

문법과 표현
- A-(으)ㄴ/V-는 양
- A/V-(으)리라

읽기
- 소설 읽고 내용 파악하기
- 등장인물의 심리 이해하기

쓰기
- 조사에 유의하며 문장 쓰기 1
- 소설의 결말 바꿔 쓰기

소나기

들어가기

이야기해 보세요

1. 어떤 상황입니까?

2. 앞으로 어떤 일이 일어날 것 같습니까?

어휘와 문법

읽어 보세요 track 12

황순원의 〈소나기〉는 1952년 발표된 단편 소설로 한국 사람들이 가장 좋아하는 소설 중 하나로 꼽히는 작품이다. 소설에서는 서울에서 전학 온 열두 살 소녀와 시골 소년의 풋풋하고 애틋한 감정을 표현하고 있다. 마치 고향 길을 걷고 있는 **양** 섬세하고 세밀한 풍경 묘사와 담담하고 객관적인 심리 묘사는 독자로 하여금 어린 시절의 아련한 추억을 떠올리게 한다.

한국인의 마음에 깊숙이 자리 잡고 있는 〈소나기〉는 영화, 노래, 연극 등 다양한 장르로 재창작되기도 했다. 전문가들은 〈소나기〉가 오랫동안 사랑받아 온 이유를 사람들의 고향에 대한 향수와 첫사랑에 대한 그리움 때문이라고 지적한다. 〈소나기〉에서 보여 주는 시골 정취와 소년 소녀의 맑고 순수한 감정이 소설을 읽는 이들에게 유년기의 추억을 떠올리게 했**으리라는** 분석이다.

1. 소설 〈소나기〉는 어떤 내용입니까?

2. 한국 사람들이 왜 소설 〈소나기〉를 좋아합니까?

어휘를 연습해 보세요

아련하다	애절하다	애틋하다	풋풋하다	서먹서먹하다	쑥스럽다
안타깝다	그리워지다	애(가) 타다	감정이 복받치다	가슴이 뛰다	가슴이 저리다
가슴이 찢어지다	추억을 떠올리다	심장이 멎는 것 같다			

1. 다음과 관계있는 어휘를 넣어 보세요.

첫 만남

서먹서먹하다

사랑

갈등

이별

회상

문법과 표현을 연습해 보세요

1. A-(으)ㄴ/V-는 양
- 첫사랑이 결혼했다는 소식을 듣고 아무렇지도 않은 양 행동했다.
- 그는 모든 사실을 알고 있으면서도 아무것도 모르는 양 질문했다.

2. A/V-(으)리라
- 언젠가는 남한과 북한이 독일처럼 통일되리라 생각한다.
- 그 사람의 거친 손을 보고 고생이 많았으리라 짐작할 수 있었다.

1. 다음과 같이 이야기해 보세요.

직장 생활을 잘하려면?

1) 상사가 실수한 것을 보더라도 못 본 척한다.
2) 상사의 재미없는 농담에도 재미있는 척한다.
3) 상사가 보고 있으면 열심히 일하는 척한다.

직장 생활을 잘하려면 상사가 실수한 것을 보더라도 아무것도 못 **본 양** 행동해야 합니다.

2. 다음과 같이 써 보세요.

1)

친구에게 영화 보러 가자고 했는데 친구가 딴소리를 했다. 친구가 나하고 영화 보기 싫었**으리라** 짐작된다.

2)

친구가 이유 없이 하루 종일 웃기만 했다. ______________________.

3)

친구에게 밥 먹으러 가자고 했는데 친구는 배에서 '꼬르륵' 소리가 나는데도 배가 안 고프다고 했다. ______________________.

읽기

준비해 보세요

누군가가 자신을 좋아한다는 것을 어떻게 알 수 있습니까? √ 하고 친구들과 이야기해 보세요.

- ☐ 나를 보면 숨는다.
- ☐ 나에게 자주 말을 건다.
- ☐ 나를 보면 눈길을 피한다.
- ☐ 나를 보면 자주 화를 낸다.
- ☐ 우연히 자주 마주친다.
- ☐ 나를 보면 자주 웃는다.
- ☐ 나에게 자주 전화를 한다.

읽어 보세요 track 13

다음은 소설 〈소나기〉의 줄거리와 소설의 일부분입니다. 글을 읽고 질문에 답해 보세요.

#1 소년은 서울에서 내려온 소녀와 개울가에서 처음 만난다.

#2 어느 날, 아무 말 못 하고 바라보기만 하는 소년에게 소녀는 "이 바보."라고 말하며 조약돌을 던진다.

#3 소년과 소녀는 서로에게 호감을 갖게 되고 소년과 소녀는 함께 산에 놀러 간다.

#4 그런데 산에서 갑자기 소나기를 만나 같이 비를 피하면서 둘은 더 친해진다. 산에서 집으로 돌아오는 길에 도랑을 건널 때 소년은 소녀를 업어 준다.

#5 비를 맞은 소녀는 심하게 앓게 된다. 그 후 소녀는 소년을 만나 자기가 소년의 등에 업혔을 때 옷에 얼룩이 묻어 지워지지 않는다고 말한다. 그리고 곧 이사 가게 될 거라는 말도 한다.

#6 소년은 소녀가 갑자기 죽었다는 이야기를 듣게 된다.

가 소년은 개울가에서 소녀를 보자 곧 윤 초시네 증손녀(曾孫女) 딸이라는 걸 알 수 있었다. 소녀는 개울에다 손을 잠그고 물장난을 하고 있는 것이다. 서울서는 이런 개울물을 보지 못하기나 한 듯이.

벌써 며칠째 소녀는 학교에서 돌아오는 길에 물장난이었다. 그런데 어제까지는 개울 기슭에서 하더니, 오늘은 징검다리 한가운데 앉아서 하고 있다.

소년은 개울둑에 앉아 버렸다. 소녀가 비키기를 기다리자는 것이다.

요행 지나가는 사람이 있어, 소녀가 길을 비켜 주었다.

나 다음 날은 좀 늦게 개울가로 나왔다. 이 날은 소녀가 징검다리 한가운데 앉아 세수를 하고 있었다. 분홍 스웨터 소매를 걷어 올린 팔과 목덜미가 마냥 희었다.

한참 세수를 하고 나더니, 이번에는 물속을 빤히 들여다본다. 얼굴이라도 비추어 보는 것이리라. 갑자기 물을 움켜 낸다. 고기 새끼라도 지나가는 듯.

소녀는 소년이 개울둑에 앉아 있는 걸 아는지 모르는지 그냥 날쌔게 물만 움켜 낸다. 그러나 번번이 허탕이다. 그대로 재미있는 양, 자꾸 물만 움킨다. 어제처럼 개울을 건너는 사람이 있어야 길을 비킬 모양이다.

a 그러다가 소녀가 물속에서 무엇을 하나 집어낸다. 하얀 조약돌이었다. 그러고는 벌떡 일어나 팔짝팔짝 징검다리를 뛰어 건너간다.

다 건너가더니만 홱 이리로 돌아서며,

"이 바보."

조약돌이 날아왔다.

소년은 저도 모르게 벌떡 일어섰다.

단발머리를 나풀거리며 소녀가 막 달린다. 갈밭 사잇길로 들어섰다. 뒤에는 청량한 가을 햇살 아래 빛나는 갈꽃뿐.

이제 저쯤 갈밭머리로 소녀가 나타나리라. 꽤 오랜 시간이 지났다고 생각됐다. 그런데도 소녀는 나타나지 않는다. 발돋움을 했다. 그러고도 상당한 시간이 지났다고 생각됐다.

저쪽 갈밭머리에서 갈꽃이 한 옴큼 움직였다. 소녀가 갈꽃을 안고 있었다. 그리고 이제는 천

천한 걸음이었다. 유난히 맑은 가을 햇살이 소녀의 갈꽃머리에서 반짝거렸다. 소녀 아닌 갈꽃이 들길을 걸어가는 것만 같았다.

소년은 이 갈꽃이 아주 뵈지 않게 되기까지 그대로 서 있었다. 문득, 소녀가 던진 조약돌을 내려다보았다. 물기가 걷혀 있었다. 소년은 조약돌을 집어 주머니에 넣었다.

다 갑자기 사면이 소란스러워진 것 같다. 바람이 우수수 소리를 내며 지나간다. 삽시간에 주위가 보랏빛으로 변했다. 산을 내려오는데, 떡갈나무 잎에서 빗방울 듣는 소리가 난다. 굵은 빗방울이었다. 목덜미가 선뜩선뜩했다. 그러자, 대번에 눈앞을 가로막는 빗줄기.

비안개 속에 원두막이 보였다. 그리로 가 비를 그을 수밖에. 그러나 원두막은 기둥이 기울고 지붕도 갈래갈래 찢어져 있었다. 그런대로 비가 덜 새는 곳을 가려 소녀를 들어서게 했다. 소녀의 입술이 파아랗게 질렸다. 어깨를 자꾸 떨었다.

무명 겹저고리를 벗어 소녀의 어깨를 싸 주었다. 소녀는 비에 젖은 눈을 들어 한 번 쳐다보았을 뿐, 소년이 하는 대로 잠자코 있었다. 그리고는, 안고 온 꽃묶음 속에서 가지가 꺾이고 꽃이 일그러진 송이를 골라 발밑에 버린다.

소녀가 들어선 곳도 비가 새기 시작했다. 더 거기서 비를 그을 수 없었다.

밖을 내다보던 소년이 무엇을 생각했는지 수수밭 쪽으로 달려간다. 세워 놓은 수숫단 속을 비집어 보더니, 옆의 수숫단을 날라다 덧세운다. 다시 속을 비집어 본다. 그리고는 이쪽을 향해 손짓을 한다.

수숫단 속은 비는 안 새었다. 그저 어둡고 좁은 게 안됐다. 앞에 나앉은 소년은 그냥 비를 맞아야만 했다. 그런 소년의 어깨에서 김이 올랐다.

소녀가 속삭이듯이, 이리 들어와 앉으라고 했다. 괜찮다고 했다. 소녀가 다시, 들어와 앉으라고 했다. 할 수 없이 뒷걸음질을 쳤다. 그 바람에, 소녀가 안고 있는 꽃묶음이 망그러졌다. 그러나 소녀는 상관없다고 생각했다. 비에 젖은 소년의 몸 내음새가 확 코에 끼얹혀졌다. 그러나 고개를 돌리지 않았다. 도리어 소년의 몸기운으로 해서 떨리던 몸이 적이 누그러지는 느낌이었다.

소란하던 수숫잎 소리가 뚝 그쳤다. 밖이 멀게졌다.

수숫단 속을 벗어 나왔다. 멀지 않은 앞쪽에 햇빛이 눈부시게 내리붓고 있었다.

ⓑ 도랑 있는 곳까지 와 보니, 엄청나게 물이 불어 있었다. 빛마저 제법 붉은 흙탕물이었다. 뛰어 건널 수가 없었다.

소년이 등을 돌려 댔다. 소녀가 순순히 업히었다. 걷어 올린 소년의 잠방이까지 물이 올라왔다. 소녀는 "어머나" 소리를 지르며 소년의 목을 끌어안았다.

개울가에 다다르기 전에, 가을 하늘은 언제 그랬는가 싶게 구름 한 점 없이 쪽빛으로 개어 있었다.

라 그날도 소년은 주머니 속 흰 조약돌만 만지작거리며 개울가로 나왔다. 그랬더니, 이쪽 개울둑에 소녀가 앉아 있는 게 아닌가.

소년은 가슴부터 두근거렸다.

"그동안 앓았다."

어쩐지 소녀의 얼굴이 해쓱해져 있었다.

"그날, 소나기 맞은 탓 아냐?"

소녀가 가만히 고개를 끄덕이었다.

"인제 다 났냐?"

"아직도……."

"그럼, 누워 있어야지."

"하도 갑갑해서 나왔다……. 참, 그날 재밌었어……. 그런데, 그날 어디서 이런 물이 들었는지 잘 지지 않는다."

소녀가 분홍 스웨터 앞자락을 내려다본다. 거기에 검붉은 진흙물 같은 게 들어 있었다.

소녀가 가만히 보조개를 떠올리며,

"그래 이게 무슨 물 같니?"

소년은 스웨터 앞자락만 바라다보고 있었다.

"내, 생각해 냈다. 그날, 도랑을 건너면서 내가 업힌 일이 있지? 그때, 네 등에서 옮은 물이다."

소년은 얼굴이 확 달아오름을 느꼈다.

마 개울물은 날로 여물어 갔다.

소년은 갈림길에서 아래쪽으로 가 보았다. 갈밭머리에서 바라보는 서당골 마을은 쪽빛 하늘 아래 한결 가까워 보였다.

어른들의 말이, 내일 소녀네가 양평읍으로 이사 간다는 것이었다. 거기 가서는 조그마한 가겟방을 보게 되리라는 것이었다.

소년은 저도 모르게 주머니 속 호두알을 만지작거리며, 한 손으로는 수없이 갈꽃을 휘어 꺾고 있었다.

그날 밤, 소년은 자리에 누워서도 같은 생각뿐이었다. 내일 소녀네가 이사가는 걸 가 보나 어쩌나. 가면 소녀를 보게 될까 어떨까.

그러다가 까무룩 잠이 들었는가 하는데,

"허, 참, 세상일도……."

마을 갔던 아버지가 언제 돌아왔는지,

"윤 초시 댁도 말이 아니야. 그 많던 전답(田畓)을 다 팔아 버리고, 대대로 살아오던 집마저 남의 손에 넘기더니, 또 악상까지 당하는 걸 보면……."

ⓒ 남폿불 밑에서 바느질감을 안고 있던 어머니가,

"증손(曾孫)이라곤 계집애 그 애 하나뿐이었지요?"

"그렇지. 사내 애 둘 있던 건 어려서 잃어버리고……."

"어쩌면 그렇게 자식 복이 없을까."

"글쎄 말이지. 이번엔 꽤 여러 날 앓는 걸 약도 변변히 못 써 봤다더군. 지금 같아선 윤 초시네도 대가 끊긴 셈이지……. 그런데 참, 이번 계집앤 어린 것이 여간 잔망스럽지가 않아. 글쎄, 죽기 전에 이런 말을 했다지 않아? 자기가 죽거든 자기 입던 옷을 꼭 그대로 입혀서 묻어 달라고……."

중심 내용 파악하기

1. 소년과 소녀 사이에 있었던 일들을 이야기해 보세요.

배경	개울가에서	산에서	도랑에서	소녀가 이사 가기 전날 밤에
사건				

세부 내용 파악하기

2. 나 에서 소녀가 조약돌을 던진 이유는 무엇입니까?

3. 다 에서 소나기를 만났을 때 소년은 어떻게 했습니까?

4. 라 에서 소녀가 소년을 오랫동안 만나지 <u>못한</u> 이유는 무엇입니까?
① 이사 준비를 하느라고 바빠서
② 소나기를 맞은 후 몸이 안 좋아져서
③ 서울에 있는 병원에 다녀왔기 때문에
④ 윤 초시 할아버지가 갑자기 돌아가셨기 때문에

인물의 심리 파악하기

5. a ~ c 의 상황에서 느꼈을 소년의 감정을 찾아 이야기해 보세요.

쑥스럽다	당황하다	안타깝다
서먹서먹하다	가슴이 저리다	심장이 멎는 것 같다

이야기해 보세요

1. 〈소나기〉에 나오는 소년과 소녀의 성격을 정리해 보고 그에 대한 여러분의 생각을 이야기해 보세요.

소녀의 성격은 적극적이고…….

소년의 성격은…….

2. 이 소설의 제목이 왜 '소나기'인지 이야기해 보세요. 만약 여러분이 작가라면 이 소설의 제목을 뭐라고 붙이고 싶습니까?

쓰기

소설 <소나기>의 결말을 바꿔 써 보세요.

준비해 보세요

1. 다음 글을 읽고 빈칸에 알맞은 조사를 넣어 보세요.

> 소년은 윤 초시네 증손녀를 보고 호감이 갔지만 수줍음(　　) 많아 친해지지 못한다. 소녀가 먼저 소년에게 말(　　) 걸어 둘은 친해지게 된다. 소년(　　) 소녀는 산으로 놀러 갔다가 집으로 돌아오는 길(　　) 소나기를 만난다. 소나기(　　) 많이 맞아 앓고 난 소녀는 소년을 만나 읍내(　　) 이사 간다고 말한다. 얼마 후 소년은 자다가 아버지(　　) 소녀가 죽었다는 소식(　　) 듣고 슬퍼한다.

연습해 보세요

1. 여러분은 행복한 결말과 슬픈 결말 중에 어느 것을 더 좋아합니까? 여러분이 알고 있는 행복한 결말 또는 슬픈 결말로 끝나는 이야기에 대해 말해 보세요.

행복한 결말	슬픈 결말
〈신데렐라〉는 새엄마와 언니들에게 괴롭힘을 당하지만 나중에 멋진 왕자님을 만나 행복하게 사니까 행복한 결말로 끝나는 이야기예요.	

2. 다음 동영상을 보고 〈소나기〉의 결말과 어떻게 다른지 비교해 보세요. clip 2 / clip 3

〈소나기〉의 결말	달라진 결말

써 보세요

1. 〈소나기〉의 결말을 어떻게 바꿀지 친구와 의논하고 메모해 보세요.

〈슬픈 결말〉

- 마지막 만남
  - 소년과 소녀는 마지막 만남을 갖고 헤어지게 됨. 소년이 준비한 선물을 소녀에게 줌.
- 소녀의 죽음
  - 소녀는 서울로 이사를 가서 죽게 되고 소년은 이를 알지 못하고 소녀가 돌아올 것을 믿고 소녀를 기다림.

〈　　　　〉

2. 메모를 바탕으로 〈소나기〉의 결말을 친구와 함께 바꿔 써 보세요.

어른들의 말이 내일 소녀네가 서울로 이사를 가서는 조그마한 가겟방을 보게 되리라는 것이었다. 소년은 마지막으로 소녀를 한번 만나고 싶었지만 용기가 나지 않아서 소녀에게 줄 선물만 만지고 있었다.

밤이 되자 소년은 잠이 오지 않았다. 오늘 밤이 지나면 소녀와 영원히 이별을 하게 되는 것이다. 소년은 소녀에 대한 애틋함으로 가슴이 찢어질 것만 같았다. 소년은 용기를 내 보기로 했다. 그리고 소녀에게 줄 선물을 챙겨 넣었다. 소년은 정신없이 소녀의 집으로 향했다. 소년을 기다리기라도 하는 양 소녀의 방에는 아직도 불이 켜져 있었고 소녀의 기침 소리가 흘러 나왔다. 소년은 소녀의 방 창가 쪽으로 다가가 소녀의 이름을 부르기 시작했다. 소녀의 방에서는 아무런 소리도 나지 않았다.

소년은 더욱 애가 타기 시작했다. 한참이 지나서야 소녀의 방 창문이 힘없이 열렸다. 소년의 가슴은 두근거리기 시작했다. 종이처럼 하얀 얼굴의 소녀가 웃으며 말했다.

"너 나 만나러 왔니?"

"이거 먹어라. 선물이다." 소년은 '꼭 건강 좋아져야 한다. 또 만나자.'라는 말 대신에 쑥스러워서 무뚝뚝한 한마디를 하며 소녀에게 불쑥 선물을 건넸다. 소녀는 그런 소년을 보면서 쓸쓸하게 말했다. 금방이라도 눈에 이슬이 맺힐 것만 같았다.

"서울 가서 치료받고 건강해지면 다시 너 만나러 올게. 그동안 나 잊지 마."

소년은 대답도 안 하고 "간다. 내일 이사 잘 가라."라고 말하고 도망치듯 집으로 돌아갔다.

이후 소녀는 서울로 이사를 간 후 건강이 더 나빠져 죽게 되었다. 소녀는 소년이 준 선물과 함께 묻어 달라는 유언을 남겼다. 그러나 소년은 소녀의 죽음을 알지 못하고 매년 가을이 되면 개울가에 나와서 그 가을날의 아련한 추억을 떠올리며 소녀를 기다린다.

어른들의 말이 내일 소녀네가 서울로 이사를 가서는 조그마한 가겟방을 보게 되리라는 것이었다.

3. 친구들의 글을 읽고 〈SNU 문학상〉을 뽑아 보세요.

아름다운 결말상	슬픈 결말상	코믹 결말상	엉뚱한 결말상
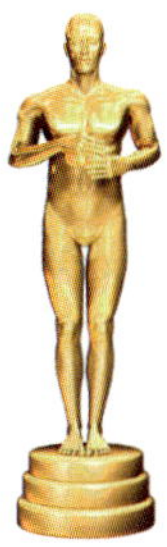	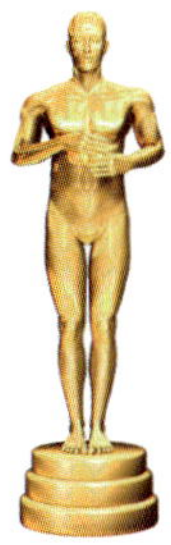	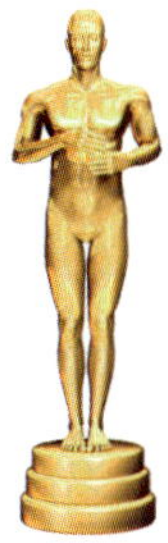	

어휘와 표현

2. 소나기

● 어휘

가슴이 뛰다
흥분해서 심장이 뛰다. to have a pounding heart / 心跳 / 胸が高鳴る, 胸がはずむ
버스에서 아름다운 그녀를 처음 본 순간 가슴이 뛰기 시작했다.

가슴이 저리다
가슴이나 마음이 못 견딜 정도로 아프고 슬프다. to be heartbreaking / 心如刀绞 / 胸が痛む, 胸がしめつけられる
엄마를 잃고 울고 있는 아이를 보니 가슴이 저려 눈물이 났다.

가슴이 찢어지다
가슴이 찢어지는 것처럼 아프고 슬프다. to feel one's heart being ripped apart / 撕心裂肺 / 胸が張り裂ける
키우던 강아지가 죽었다. 그동안 정이 많이 들어서 그런지 가슴이 찢어지는 것 같았다.

감정(感情)이 복받치다 [복받치다]
어떤 감정이 마음속에서 강하게 올라오다. to be overcome with emotion / 情如泉涌 / 感情が込み上げる
어렵게 집을 사서 처음으로 친구들을 초대해 집들이를 하다가 그동안의 고생이 떠올라 감정이 복받쳤다.

그리워지다
동 사람이나 옛날 일이 간절하게 생각나다. to yearn for, to miss / 怀念 / 懐かしい
헤어진 여자 친구를 생각하면서 같이 웃고 이야기하던 곳을 돌아보니 옛날이 그리워졌다.

서먹서먹하다[서먹써머카다]
형 낯설거나 친하지 않아 어색하다. to have awkward relations / 生分 / ぎくしゃくする, ぎこちない
새로 동아리에 들어가서 새로운 사람들을 만났는데 서먹서먹해서 아무 말도 못 했다.

심장(心臟)이 멎는 것 같다
심장이 멎어서 죽을 것 같이 강한 감정을 느끼다. to feel like one's heart stops beating / 好像心脏停止跳动 / 心臓が止まりそうだ
결혼식 날 신부가 결혼식장에 오는 길에 교통사고를 당했다는 소식을 듣고 신랑은 심장이 멎을 것 같은 슬픔을 느꼈다.

쑥스럽다
형 행동이 자연스럽지 못하고 부끄러워하다. to feel awkward and shy / 不好意思, 难为情 / 照れくさい, きまりがわるい
매일 바지만 입다가 치마를 입었더니 사람들이 다 나만 쳐다보는 것 같아서 쑥스러웠다.

아련하다
형 정확하게 알아보기 힘들게 희미하다. to be faint / 隐约的, 模糊的 / おぼろげだ, ほのかだ
초등학교 때 찍은 사진을 보면 어린 시절의 추억이 아련하게 떠오른다.

안타깝다
형 가슴 아프고 답답하다. to be pitiful / 难过, 惋惜, 着急 / 不憫だ, 気の毒だ, 口惜しい
어린 나이에 가족의 생계를 책임지는 소녀 가장을 보면서 안타까운 마음이 들었다.

애(가) 타다
초조하고 걱정되다. to be anxious / 心急如焚 / 気苦労する, 心労する, やきもきする
놀러 나간 아이가 12시가 넘도록 들어오지 않아 애가 탔다.

애절(哀切)하다
형 아주 슬프다. to be very sad / 悲切, 悲伤 / 哀しい, 切ない
그 노래 가사는 헤어진 연인에 대한 사랑을 애절하게 표현했다.

애틋하다[애트타다]
형 안타깝고 마음이 아프다. to be heartrending / 心痛, 深情 / やるせない, 切ない
라디오에서 병에 걸린 아내를 간호하는 남편의 애틋한 사연을 소개했다.

추억(追憶)을 떠올리다
지난 일을 다시 생각하다. to recall, to reminisce / 回忆 / 思い出す, 思い出に浸る
오랜만에 고등학교 친구들을 만나 학창 시절의 추억을 떠올리며 이야기를 나눴다.

풋풋하다[푿푸타다]
형 풀 냄새를 맡는 것처럼 신선하고 상쾌하다. to be fresh / 清新, 青涩 / あおあおとしている, すがすがしい, ういういしい
유명 가수의 신인 시절 풋풋한 모습을 담은 동영상이 인터넷에서 화제가 되고 있다.

● 읽기

■ 읽어 보세요

갈꽃
명 갈대에 피는 꽃. flower of a reed plant / 芦花 / 蘆の花
가을에 시골 외가댁에 가면 집 주변에 갈꽃이 피어 바람에 흔들렸다.

갈래갈래

❶ 여러 갈래로 갈라지거나 찢어진 모양. splitting into many sections / 一条条，一道道 / 分かれ分かれ
길이 갈래갈래 나 있어서 어디로 가야 할지 모르겠다.

갈림길[갈림낄]

❷ 여러 갈래로 나누어진 길. fork in a road / 岔路口 / 分かれ道
그들은 갈림길을 앞에 두고 어느 쪽으로 가야 할지 망설였다.

갈밭

❷ 갈대가 많이 있는 곳. a field of reeds / 芦苇地 / 芦のしげみ
가을에 갈밭에서 찍은 사진이 멋있게 나왔다.

갈밭머리[갈반머리]

❷ 갈대밭의 입구. the entrance of a field of reeds / 芦苇地的边缘 / 芦の茂みの縁
할머니께서는 갈밭머리에 서서 내가 갈 때까지 손을 계속 흔드셨다.

갑갑하다[갑까파다]

❸ 마음이나 기분이 답답하다. to be stuffy / 闷，闷的 / 息が詰まりそうだ, じれったい
날씨가 좋은 주말 내내 집에만 있는 것은 갑갑한 일이다.

개다

❹ 흐리거나 비 오던 날씨가 맑아지다. to clear up / 晴，转的 / 晴れる
비가 그치고 날이 개었다.

개울둑[개울뚝]

❷ 개울물이 넘치지 않게 하려고 쌓은 둑. stream bank / 河堤，溪边 / 小川の土手
내가 어렸을 적에 어머니는 개울둑에서 나물을 캐곤 하셨다.

걷어 올리다

옷소매나 바지 등을 위로 접어 올리다. to roll up one's sleeve / 卷起(袖子等) / まくりあげる, たくしあげる
날씨가 너무 더워서 소매를 걷어 올리고 세수를 했다.

걷히다[거치다]

❹ 흩어져 사라지다. to clear (up) / 消散 / (霧や雲などが)晴れる
멀리 눈이 쌓인 산봉우리에서 서서히 안개가 걷히고 있었다.

긋다

❹ 비를 잠시 피하며 그치기를 기다리다. to escape from rain and wait for it to stop / 避(雨) / 雨宿りする
갑자기 소나기가 와서 편의점에 들어가서 잠시 비를 그었다.

기슭

❷ 비탈진 곳의 아랫부분. foot (mountain), bank (river), shore (ocean) / (山) 麓，(河) 畔，(溪) 边 / 山のふもと, 川岸, 海辺
큰비가 내려서 홍수가 났는데 강물이 넘쳐서 산기슭까지 올라왔다.

김

❷ 끓는 물에서 나오는 기체. steam / 热气，蒸气 / 湯気
막 지은 밥에서 김이 모락모락 났다.

끼얹히다[끼언치다]

❹ 흩어지게 뿌려지다. to be poured (over) / 被泼，被浇 / (水・砂などを)浴びせる, 振りかける
대중목욕탕에서 목욕을 하다가 옆 사람에게 물이 끼얹혀서 미안하다고 말했다.

나풀거리다

❹ 가볍고 작게 나부끼다. to flutter / 飘动，摆动 / ひらひらする, ひらひらさせる
봄바람에 옷자락을 나풀거리며 소녀가 걸어간다.

날쌔다

❸ 동작이 재빠르다. to be nimble / 敏捷 / 素早い, 敏捷だ
정우는 얼굴 앞에 날아다니는 파리를 맨손으로 잡을 정도로 손놀림이 날쌔다.

남폿불[남폳뿔]

❷ 등불. lamplight / 煤油灯 / ランプの灯り
방문을 여니 어둠 속에서 남폿불이 흔들렸다.

누그러지다

❹ 상태나 기분이 가라앉거나 나아지다. to abate, to calm down / 缓和，好转 / やわらぐ
오늘은 어제보다 추위가 많이 누그러졌다.

달아오르다

❹ 얼굴이 빨갛게 되다. to be flushed / (脸) 红，发烫 / (顔が)火照る
여러 사람 앞에서 발표를 하려니까 부끄러워 얼굴이 달아올랐다.

대(代)가 끊기다 [끈키다]

아들을 낳지 못해 집안의 혈통이 끊어지다. to have a family lineage end / 绝嗣无后 / 家が断絶する, あととりが絶える
옛날에는 딸만 계속 낳으면 대가 끊긴다고 걱정하는 사람들이 많았다.

대대(代代)로

❶ 여러 대를 계속해서. generation after generation / 代代 (相传)，传家 / 代々
우리 할아버지는 조상 대대로 물려받은 집에서 살고 계신다.

어휘와 표현

대번에
부 당장, 곧. immediately / 马上，一下子 / 直ちに
어머니는 아이가 거짓말을 한다는 것을 대번에 알아차렸다.

도리어
부 오히려. rather / 反而 / かえって, むしろ
잘못한 사람이 도리어 큰소리를 쳐서 어이가 없다.

마냥
부 만족스러울 정도로 아주. to the full extent, very / 十分 / ひたすら, 思う存分
부모들 눈에는 자기 자식이 눈에 넣어도 아프지 않을 정도로 마냥 예쁘기만 하다.

만지작거리다[만지작꺼리다]
동 손으로 물건을 여러 번 만지다. to finger / 摆弄，摸来摸去 / いじりまわす
어제 백화점에 갔는데 옷이 마음에 들었지만 너무 비싸서 만지작거리기만 하다가 돌아왔다.

망그러지다
동 부서지다. to break / 坏 / 壊れる
여자 친구에게 주려고 예쁜 꽃다발을 샀는데 지하철에 사람들이 너무 많아서 내리고 보니 꽃다발이 망그러져 있었다.

멀게지다
동 조금 맑아지다. 개다. to clear a bit / 晴，转晴 / やや晴れる, 多少うすくなる
비가 한참 오더니 드디어 날이 멀게졌다.

목덜미[목떨미]
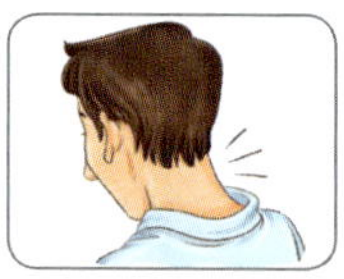
명 목의 뒷부분. back of one's neck / 后脖颈，脖子 / 襟首, 首筋
어미 개가 새끼들의 목덜미를 물어서 자리를 옮겼다.

발돋움
명 발끝만 디디고 섬. standing on one's tiptoes / 踮脚尖 / つま先立ち, 背伸び
아이들은 친구들과 키를 잴 때 더 커 보이려고 몰래 발돋움을 한다.

번번(番番)이
부 매 때마다, 매번. every time / 每次，屡次 / 毎度, その都度
민수는 번번이 얻어먹기만 해서 미안하다며 오늘은 자기가 저녁을 사겠다고 했다.

벌떡
부 갑자기 일어서는 모양. suddenly / 霍地，突然 / がばっと, ぱっと
지하철에서 앉아 있던 한 청년이 할머니를 보더니 벌떡 일어나서 자리를 양보했다.

변변히
부 넉넉하게, 제대로. sufficiently, properly / 好好地，象样地 / ろくに
우리 남편은 너무 바빠서 내 생일을 한 번도 변변히 챙겨 준 적이 없다.

보조개

명 볼에 오목하게 들어가는 자국. dimple / 酒窝 / えくぼ
나나가 웃을 때면 볼에 보조개가 생기는데 무척 매력적으로 보인다.

붇다
동 양이 더 많아지다. to swell / 涨，发 / 膨張する, (麺が)のびる
짜장면이 배달되어 왔는데 너무 불어서 먹을 수가 없었다.

비집다
동 억지로 틈이나 사이를 벌리다. to split open / 拨开，挤开 / こじあける, わりこむ
출근 시간에 만원 버스에서 내리려고 사람들 사이를 비집고 나갔다.

빗방울이 듣다 [빋빵울]
빗방울이 떨어지다. raindrops fall / 掉雨点儿 / 雨粒が落ちる
지붕에 빗방울이 듣기 시작하자 어머니는 마당에 널어놓은 빨래를 걷으러 나가셨다.

빤히
부 똑바로 오래 쳐다보는 모양. staringly / 盯着（看）/ じっと, 見透かすように
한국에서는 윗사람을 빤히 쳐다보는 것은 예의가 아니다.

사면(四面)
명 전후좌우 네 방향. the four sides, all directions / 四面，四周 / 四面
소나기가 오려는지 갑자기 사면이 어두워졌다.

삽시간에[삽씨가네]
부 순식간에, 아주 짧은 시간에. in a moment / 霎时，瞬间 / たちまち, 瞬く間に
2층에서 난 불이 삽시간에 5층까지 번졌다.

선뜩선뜩하다[선뜩썬뜨카다]
동 갑자기 춥거나 놀라 몸에 찬 기운의 느낌이 들다. to feel chilled / 冷飕飕 / ひやり, ぞくり
몸살이 나려는지 몸이 선뜩선뜩했다.

속삭이다[속싸기다]
동 작은 소리로 이야기하다. to whisper / 说悄悄话，耳语 / ささやく
수업 시간에 내 친구가 선생님 몰래 나에게 오늘 시간이 있냐고 속삭였다.

수숫단[수숟딴]

명 수수를 묶어 놓은 것. a bundle of sorghum / 高粱捆 / モロコシの束
갑자기 비가 쏟아져서 우리는 수숫단 속으로 몸을 피했다.

순순(順順)히
부 시키는 대로. obediently / 顺从地，服服帖帖地 / おとなしく，すなおに
아이들이 자라면 부모의 말을 순순히 따르려고 하지 않는다.

악상(惡喪)[악쌍]
명 부모보다 자식이 먼저 죽는 일. a case where a child dies before their parent / 恶丧（子女先于父母死亡）/ 親に先立つ不孝
우리 외삼촌은 작년에 교통사고로 큰아들을 잃는 악상을 당했다.

옴큼
명 한 손에 쥘 만큼의 분량. handful / 一把（的量）/ (ひと)握り
소년은 소녀에게 주려고 꽃을 한 옴큼 꺾어 왔다.

요행(僥倖)(히)
부 다행히. fortunately / 侥幸 / 運良く
우산 없이 출근했는데 낮부터 비가 내리기 시작했다. 그런데 퇴근할 때쯤 요행히 비가 그쳤다.

우수수
부 물건이나 나뭇잎 등이 많이 떨어져 흩어지는 모양. 또는 그 소리. scattering (with a rustle) / 哗哗地 / ぱらぱらと，はらはらと
가을바람이 부니 낙엽이 우수수 떨어진다.

움키다
동 손으로 꽉 잡다. to clench / 握，攥 / 手に握り締める
아이가 사탕을 한 주먹 움키고 좋아했다.

일그러지다
동 얼굴 표정이나 물건 등이 좀 뒤틀리며 비뚤어지다. to be distorted / 皱，瘪，歪曲 / ゆがむ
플라스틱 물병에 뜨거운 물을 담았더니 심하게 일그러졌다.

잔망(孱妄)스럽다
형 나이에 맞지 않게 행동이나 말이 얄밉거나 엉뚱하다. to be precocious / 心眼多 / ませている，子供らしくない
5살짜리 아이가 갑자기 아빠 구두를 닦고 용돈을 달라고 하니 어린 아이가 여간 잔망스럽지 않다.

잠방이

명 무릎까지 내려오는 짧은 남자 바지. men's knee length shorts / 短裤 / 股引き
할아버지께서는 여름에 농사일을 하실 때 잠방이를 즐겨 입으셨다.

잠자코
부 아무 말 없이 가만히. without a word / 默不作声地 / 黙って
대학생인데도 엄마가 나에게 매일 9시까지 집에 들어오라고 하셔서 화가 났지만 잠자코 있었다.

적이
부 꽤 많이. quite a lot / 颇为 / 少々，いささか，すこぶる
수업 시간에 딴 생각을 하고 있는데 갑자기 선생님이 내 이름을 부르셔서 적이 놀랐다.

전답(田畓)
명 논과 밭. paddies and fields / 水旱田，田地 / 田畑
우리 부모님은 전답을 다 팔아 자식들을 가르치셨다.

조약돌[조약똘]

명 강가 등에서 볼 수 있는 작고 둥근 돌. pebble / 鹅卵石，小石子 / 小石，さざれ石
아버지는 조약돌을 주워 오셔서 어항을 장식하셨다.

증손녀(曾孫女)
명 손자의 딸. great-granddaughter / 曾孙女 / ひまご娘
우리 집은 할아버지, 아버지, 나, 그리고 그 증손녀인 내 딸까지 식구가 15명이나 되었다.

지다
동 얼룩이나 때가 없어지다. to wash out / 洗掉，洗去 / (しみや垢などが)抜ける，落ちる
흰 블라우스에 묻은 커피 얼룩이 잘 지지 않았다.

질리다
동 춥거나 놀라거나 무서워서 얼굴색이 변하다. one's face changing color due to cold, shock, fear, etc. / (冻得，吓得，气得) 脸变了颜色 / 青ざめる
끔찍한 교통사고 현장을 목격하고 아이는 얼굴이 하얗게 질렸다.

쪽빛[쪽삗]

명 파란색과 보라색의 중간색. indigo blue / 蔚蓝 / 藍色
비가 그치고 난 후 구름 사이로 쪽빛 하늘이 드러났다.

어휘와 표현

청량(清凉)하다[청냥하다]
❶형 맑고 서늘하다. to be clear and cool / 清爽 / 清涼だ, 清く涼しげだ
나무 밑에 서 있으니까 청량한 가을바람이 불어왔다.

팔짝팔짝
❶부 가볍고 귀엽게 뛰는 모양. skippingly, boundingly / 蹦蹦跳跳地 / ぴょんぴょんと
장난감을 선물로 받고 아이는 좋아서 팔짝팔짝 뛰었다.

하도
부 너무. too much / 太, 极度 / あまりに
남자 친구와 헤어진 여동생이 어젯밤에 하도 울어서 걱정이 되었다.

한결
부 한층 더. more / 更加 / 一層
운동을 하고 샤워를 하고 나니 기분이 한결 상쾌해졌다.

해쓱하다[해쓰카다]
형 얼굴빛이 창백하다. to be pale / 苍白 / (顔色が)青白い
많이 아프다고 하더니 정말 얼굴이 해쓱하구나.

허탕
명 헛수고, 아무 결과가 없는 것. wasted effort / 白费劲儿, 落 / 徒労, 無駄足
하루 종일 낚시를 했는데 한 마리도 못 잡고 허탕을 쳤다.

확
부 한꺼번에 갑자기 세게, 힘차게. abruptly with force / 呼地一下, 哗啦 / いっきに, ぱっと
수업이 시작됐는데 지각한 학생이 교실 문을 확 열고 들어와 학생들이 모두 쳐다보았다.

홱
부 망설이지 않고 빠르게 얼굴이나 몸 등을 돌리는 모양. quickly without hesitation / 倏地 /さっと, ぱっと, 素早く
갑자기 뒤에서 큰 소리가 나서 홱 돌아보았다.

● 쓰기

결말(結末)
명 소설, 영화, 이야기 등의 마지막 부분, 일의 마무리나 끝. conclusion / 结局, 结尾 / 結末
할리우드 영화는 슬픈 결말보다는 행복한 결말로 끝나는 이야기가 많다.

엉뚱하다
형 생각이나 행동이 보통의 경우와 다르다. to be unconventional, to be off the wall / 意外, 出格 / 突拍子もない, 的外れだ
동생이 아침부터 된장으로 떡볶이를 만들어 보자고 엉뚱한 소리를 했다.

유언(遺言)
명 죽기 전에 남기는 말. will / 遗言 / 遺言
아버지는 돌아가시기 전에 자신이 죽으면 고향에 묻어 달라는 유언을 남기셨다.

이슬이 맺히다 [매치다]
'눈물을 흘리다'의 비유적 표현. to get misty-eyed, to well up with tears / 露珠凝结, 噙满泪水 / 露が結ぶ(目に涙が浮かぶ)
부모님이 교통사고로 돌아가셨다는 말을 들은 그녀의 눈에 금세 이슬이 맺혔다.

자기 평가

1. 다음 중 아는 어휘에 ✓ 하세요.

- ☐ 설레다
- ☐ 뿌듯하다
- ☐ 애틋하다
- ☐ 쑥스럽다
- ☐ 두근거리다
- ☐ 긴장(이) 되다
- ☐ 서먹서먹하다
- ☐ 그리워지다
- ☐ 어이(가) 없다
- ☐ 날아갈 듯이 기쁘다
- ☐ 가슴이 저리다
- ☐ 추억을 떠올리다

2. 알맞은 표현을 골라서 문장을 완성해 보세요.

–(으)리라　　–(으)ㄴ/는 양　　–(으)려고 들다　　은/는 말할 것도 없다

1) 가 : 이번에 새로 나온 휴대폰 가격이 싸다면서요?
   나 : .... 성능도 좋아서 많이 팔려요.

2) 가 : 기타 정말 잘 친다. 어떻게 하면 그렇게 잘 칠 수 있어?
   나 : .... 금방 배울 수 있어. 너도 한번 해 봐.

3) 지난 5년간 계속 물가가 올랐다. 이러한 추세라면 내년에도 .... 생각된다.

4) 오늘 회사에서 중요한 프레젠테이션이 있었다. 몸이 너무 아파 서 있기도 힘들었지만 .... 발표를 했다.

3. 이 단원을 공부하고 여러분이 할 수 있게 된 것에 ✓ 해 보세요.

- ☐ 소설의 결말을 바꿔 쓸 수 있다.
- ☐ 소설을 읽고 등장인물의 심리를 이해할 수 있다.
- ☐ 인생에서 가장 기억에 남는 일을 요약해서 이야기할 수 있다.
- ☐ 라디오와 텔레비전 프로그램의 사연을 듣고 요약하거나 추측할 수 있다.

정답

2. 1) 가격은 말할 것도 없고 2) 배우려고 들면 3) 물가가 인상되리라 4) 아무렇지도 않은 양

보충 어휘

한자 성어(Ⅱ) 인생의 경험과 관련된 한자 성어를 익혀 봅시다.

고진감래(苦盡甘來)다 고생 끝에 좋은 결과가 옴.	**학수고대(鶴首苦待)**하다 어떤 일을 매우 기다림.
당연지사(當然之事)다 매우 당연한 일.	**대기만성(大器晩成)**이다 큰 인물이 되기까지 시간이 많이 걸림.
명실상부(名實相符)하다 겉모양과 내용이 서로 잘 들어맞음.	**사면초가(四面楚歌)**다 도움을 받지 못하는 힘든 상황.
승승장구(乘勝長驅)하다 하는 일이 계속해서 잘 됨.	**전화위복(轉禍爲福)**이다 안 좋은 일이 나중에 오히려 좋은 일이 됨.
천신만고(千辛萬苦)로/끝에 온갖 어려운 일을 다 겪으며 몹시 고생함.	**칠전팔기(七顚八起)**로/다 여러 번 실패해도 포기하지 않고 꾸준히 노력함.

연습 1 다음 그림을 보고 한자 성어의 의미를 찾아보세요.

1) 

① 여러 번 실패해도 포기하지 않고 노력하다.
② 일곱 번 넘어지면 여덟 번째도 넘어질 가능성이 크다.

2) 

① 힘든 일을 순식간에 하다.
② 온갖 어려운 고비를 겪다.

3)

① 계속해서 이기고 있다.

② 시간이 지나도 변함이 없다.

4)

① 당연한 일이다.

② 신기한 일이다.

연습 2 다음 상황과 관련 있는 한자 성어를 써 보세요.

1) 한국에 유학 와서 공부하면서 아르바이트도 하느라 힘들었는데 고생 끝에 낙이 온다고 한국 대기업에 취직을 하게 되었다.

→ 고진감래

2) 가정 형편이 어려워 장학금을 받아 유학을 가려고 했는데 장학금을 받을 수 없게 되었다. 주변에 나를 도와줄 사람이 없어 참 막막하다.

→

3) 김창수 씨는 첫사랑인 나나 씨와 다음 달에 결혼식을 올리게 되었다. 김창수 씨는 결혼식 날을 손꼽아 기다리고 있다.

→

4) 나는 집안이 가난해서 대학에 들어가지 못해 속상했는데 마침 고등학교 졸업자를 우대해 주는 기업에 취직하게 되었다. 대학을 졸업한 뒤에 취업을 하지 못한 친구들은 오히려 나를 부러워한다.

→

5) K 씨를 지식인이라고 부르는 이유는 그가 한국의 명문대를 나와 2년 만에 외국 박사 학위를 받았기 때문만은 아니다. 그는 지식인으로 갖추어야 할 올바른 비판 정신과 리더십을 가졌기 때문에 진정한 의미의 지식인이라 할 수 있다.

→

6) 20대부터 소설가가 되기 위해 꾸준히 노력해 왔던 그 작가는 50대 후반이 되어서야 작가로서의 재능을 인정받게 되었다.

→

보충 어휘

연습 3 다음 그림을 보고 대화를 완성해 보세요.

1)

2)

3)

4)

연습 4 어울리는 한자 성어를 골라 문장을 완성해 보세요.

명실상부　　승승장구　　당연지사　　사면초가　　고진감래　　천신만고

1) 뜬눈으로 밤을 새웠다면 다음 날 칙칙해진 피부를 발견하는 것은 ....(이)다. 낮 동안 지친 피부가 밤에도 쉬지 못한다면 피부가 매우 거칠어지게 된다.

2) 정우는 명문 대학을 졸업한 후 어려움 없이 대기업에 취직했다. 그리고 입사한 지 얼마 안 되어 곧바로 승진을 했고 회사에서 인정을 받아 우수 사원으로 뽑혔다. 친구들은 이렇게 ....하는 정우를 모두 부러워했다.

3) 아버지는 사업을 하셨는데, IMF 금융 위기로 아버지 회사가 부도가 났다. 회사는 자금이 부족해 허덕였지만 은행 대출을 받을 수 없었다. 돈을 빌려줄 친구조차 없었다. 아무 데도 의지할 수 없었던 아버지는 이러한 ....의 상황에서 큰 고통을 겪으셨다.

4) 한국은 60년 전만 해도 전쟁의 폐허 속에서 다른 나라의 도움을 받던 나라였다. 하지만 이제는 다른 나라를 도와주는 나라로 바뀌었다. 이제는 ....한 원조국으로서 국제 사회에서 당당하게 제 역할을 하고 있다.

5) 나는 요즘 박사 학위 논문을 쓰느라 아침부터 밤늦게까지 학교 도서관에서 공부하고 있다. 지치고 힘들 때가 많지만 ....(이)라는 말처럼 어려운 시절이 지나가면 좋은 때가 올 것이라 믿고 최선을 다하고 있다.

6) 마라톤 선수 이봉주는 한쪽 발이 다른 발보다 더 작아 선수를 하기에 좋지 않은 조건을 가지고 있었다. 연습 중에 발에 부상을 입거나 경기 중에 넘어져 무릎을 크게 다치기도 했다. 하지만 이런 어려움 속에서도 .... 끝에 국제마라톤대회에서 우승을 차지하는 영광을 누렸다.

III 경제와 생활

1 물가 이야기

주제 경제와 생활

어휘 물가와 경제

문법과 표현
- N에도 불구하고
- V-자

듣기 대담과 강의 듣고 추론하기

말하기
- 발표하기 1
(자료 출처 밝히기, 자료 분석하기)

2 경제와 무역

주제 세계 경제

어휘 경제와 무역

문법과 표현
- N(으)로 보다
- A-(으)ㄴ/V-는 가운데

읽기 설명문 읽고 추론하기

쓰기
- '-아 있다'와 '-고 있다'에 유의하며 문장 쓰기
- 설명하는 단락 쓰기(정의하기, 예시하기)

보충 어휘 관용어 I

1 물가 이야기

주제
경제와 생활

어휘
물가와 경제

문법과 표현
- N에도 불구하고
- V-자

듣기
- 대담과 강의 듣고 추론하기

말하기
- 발표하기 1
  (자료 출처 밝히기, 자료 분석하기)

들어가기

이야기해 보세요

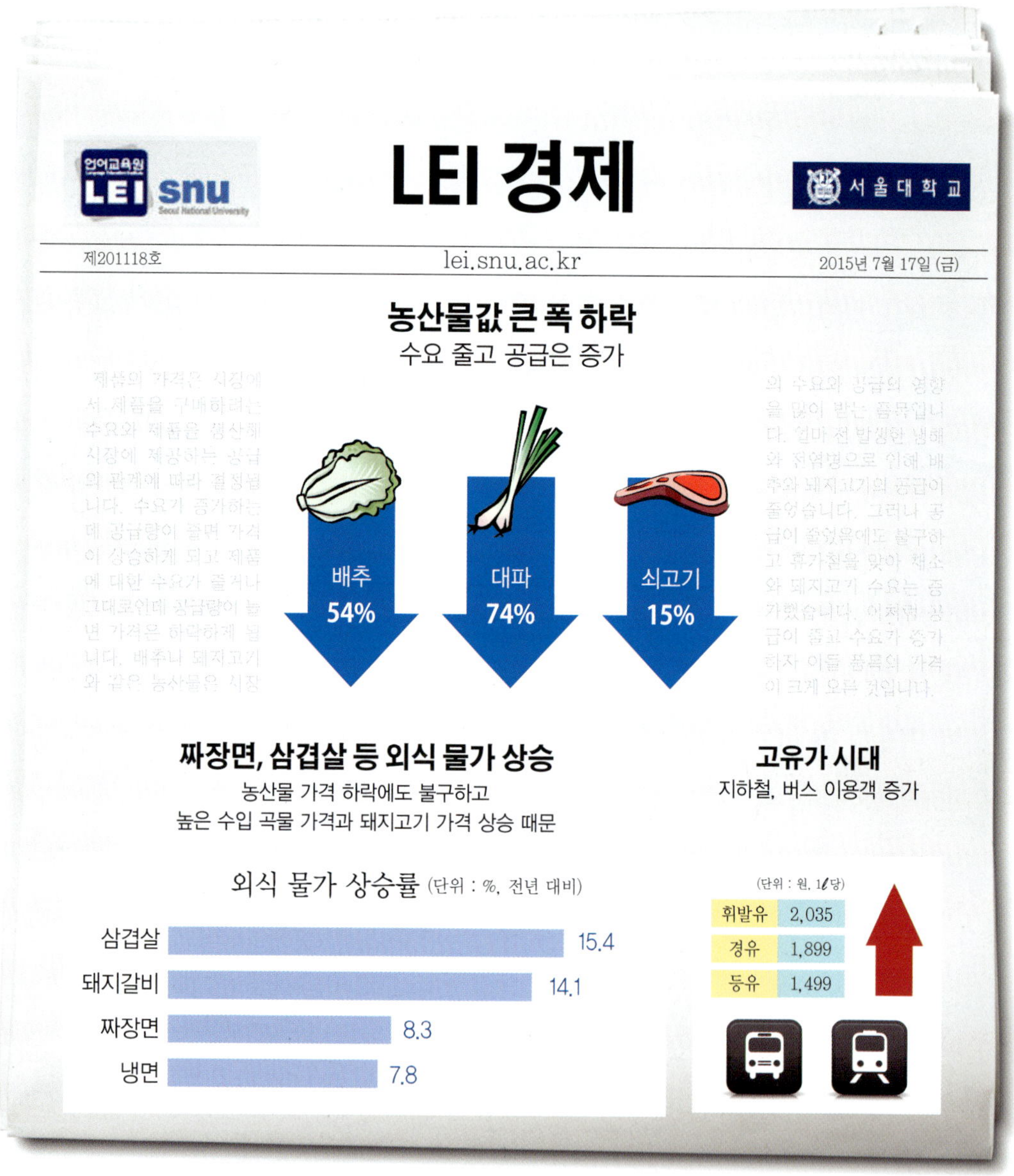

언어교육원 LEI snu Seoul National University

LEI 경제

서울대학교

제201118호 lei.snu.ac.kr 2015년 7월 17일 (금)

농산물값 큰 폭 하락

수요 줄고 공급은 증가

제품의 가격은 시장에서 제품을 구매하려는 수요와 제품을 생산해 시장에 제공하는 공급의 관계에 따라 결정됩니다. 수요가 증가하는데 공급량이 줄면 가격이 상승하게 되고 제품에 대한 수요가 줄거나 그대로인데 공급량이 늘면 가격은 하락하게 됩니다. 배추나 돼지고기와 같은 농산물은 시장의 수요와 공급의 영향을 많이 받는 품목입니다. 얼마 전 발생한 냉해와 전염병으로 인해 배추와 돼지고기의 공급이 줄었습니다. 그러나 공급이 줄었음에도 불구하고 휴가철을 맞아 채소와 돼지고기 수요는 증가했습니다. 이처럼 공급이 줄고 수요가 증가하자 이들 품목의 가격이 크게 오른 것입니다.

배추 54%
대파 74%
쇠고기 15%

짜장면, 삼겹살 등 외식 물가 상승

농산물 가격 하락에도 불구하고
높은 수입 곡물 가격과 돼지고기 가격 상승 때문

외식 물가 상승률 (단위 : %, 전년 대비)

삼겹살	15.4
돼지갈비	14.1
짜장면	8.3
냉면	7.8

고유가 시대

지하철, 버스 이용객 증가

(단위 : 원, 1ℓ당)

휘발유	2,035
경유	1,899
등유	1,499

1. 물가가 어떻게 되고 있습니까?

2. 여러분 나라의 물가는 어떻습니까? 이야기해 보세요.

어휘와 문법

읽어 보세요 track 14

LEI 지식 SEARCH GO 질문하기

LEI 지식人 홈 | 지식人 Q&A | 지역 Q&A | 고민 Q&A | 오픈 사전

홈 〉 LEI 지식人 〉 교육, 학문 〉 **경제**

Q 농산물 가격에 대해

koreanstudy | 2015. 7. 25. 15:33 답변 1 | 조회 203

작년 겨울에는 농산물 가격이 정말 쌌었는데 올해 들어 너무 비싸진 것 같아요. 같은 물건이 어떤 때는 싸고 어떤 때는 비싼 이유는 뭔가요?

A re: 농산물 가격에 대해

leistudy | 2015. 7. 28. 10:23 추천 1

제품의 가격은 시장에서 제품을 구매하려는 수요와 제품을 생산해 시장에 제공하는 공급의 관계에 따라 결정됩니다. 수요가 증가하는데 공급량이 줄면 가격이 상승하게 되고 제품에 대한 수요가 줄거나 그대로인데 공급량이 늘면 가격은 하락하게 됩니다. 배추와 같은 농산물은 시장의 수요와 공급의 영향을 많이 받는 품목입니다. 얼마 전 발생한 냉해와 전염병으로 인해 배추의 공급이 줄었습니다. 그러나 공급이 줄었음**에도 불구하고** 휴가철을 맞아 채소 수요는 증가했습니다. 이처럼 공급이 줄고 수요가 증가하**자** 이들 품목의 가격이 크게 오른 것입니다.

완료 인터넷 100%

1. 제품의 가격은 어떻게 결정됩니까?

2. 농산물 가격이 오른 원인은 무엇입니까?

어휘를 연습해 보세요

제품	생필품 / 생활필수품	농산물 / 수산물 / 공산품	수요 / 공급
생산자 / 소비자	호황 / 불황	호경기 / 불경기	소비가 늘다 / 줄다
물가가 오르다 / 내리다	가격이 상승하다 / 하락하다	가격이 폭등하다 / 폭락하다	소득이 증가하다 / 감소하다
생산량이 증가하다 / 감소하다	구매력이 높아지다 / 떨어지다	가격을 인상하다 / 인하하다	

1. 서로 관계있는 것끼리 연결해 보세요.

1) 물가가 오르다 •	• 개인이나 가정에서 벌어들인 돈이 많아진 경우
2) 소득이 증가하다 •	• 물건의 가격이나 공공요금, 서비스 제공 가격이 전체적으로 상승한 경우
3) 생산량이 감소하다 •	• 소고깃값이 인상되면서 소고기를 사 먹는 사람들이 줄어든 경우
4) 소비가 줄다 •	• 배추의 공급이 늘면서 배춧값이 크게 떨어진 경우
5) 가격이 폭락하다 •	• 폭우로 인해 사과, 배와 같은 과일의 공급이 줄어든 경우

문법과 표현을 연습해 보세요

1. N에도 불구하고

· 비싼 가격에도 불구하고 스마트폰이 소비자들에게 인기를 끌고 있습니다.

· 당첨될 가능성이 낮음에도 불구하고 많은 사람들이 복권을 구입하고 있습니다.

2. V-자

· 수입 곡물값이 오르자 빵이나 라면 같은 가공 식품의 가격도 크게 올랐습니다.

· 불이 나자 건물 안에 있던 사람들이 허둥지둥 밖으로 빠져나왔습니다.

1. 다음과 같이 이야기해 보세요.

1) 유가 상승	2) 농산물 가격 폭락	3) 생필품 가격 인상
▪ 대중교통 이용 증가	▪ 농사 포기 농민 늘어	▪ 서민 부담 커져
▪ 자동차 판매량 증가	▪ 김치 가격 인하되지 않아	▪ 정부 세금 인상 계획 발표

유가가 상승하**자** 대중교통 이용이 증가했어요.

유가가 상승했음**에도 불구하고** 자동차 판매량은 오히려 증가했어요.

듣기

준비해 보세요

다음 두 상품의 관계에 대해 이야기해 보세요.

1.

돼지고기

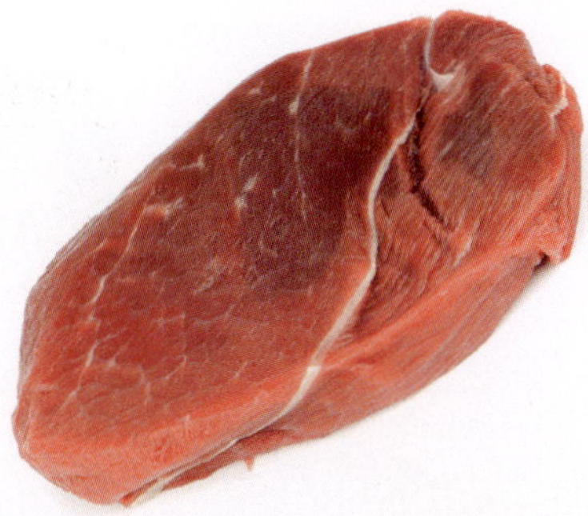

소고기

2.

콜라

피자

들어 보세요 1 track 15

다음은 경제에 대한 라디오 프로그램입니다. 잘 듣고 질문에 답해 보세요.

중심 내용 파악하기

1. 무엇에 대한 라디오 방송입니까?
   ① 물가 상승의 결과
   ② 경제 용어의 문제점
   ③ 대체재와 보완재의 의미
   ④ 시장 가격을 결정하는 요인

세부 내용 파악하기

2. 들은 내용과 일치하는 것을 고르세요.
   ① 설탕과 커피의 관계는 대체 관계이다.
   ② 소고기와 돼지고기는 서로 보완재이다.
   ③ 소고깃값이 오르면 돼지고기가 많이 팔린다.
   ④ 대체 관계에 있는 상품은 가격이 비슷하게 상승한다.

추론하기

3. 다음을 대체재와 보완재로 나누어 표시해 보세요.
   1) 피자를 먹을 때에는 보통 콜라를 같이 먹게 된다. ☐ 대체재 ☐ 보완재
   2) 시리얼의 소비가 늘어나자 우유의 소비도 늘어났다. ☐ 대체재 ☐ 보완재
   3) 택시를 자주 타던 우리 언니는 택시비가 오르자 지하철이나 버스 등의 대중교통을 이용한다. ☐ 대체재 ☐ 보완재
   4) 어머니는 요리하실 때 보통 버터를 사용하시는데 버터 가격이 오르자 버터 대신 마가린을 사용하신다. ☐ 대체재 ☐ 보완재

들어 보세요 2 track 16

다음은 경제에 대한 강연입니다. 잘 듣고 질문에 답해 보세요.

중심 내용 파악하기 1. 무엇에 대한 강연입니까?

세부 내용 파악하기 2. 농산물 가격이 폭등하거나 폭락하는 이유는 무엇입니까?

① 농산물은 항상 공급이 부족하기 때문이다.
② 농산물의 공급이 매우 탄력적이기 때문이다.
③ 농산물은 날씨의 영향을 받지 않기 때문이다.
④ 농산물은 즉시 공급을 늘릴 수 없기 때문이다.

작년 : 12,000원

올해 : 1,500원

3. 이 강연의 내용과 다른 것은 무엇입니까?

① 올해에는 배춧값이 폭락해 농민들이 어려워졌다.
② 작년에는 배춧값이 폭등해서 김치가 '금치'로 불렸다.
③ 사과는 휴지에 비해 수요와 공급 간에 발생하는 시차가 크다.
④ 농산물 가격은 시장에서 결정되므로 정부는 책임지지 않아도 된다.

추론하기 4. 다음 중 강연자가 사례로 들 수 없는 예는 무엇입니까?

① 아파트 수요가 늘어서 건설 회사가 아파트 공급을 늘렸다. 그런데 공급이 초과되어 아파트 가격이 떨어지게 되었다.
② 작년에 감자 가격이 올라서 올해 농부들은 감자를 많이 경작했다. 그런데 감자의 공급이 늘자 다시 감자 가격이 떨어졌다.
③ 오리고기가 인기가 많아 오리고기 음식점이 잘되었다. 그런데 갑자기 조류 독감이 발생하자 오리고기 음식점이 크게 손해를 보았다.
④ 미국에서는 학과 정원을 제한하지 않아 인기 있는 전공에 몰려든 학생들이 졸업 후 취업난을 겪는다. 어떤 전공이 인기가 많다가 취업이 어려워지면 전공자가 줄어드는 현상이 몇 년을 주기로 계속된다.

이야기해 보세요

1. 여러분 나라에서 가격이 폭락하거나 폭등해 문제가 된 일이 있었습니까? 이야기해 보세요.

1630년대 네덜란드에서는 터키에서 수입된 튤립이 큰 인기를 끌어 사재기 현상까지 벌어졌어요. 튤립 뿌리 하나가 약 1억 6천만 원까지 치솟았다가 이후 튤립을 팔겠다는 사람이 늘어나서 튤립값이 폭락한 예가 있어요.

말하기

도표와 그래프를 이용하여 발표해 보세요.

준비해 보세요

그림을 보고 짜장면 가격의 변화에 대해 이야기해 보세요.

1974년	1980년	1994년	2005년	현재

150원	400원	1,734원	3,000원	5,000원

표현을 연습해 보세요

1. 다음은 자료의 출처를 밝힐 때 쓰는 표현입니다. 다음 표현을 사용하여 이야기해 보세요.

〈자료의 출처 밝히기〉

- ~(자료)에 따르면[의하면] ~이라고 한다
- ~에서 ~을 대상으로 조사한 결과 ~는 것으로 나타났다

통계청 **자료에 따르면** 2010년 1인 가구의 비중이 23.3%**라고 합니다.**

1)

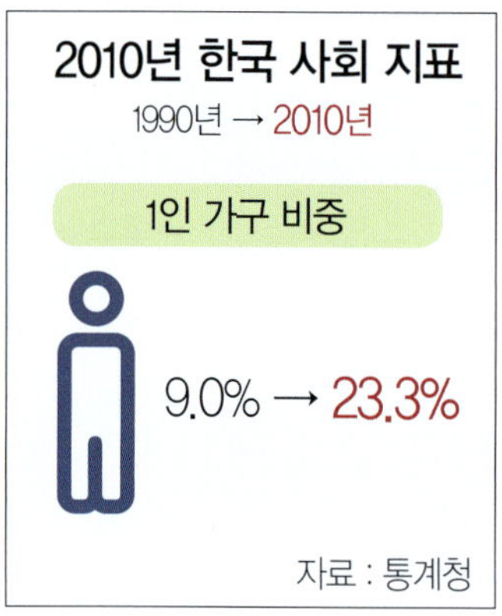

2)

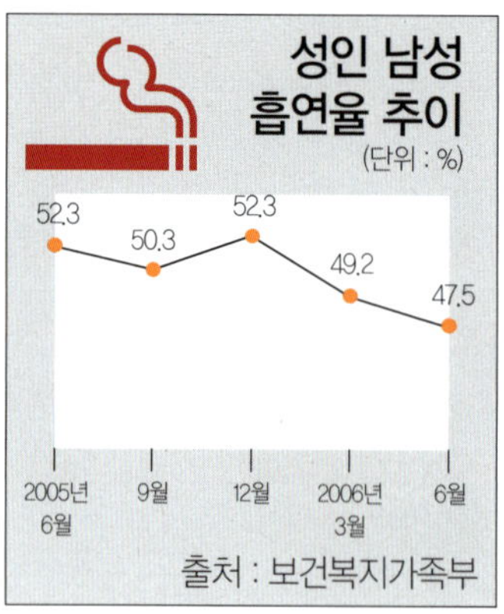

3)

2. 다음은 자료를 분석할 때 쓰는 표현입니다. 다음 표현을 사용하여 자료를 분석해 보세요.

〈자료 분석하기〉

- ~을 차지하다
- ~에 이르다[그치다, 머무르다]
- (~에 이어) ~으로 나타나다
- ~으로 인해 ~은 것을 알 수 있다[~을 것으로 예상되다]

● 자료 내용 분석하기

2010년 한국의 휴대 전화 가입자 수는 100명당 103.9명으로 가입자 수가 인구수를 넘은 것**으로 나타났습니다.**

● 예상하기

가입자 수의 증가**로 인해** 게임, DMB 등의 휴대 전화 서비스가 다양해**질 것으로 예상됩니다.**

1)

2)

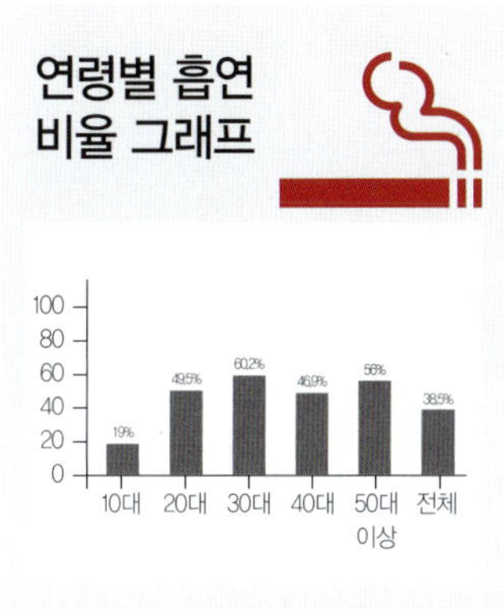

3)

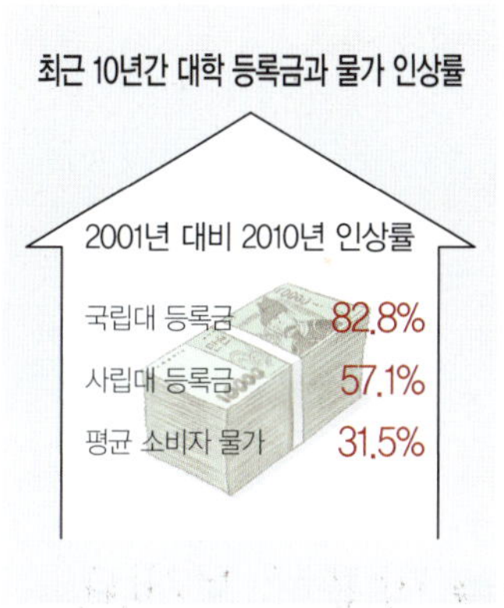

3. 그래프를 보고 분석하여 이야기해 보세요.

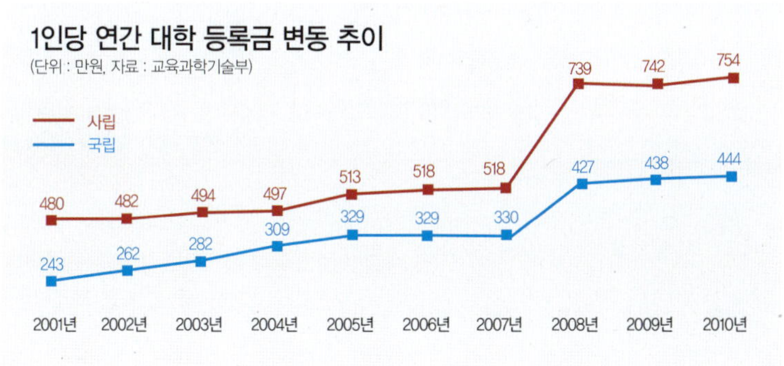

① 대학 등록금의 변화는 어떻습니까?

② 사립대와 국립대의 등록금 차이는 어떻습니까?

③ 등록금 인상은 대학생과 가계에 어떤 영향을 주겠습니까?

내용 → 대학 등록금은 매년 오르고 있으며 2008년에 가장 크게 올랐습니다. 2010년에는 사립대의 평균 등록금은 754만 원이고 국립대의 평균 등록금은 444만 원으로 사립대의 등록금이 국립대 등록금의 거의 두 배에 달하는 것**으로 나타났습니다**.

예상 → 등록금 부담으로 인해 대학생들이 아르바이트를 하느라 학업에 집중하지 못할 것으로 예상됩니다. 또한 대학생 자녀를 둔 가정에서는 교육비 부담이 상당**할 것으로 예상됩니다**.

1) 그래프를 보고 친구와 이야기해 보세요.

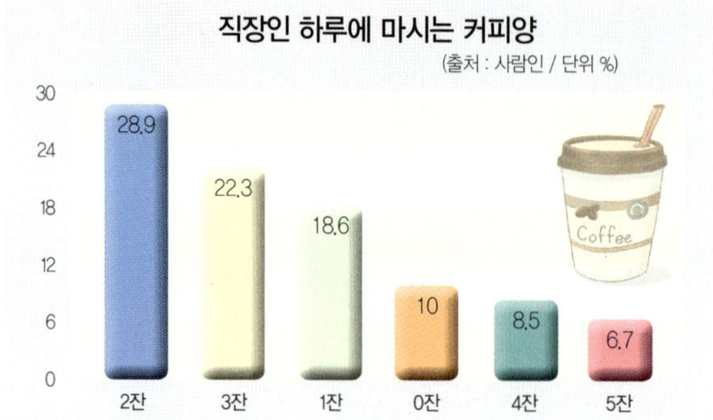

① 한국의 직장인은 커피를 많이 마시는 편입니까?

② 몇 잔이 가장 높은 순위를 차지했습니까?

③ 커피 소비가 직장인들에게 어떤 영향을 미치겠습니까?

내용 ➜

예상 ➜

발표해 보세요

1. 다음 그래프를 보고 하나를 골라 분석해 보세요. 그리고 친구와 이야기해 보세요.

1)

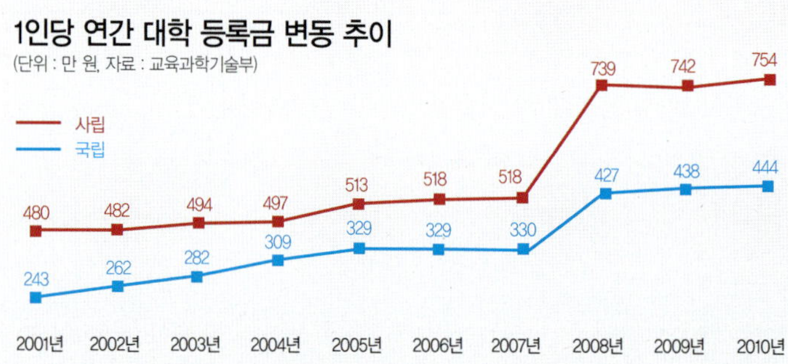

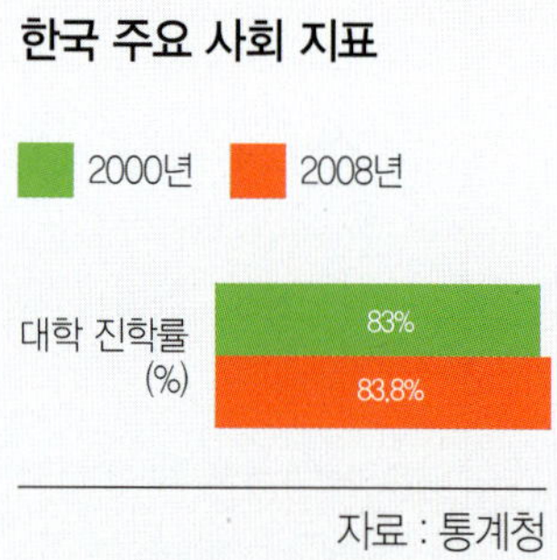

2)

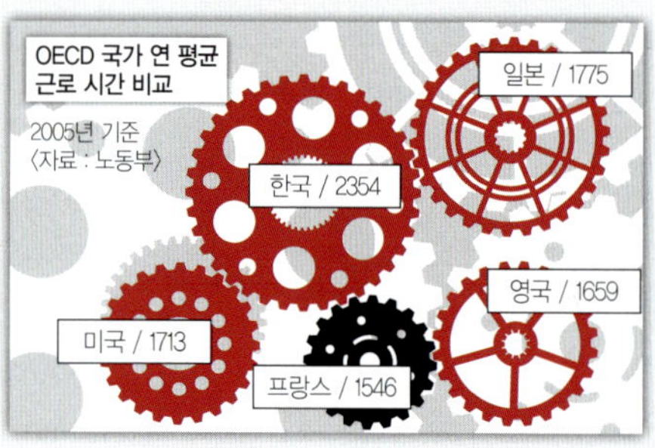

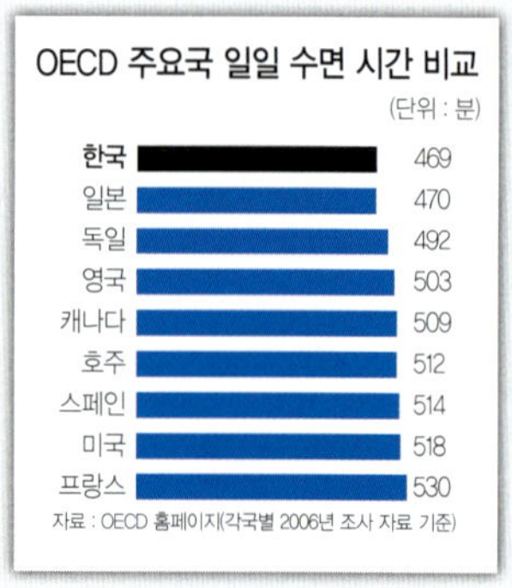

2. 그래프를 분석하고 예상되는 것을 메모해 보세요.

- 출처 : 교육과학기술부 / 통계청
- 내용 : 2010년 등록금은 국립대인 경우 444만 원, 사립대의 경우 754만 원으로 2001년도에 비해 거의 두 배로 증가함. 한국의 대학 진학률은 80% 이상으로 상당히 높은 편임.
- 예상 : 등록금 증가로 가계 부담이 상당히 증가할 것으로 보임. 등록금을 마련하기 위해 아르바이트를 하는 학생이 많아질 것임.

- 출처 :
- 내용 :
- 예상 :

3. 메모한 것을 바탕으로 발표해 보세요.

한국의 대학 진학률과 등록금 인상에 대해 간단히 말씀드리겠습니다. 우선, 이 그래프를 봐 주십시오. 통계청 자료에 따르면 한국인의 대학 진학률은 80% 이상인 것으로 나타났습니다. 다른 나라에 비해 상당히 높은 대학 진학률을 보입니다. 다음으로 이 그래프를 봐 주십시오. 1인당 등록금은 2010년에 국립 대학의 경우 평균 444만 원, 사립 대학의 경우 754만 원으로 2001년에 비해 국립 대학의 경우는 1.8배, 사립대의 경우는 1.5배가량 증가한 것으로 조사되었습니다.

한국은 대학 진학률이 높은 만큼 많은 가정에서 등록금 마련에 많은 어려움을 겪고 있을 것으로 예상됩니다. 또한 대학생들이 등록금을 마련하기 위해 전공 공부에 집중하지 못하고 아르바이트 등으로 대학 시절을 보낼 것으로 예상됩니다. 이같은 문제를 해결하기 위해서는 국가에서 대학 등록금을 싼 이자로 빌려주는 제도를 실시해야 하고, 대학에서도 다양한 장학금 제도를 마련해 학생들에게 장학금 혜택을 주어야 할 것으로 보입니다.

4. 친구의 발표를 듣고 자신의 예상과 친구의 예상을 비교하여 이야기해 보세요.

자료	나의 예상	친구의 예상
등록금 변동		
국가별 근로 시간 변화		

어휘와 표현

1. 물가 이야기

● 어휘

가격(價格)을 인상(引上)하다
물건값을 올리다. to raise the price / 提高价格 / 価格を引き上げる
라면 회사에서는 수입 밀가루의 가격이 올라 다음 달부터 라면 가격을 인상하겠다고 발표했다.

가격(價格)을 인하(引下)하다
물건값을 내리다. to reduce the price / 降低价格 / 価格を引き下げる
여름 정기 세일을 맞아 백화점에서는 여름 상품의 가격을 20～30% 인하해서 판매하고 있다.

가격(價格)이 상승(上昇)하다
물건값이 오르다. price increases / 价格上涨 / 価格が上昇する
태풍으로 인해서 과일 가격이 상승했다.

가격(價格)이 폭등(暴騰)하다 [폭뜽하다]
물건값이 갑자기 큰 폭으로 오르다. price soars / 物价飞涨 / 価格が暴騰する
태풍으로 큰 피해를 당해서 배추의 공급량이 줄어 배추 가격이 폭등했다.

가격(價格)이 폭락(暴落)하다 [퐁나카다]
물건값이 갑자기 큰 폭으로 내리다. price plummets / 物价暴跌 / 価格が暴落する
새로운 아파트 공급이 늘어서 서울 지역의 아파트 가격이 폭락했다.

가격(價格)이 하락(下落)하다 [하라카다]
물건값이 내리다. price declines / 价格下落 / 価格が下落する
겨울에는 수박이 비쌌지만 여름이 되니 공급이 늘어 수박 가격이 하락했다.

공급(供給)
명 요구나 필요에 따라 제품이나 물건을 제공함. supply / 供给 / 供給
폭설 피해로 전기 공급이 중단되어서 주민들이 큰 불편을 겪고 있다.

공산품(工産品)
명 원료를 가공해서 만들어 낸 물건. industrial products / 工业品 / 工業製品
원윳값의 상승으로 공산품 가격도 상승했다.

구매력(購買力)이 높아지다
물건이나 서비스를 살 수 있는 능력이 증가하다. purchasing power grows / 购买力增强 / 購買力が上昇する
대학을 졸업하고 취직을 하면 일정한 수입이 생기므로 구매력이 높아진다.

구매력(購買力)이 떨어지다
물건이나 서비스를 살 수 있는 능력이 줄어들다. purchasing power decreases / 购买力减弱 / 購買力が下落する
전문가들은 최근 물가는 오른 반면 월급은 오르지 않아 소비자들의 구매력이 떨어졌다고 분석했다.

농산물(農産物)
명 농사일로 얻은 곡식, 채소, 과일 등의 것. agricultural products / 农产品 / 農産物
쌀, 과일과 같은 농산물의 공급량은 날씨의 영향을 많이 받는다.

물가(物價)가 내리다 [물까]
물건값이나 서비스 비용이 전반적으로 내리다. prices fall / 物价下跌 / 物価が下がる
정부에서는 기름값을 인하하면 물가도 내릴 것으로 예상했으나 예상과 달리 물가는 변화가 없었다.

물가(物價)가 오르다 [물까]
물건값이나 서비스 비용이 전반적으로 오르다. prices go up / 物价上涨 / 物価が上がる
원유 가격 인상과 농산물 가격 인상으로 인해 지난해보다 물가가 큰 폭으로 올랐다.

불경기(不景氣)
명 물가와 임금이 내리고 생산이 줄어드는 등 경제 활동이 전반적으로 침체되는 상태. stagnation, business slump / 经济衰退 / 不景気
불경기가 계속되어 전 세계적으로 경제 상황이 좋지 않다.

불황(不況)
명 경기가 나쁨. recession / 衰退，不景气 / 不況
계속되는 경기 불황으로 서민들의 생활이 더욱 힘들어지고 있다.

생산량(生産量)이 감소(減少)하다 [생산냥]
농산물이나 제품이 생산되는 양이 줄다. production volume decreases / 产量减少 / 生産量が減少する
올해에는 비가 적게 내려서 오이 생산량이 감소했다.

생산량(生産量)이 증가(增加)하다 [생산냥]
농산물이나 제품이 생산되는 양이 늘어나다. production volume increases / 产量增加 / 生産量が増加する
A 회사는 기술 개발로 제품의 생산량이 증가해 수출도 크게 늘어났다.

생산자(生産者)
명 제품이나 물건을 만들어서 파는 사람. producer / 生产者 / 生産者
생산자들은 물건을 높은 가격으로 팔아서 이익을 남기고 싶어 한다.

생필품(生必品)
명 생활에 꼭 필요한 물건. necessities of life / 生活必需品 / 生活必需品
정부는 쌀, 물, 휴지 등 생필품의 가격을 안정시키기 위해 노력하고 있다.

소득(所得)이 감소(減少)하다
일한 결과로 얻은 수입이 줄다. income decreases / 收入减少 / 所得が減少する
퇴직 후 소득이 감소한 사람들을 위해 이 회사에서는 퇴직 후 매달 일정 금액을 받을 수 있는 보험을 판매하고 있다.

소득(所得)이 증가(增加)하다
일한 결과로 얻은 수입이 늘어나다. income increases / 收入增加 / 所得が増加する
70～80년대 경제 개발로 국민들의 소득이 증가하면서 자동차, 아파트를 사는 사람도 늘어났다.

소비(消費)가 늘다
물건이나 제품을 사는 일이 증가하다. increase in consumption / 消费增长 / 消費が増える
환경 보호에 대한 관심이 높아지면서 친환경 제품의 소비가 늘고 있다.

소비(消費)가 줄다
물건이나 제품을 사는 일이 줄어들다. decrease in consumption / 消费减少 / 消費が減る
여름이 되면 가정에서는 난방에 쓰이는 가스 소비가 줄고 냉방 기기 사용으로 전력 소비는 늘게 된다.

소비자(消費者)
명 물건이나 제품을 사서 사용하는 사람. consumer / 消费者 / 消費者
기업의 신제품에 대한 소비자들의 반응이 뜨겁다.

수산물(水産物)
명 바다나 강에서 생산되는 생선, 조개 등의 것. marine products / 水产品 / 水産物
우리 고향은 바다가 깨끗해서 미역, 조개 등의 수산물이 많이 생산된다.

수요(需要)
명 물건이나 서비스를 일정한 가격으로 사려는 욕구. demand / 需求 / 需要
그 상품은 뛰어난 디자인으로 인해 청소년들 사이에서 수요가 급증하고 있다.

제품(製品)
명 판매하려고 만든 물건. manufactured goods / 产品，商品 / 製品
고객 여러분, 저희 회사에서 새로 만든 제품을 직접 사용해 보시고 평가해 주시기 바랍니다.

호경기(好景氣)
명 수요와 공급이 늘고 투자 및 고용이 증가하는 등 모든 기업의 활동이 활발한 상태. prosperous condition / 经济繁荣 / 好景気
경제가 전반적으로 안 좋은 가운데서도 백화점, 대형 마트는 매출이 큰 폭으로 늘어 호경기를 맞고 있다.

호황(好況)
명 경기가 좋음. prosperity, boom / 兴旺，景气 / 好況
환율이 상승하면서 수출 기업들은 호황을 맞은 반면 수입을 위주로 하는 기업들은 큰 위기를 겪고 있다.

● 듣기

■ 들어 보세요 1

대체재(代替材)
명 서로 대신해서 쓸 수 있는 물건. substitute goods / 替代品 / 代替材
대체재의 예로는 소고기와 돼지고기를 들 수 있다.

바늘 가는 데 실 간다
관계가 밀접해 서로 떨어지지 않고 붙어 다니다. where the needle goes, the thread follows(those two are inseparable) / 秤不离砣 / 針が行く所に糸が行く(切り離せない関係)
바늘 가는 데 실 간다는 말처럼 나나와 줄리앙은 항상 붙어 다닌다.

보완재(補完材)
명 서로 보완해서 쓸 수 있는 물건. complementary goods / 互补品 / 補完材
시리얼과 우유는 보완재이다.

분식(粉食)
명 밀가루로 만든 음식. food made from flour / 面食 / パン・麵食
나는 밥보다 라면, 칼국수 같은 분식을 더 좋아한다.

선호(選好)하다
동 여럿 가운데서 특별히 좋아하다. to prefer (to) / 偏爱，偏好 / 選り好みする
예전에는 딸보다 아들을 선호하는 남아 선호 사상이 강했다.

■ 들어 보세요 2

비탄력적(非彈力的)이다 [비탈력쩍]
상황에 따라 알맞게 대처하지 못하다. to be inelastic / 非弹性的 / 融通が利かない
농산물은 공급이 비탄력적이어서 생산하는 데 시간이 많이 걸린다.

어휘와 표현

울상(-相)[울쌍]

명 울려고 하는 표정. 또는 어려움을 겪고 있다는 비유적 표현. a face about to cry / 哭相，哭丧着脸 / 泣きべそ, 泣き面

시장 주변에 대형 마트가 들어온다는 소문이 돌자 시장 상인들이 울상을 짓고 있다.

유통(流通)

명 상품이 소비자에게 도달하기까지의 과정. distribution, circulation / 流通 / 流通

딸기나 복숭아 같은 과일은 쉽게 상하고 장기 보관이 어려워 유통에 어려움이 많다.

제약(制約)

명 제한하는 조건. limitation / 制约 / 制約

사막과 같은 건조한 지역에서는 농산물 재배에 제약이 많다.

초과(超過)되다

동 일정한 수나 한도 등이 넘어가다. to be exceeded / 超过，超出，超额 / 超過する

계획에 없던 선물을 구입해서 여행 경비가 예상했던 것보다 많이 초과되었다.

탄력적(彈力的)이다 [탈력쩍]

상황에 따라 알맞게 대처하다. to be flexible / 弹性的 / 弾力性がある, フレキシブルだ

최근 회사에서 출퇴근 시간을 정해 놓지 않고 근로자가 스스로 출퇴근 시간을 정하는 탄력적인 근무 제도를 마련했다.

● 말하기

가입자(加入者)[가입짜]

명 단체나 조직 등에 들어가거나 참가한 사람. member, subscriber / 用戶，成员 / 加入者

한국의 휴대 전화 가입자 수는 100명당 103.9명으로 인구수보다 휴대 전화 가입자의 수가 더 많은 것으로 나타났다.

분석(分析)하다[분서카다]

동 복잡한 것을 풀어서 개별적인 요소나 성질로 나누다. to analyze / 分析 / 分析する

정부는 물가가 계속 오르는 원인을 분석해 물가를 안정시키려고 노력하고 있다.

수면(睡眠)

명 잠을 잠. sleep / 睡眠 / 睡眠

잠자리에 누운 지 30분이 되어도 수면을 취하지 못하면 불면증을 의심해 봐야 한다.

2 경제와 무역

주제
세계 경제

어휘
경제와 무역

문법과 표현
· N(으)로 보다
· A-(으)ㄴ/V-는 가운데

읽기
· 설명문 읽고 추론하기

쓰기
· '-아 있다'와 '-고 있다'에 유의하며 문장 쓰기
· 설명하는 단락 쓰기(정의하기, 예시하기)

들어가기

이야기해 보세요

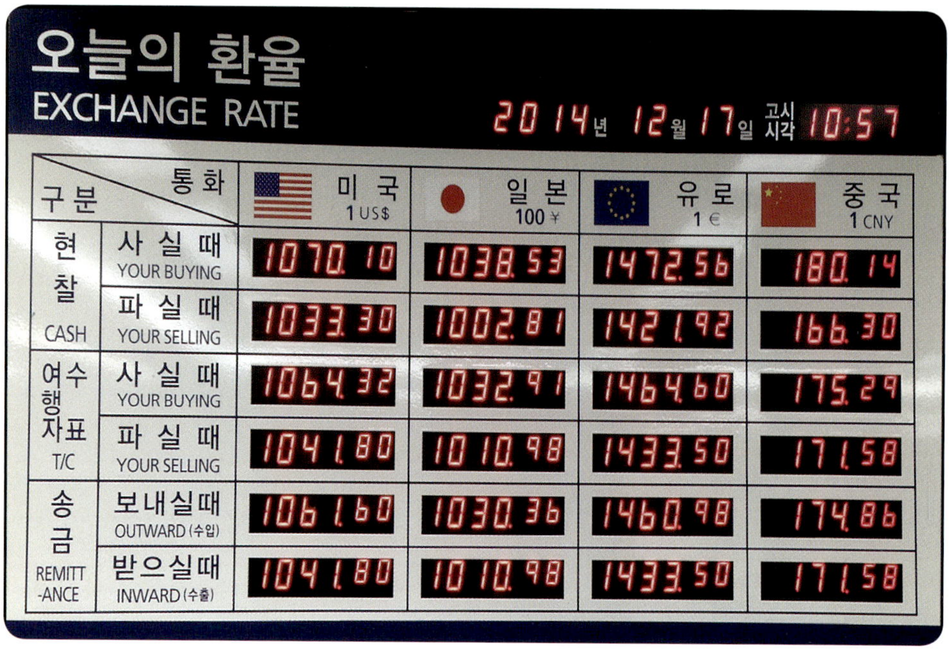

1. 〈오늘의 환율〉은 어떻습니까?

2. 여러분 나라의 화폐 가치가 높아지면 어떤 점이 좋습니까?

어휘와 문법

읽어 보세요 track 17

도서 **커피의 눈물**

SBC 다큐멘터리 제작진

국내 도서 | 외국 도서 | 중고샵 | eBook | e러닝

특가 도서 | 추천 도서 | 회원 리뷰 | 작가 파일 | 미리 보기 | 아름다운 초대

크게 보기

미리 보기

- 정가 12,000원
- 판매가 10,800원 (10% 할인)
- 포인트 적립 540원 (5% 적립) + 회원 추가 적립
  5만 원 이상 구매 시 2천 원 추가 적립

【책 소개】

방송통신심의위원회 '좋은 프로그램' 선정 〈커피의 눈물〉
향기롭고 아름다운 커피 이야기가 펼쳐진다.

SBC 다큐멘터리 〈커피의 눈물〉을 이제 책으로 만난다. 이 책은 네팔 커피 농가들의 감동적인 이야기로 커피 향보다 더 진한 사람의 향기를 담고 있다.

커피는 무역량**으로 볼 때** 석유 다음으로 수출이 많이 되는 국제적인 상품이다. 전 세계적으로 커피 소비량이 늘어나고 있**는 가운데** 커피를 재배하는 농가들은 아직도 가난에서 벗어나지 못하고 있다. 이는 커피 산업에 진출한 기업의 불공정한 무역으로 인해 커피 농부들이 계속 손해를 보고 있기 때문이다. 이 책에서 필자는 선진국이 저개발국에 원조하는 것보다 공정 무역을 하는 것이 필요하다고 주장한다.

완료 인터넷 100%

1. 〈커피의 눈물〉은 무엇에 대한 책입니까?

2. 커피 소비량은 증가하는데 왜 커피 농가에 더 많은 이익이 돌아가지 않습니까?

어휘를 연습해 보세요

공정 무역	다국적 기업	대기업 / 중소기업
국산(품) / 외제	수입품 / 수출품	무역 흑자 / 무역 적자
선진국 / 개발 도상국 / 저개발국	사업에 투자하다	경제 협력을 증진하다
수입 / 수출이 증가하다 / 감소하다	원조(를) 하다 / 원조를 받다	해외에 진출하다 / 투자하다
원화 / 달러 가치가 올라가다 / 떨어지다	환율이 상승하다 / 하락하다 / 변동하다	

1. 서로 관계있는 것끼리 연결해 보세요.

1) 외제 •	• 선진국에 비해 경제 발전이 덜 된 나라
2) 개발 도상국 •	• 다른 나라에서 생산된 제품
3) 무역 적자 •	• 삼성, LG와 같이 세계 시장에 물건을 파는 회사
4) 공정 무역 •	• 수출보다 수입이 많아 손해가 남
5) 다국적 기업 •	• 생산자를 보호하기 위해서 생산자에게 유리한 조건으로 물건을 사고파는 일

문법과 표현을 연습해 보세요

1. N(으)로 보다

- 가격과 품질에서 볼 때 중소기업 제품도 충분히 경쟁력이 있다.
- 아키라 씨는 한국어 실력으로 보면 한국 사람이라고 해도 과언이 아니다.

2. A-(으)ㄴ/V-는 가운데

- 그는 가정 형편이 어려운 가운데서도 열심히 노력해 외교관이 되었다.
- 유가가 급격히 오르는 가운데 생필품 가격까지 인상되어 서민들이 고통을 받고 있다.

1. 다음 주장에 대해 이야기해 보세요.

1) 농수산물 가격

상황

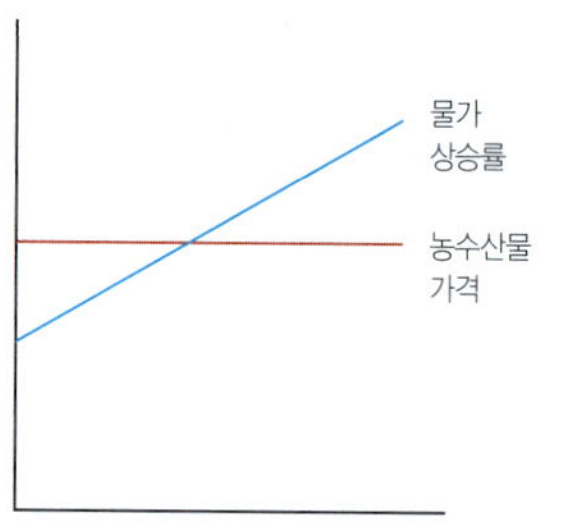

평가: 물가 상승률을 고려하면 농수산물 가격은 하락한 것임.

2) 연봉

상황

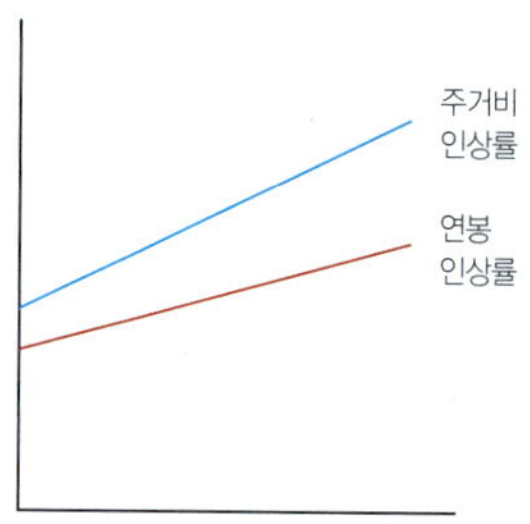

평가: 주거비 인상률을 고려하면 직장인들의 연봉은 제자리걸음을 하고 있음.

3) 커피값

상황

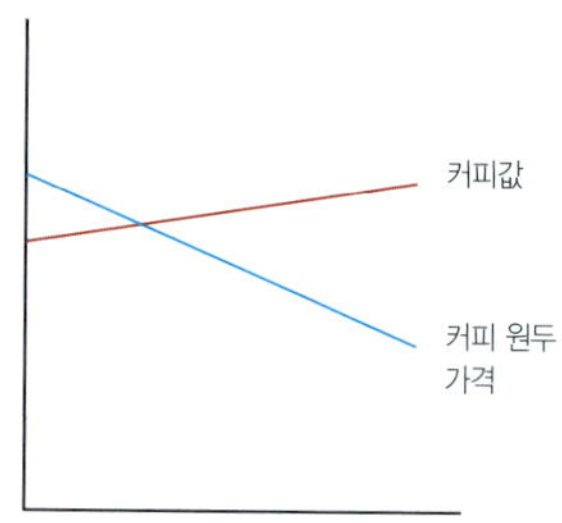

평가: 커피 원두 가격을 고려하면 커피값은 오히려 크게 오른 것임.

> 물가가 크게 오르**는 가운데** 농수산물의 가격은 전혀 오르지 않았습니다. 물가 상승률**로 볼** 때 농수산물의 가격은 오히려 하락한 것이나 마찬가지입니다.

읽기

준비해 보세요

상품 상세 정보	고객 상품평(총25건)	배송 교환 / 반품 안내

- 원산지 : 콜롬비아
- 수입 : 아름다운가게
- 가격 : 8,000원(60g)

- 원산지 : 에티오피아
- 수입 : 다국적 기업
- 가격 : 4,200원(60g)

- 원산지 : 브라질
- 가격 : 2,800원(1kg)

1. 두 제품은 어떤 차이가 있습니까?

2. 왜 이런 차이가 생길까요?

읽어 보세요 track 18

다음은 공정 무역에 대한 설명문입니다. 글을 읽고 질문에 답해 보세요.

가 오늘날 기업들은 발달한 통신과 운송 수단을 이용해 여러 국가에서 제품을 생산하고 있으며 생산된 제품은 전 세계의 소비자에게 팔리고 있다. 이런 다국적 기업의 영향력 증가로 선진국 소비자들은 지구 반대편에서 생산된 상품을 집 근처 슈퍼에서 손쉽게 구매할 수 있게 되었다. 다국적 기업들은 높은 수익을 올리기 위해 어딘가에서 더 값싼 재료와 노동력을 공급받으려고 한다. 저개발국에서 물건을 싸게 구입해 선진국 소비자들이 있는 곳으로 운반한 후 비싸게 팔아 큰 이익을 얻는 것이다. ⓐ이런 형태의 사업은 다국적 기업에게 많은 이익을 가져다주었으나 일부 저개발국의 농민들은 노동력을 제공했음에도 생계를 이어나갈 수 없을 정도로 값싼 임금을 받는 문제가 발생했다. 이 같은 다국적 기업과 저개발국 생산자 간의 이익 차이가 공정 무역이 탄생하게 된 주요 배경이다.

나 공정 무역이란 저개발국의 생산자들이 기본적인 생활 수준에 도달할 수 있도록 소비자가 생산 비용 이상의 가격으로 제품을 구매하는 것을 말한다. 예를 들면, 커피 원두 10g의 적정 가격이 100원이라고 가정했을 때 이 가격에는 인건비와 같은 생산 비용, 커피 생산자의 생계비, 농장 개선 비용 등이 포함된다. 그런데 커피를 생산하는 국가들 간의 경쟁으로 커피값이 생산 비용 이하인 90원으로 떨어지게 되면 커피를 재배하던 농부들은 아무리 커피를 많이 팔아도 생계를 유지하지 못하게 된다. 이때 공정 무역 수입업자가 커피를 시장 가격보다 높은 100원의 가격을 주고 사서 중간 유통 과정을 줄이고 소비자에게 판다. 소비자는 가격 면에서 볼 때는 시장 가격보다 비싼 가격으로 제품을 구매하는 것이지만 저개발국의 농부는 이로 인해 생계를 유지할 수 있게 된다.

다 공정 무역의 의의는 크게 두 가지를 들 수 있다. 우선 공정 무역은 생산 비용 이상의 가격을 보장함으로써 생산자들이 생계를 유지하고 미래의 사업을 계획하거나 생산 시설에 투자할 수 있도록 도와준다. 무역에 의존하는 저개발국의 생산자들은 환율이 상승하거나 하락할 때마다 큰 영향을 받게 된다. 공정 무역으로 시장의 경쟁이나 환율 변동과 관계없이 생산 비용 이상의 가격을 보장받는다면 저개발국의 농민들도 충분히 자립할 힘을 기를 수 있게 된다. 생산자들은 공정 무역으로 발생한 수입으로 농장의 시설을 개선하고 새로운 사업을 구상할 수도 있다. 소비자들은 시장 원리에 의해 결정된 가격보다 다소 비싼 가격으로 상품을 사게 되지만 공정 무역 제품을 구매함으로써 생산자에게 정당한 가격을 지불하는 윤리적 소비를 하게 된다. 소

비자들의 윤리적 소비는 장기적 관점에서 볼 때 제품의 질을 향상시켜 소비자 자신에게도 유익한 일이 되는 것이다.

라 둘째, 공정 무역은 일방적인 원조가 아닌 노동의 가치를 인정한다는 데에 의의가 있다. 선진국이 저개발국을 도울 때는 대부분 자본이나 기술을 투자하는 형태로 원조를 하게 된다. 그러나 이와 같은 원조는 선진국에서 저개발국으로의 일방적인 방향으로 진행된다. 공정 무역을 하게 되면 원조하는 나라, 원조를 받는 나라의 개념은 사라지고 소비자와 생산자 간의 정당한 무역이라는 개념만 남는다. 선진국 소비자가 저개발국의 생산자에게 정당한 대가를 지급함으로써 노동의 가치를 인정하는 협력의 관계를 맺게 되는 것이다.

마 전 세계적으로 공정 무역에 대한 관심이 높아지는 가운데 한국에서도 공정 무역 제품이 소개되고 있다. 국내 한 식품 회사는 이달 초 커피 전문점 사업을 새롭게 시작하면서 드립 커피를 제외한 모든 커피 음료에 공정 무역 커피 원두를 쓰고 있다. 가까운 곳에 커피 전문점이 있는데도 일부러 찾는 사람들이 있을 만큼 소비자들의 반응도 좋다고 한다. 저개발국에서 소규모로 생산된 의류, 장신구, 도자기를 판매하는 사이트도 생겼다. 그러나 스위스에서 공정 무역 바나나가 시장의 50%를 차지하는 것과 비교하면 국내의 움직임은 아직 미미한 수준에 불과하다.

바 공정 무역은 선진국과 저개발국, 구매자와 공급자의 대립적인 관계에서 벗어나 모두가 발전할 수 있는 길을 모색하는 새로운 시도이다. 또한 선진국이 저개발국에게 베푸는 원조가 아닌 소비자와 생산자가 협력적인 관계를 맺어가는 과정이며 더 싼 제품을 구매하는 ⓑ합리적인 소비가 아닌 정당한 가격을 보장하는 ⓒ윤리적인 소비이다. 앞으로 공정 무역이 세계 시장에서 자리를 잡으려면 세계 시장의 주류인 다국적 기업의 협력과 소비자들의 인식 전환이 필요하다. 이를 통해 선진국만 발전하는 것이 아니라 모두가 발전하는 세계 경제의 미래를 맞이할 수 있을 것이다.

중심 내용 파악하기

1. 다음은 이 글의 개요입니다. 빈칸에 알맞은 내용을 넣어 보세요.

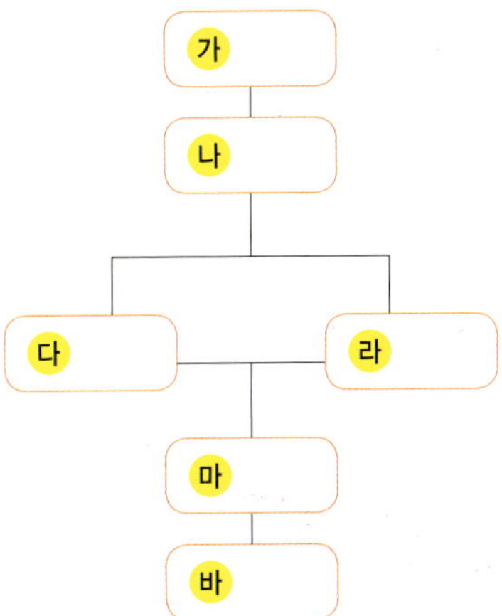

① 한국의 공정 무역 현황
② 공정 무역이 탄생하게 된 배경
③ 공정 무역의 첫 번째 의의
④ 공정 무역의 과제와 앞으로의 전망
⑤ 공정 무역의 두 번째 의의
⑥ 공정 무역의 정의와 사례

지시어의 의미 찾기

2. ⓐ이런 형태의 사업은 무엇을 의미합니까?

세부 내용 파악하기

3. 공정 무역이란 무엇을 말합니까?

4. 공정 무역은 왜 필요합니까?

5. 한국의 공정 무역 사례를 들어 보세요.

추론하기

6. ⓑ합리적 소비와 ⓒ윤리적 소비에 해당하는 것을 찾아보세요.

1) 두 가지 초콜릿의 맛과 질이 비슷할 때 값이 더 싼 제품을 구매한다. ☐ 합리적 소비 ☐ 윤리적 소비

2) 가격이 조금 비싸더라도 저개발국 생산자에게 생산 비용 이상의 가격을 지불한 바나나를 산다. ☐ 합리적 소비 ☐ 윤리적 소비

3) 다국적 기업이 대량 생산한 옷을 대형 매장에서 저렴하게 구입한다. ☐ 합리적 소비 ☐ 윤리적 소비

4) 인도의 저소득층 여성들이 일자리를 얻을 수 있도록 이들이 만든 목걸이를 산다. ☐ 합리적 소비 ☐ 윤리적 소비

이야기해 보세요

다음 문제를 해결하려면 어떻게 해야 할까요? 친구들과 이야기해 보세요.

1.

2.

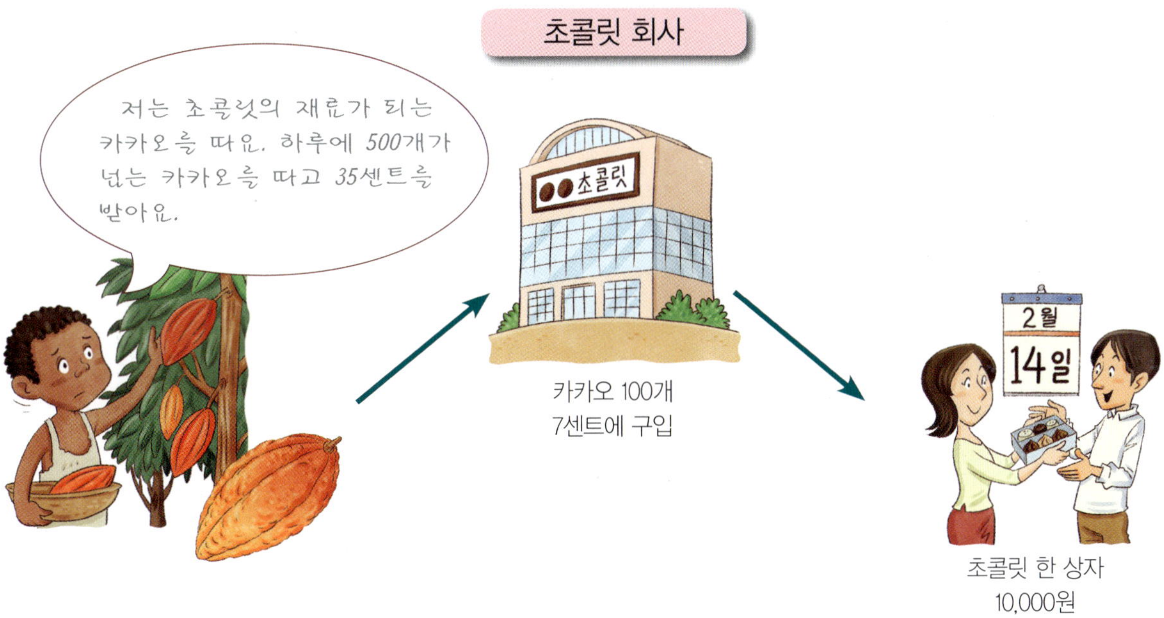

쓰기

정의와 예시의 방법을 사용하여 설명하는 단락을 써 보세요.

준비해 보세요

다음 문장에서 어색한 부분을 찾아 바르게 고쳐 보세요.

1. 조금 전까지만 해도 엉엉 울어 있던 아이가 엄마 품에 안겨 자고 있다.

2. 침대에 눕고 있던 그는 문병 간 우리들을 보자 인사하려고 침대에서 일어났다.

3. 우리 반은 중국, 프랑스, 캐나다 등의 여러 나라에서 온 14명의 친구들로 구성되고 있다.

4. 한국에 처음 왔을 때 가게가 늘어서고 있었지만 한글을 몰라 어디가 식당이고 어디가 편의점인지조차 구분할 수 없었다.

표현을 연습해 보세요

1. 다음은 정의를 할 때 쓰는 표현입니다. 다음 표현을 사용하여 이야기해 보세요.

- ~은[이란] ~을 말한다[가리킨다]
- ~이란 ~이다

> **대체재는** 서로 대신해서 쓸 수 있는 관계에 있는 두 물건**을 말한다.**

1) 대체재　　2) 초상권 침해　　3) 다국적 기업

2. 다음은 예시를 할 때 쓰는 표현입니다. 다음 표현을 사용하여 이야기해 보세요.

- ~의 예로 ~이 있다
- 예를 들면[이를테면]
- 비슷한 예를 하나 들어보면[들면]

> 대체재**의 예로** 소고기와 돼지고기**가 있다.**

1) 대체재의 예
- 소고기와 돼지고기

2) 초상권 침해의 예
- 인터넷에 연예인의 사진을 허락 없이 올린 경우

3) 다국적 기업의 예
- 맥도날드, 나이키, 삼성 등

3. 다음과 같이 정의와 예시의 방법으로 한 단락을 써 보세요.

대체재**란** 서로 대신해서 쓸 수 있는 관계에 있는 두 물건**을 말한다. 예를 들면** 소고기와 돼지고기 같은 경우이다. 소고깃값이 올라가면 사람들은 비싼 소고기 대신 돼지고기를 사 먹게 된다. 또한 버터와 마가린도 대신해서 쓸 수 있는 대체재 관계에 해당된다.

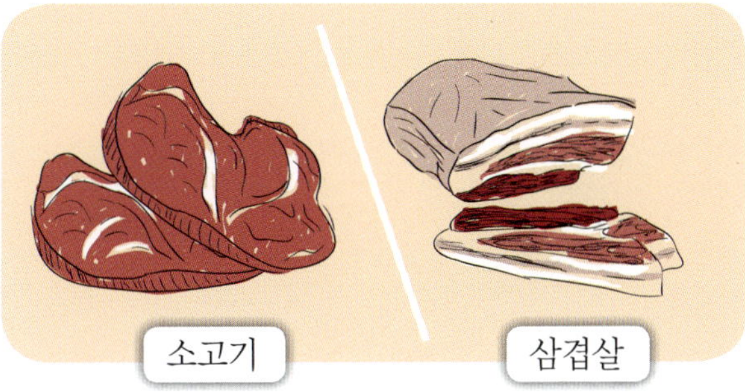

____

____

____

____

____.

써 보세요

1. 여러분이 설명하고 싶은 용어나 주제를 골라 보세요.

공정 무역	다국적 기업
대체재와 보완재	공공의 이익

2. 그 주제에 대해 설명하는 글을 쓸 때 필요한 내용을 메모해 보세요.

〈공정 무역〉

▪ 정의

저개발국의 생산자들이 기본적인 생활 수준에 도달할 수 있도록 소비자가 생산 비용 이상의 가격으로 제품을 구매하는 것.

▪ 예시

커피 원두 10g의 가격이 90원일 때 공정 무역 수입업자가 커피를 시장 가격보다 높은 100원의 가격을 주고 사는 경우.

〈 〉

▪ 정의

▪ 예시

3. 메모를 바탕으로 설명하는 글을 써 보세요.

정의 →

공정 무역이란 저개발국의 생산자들이 기본적인 생활 수준에 도달할 수 있도록 소비자가 생산 비용 이상의 가격으로 제품을 구매하는 것을 말한다.

예시 →

예를 들어 커피 원두 10g의 적정 가격이 100원이라고 가정했을 때 이 가격에는 인건비와 같은 생산 비용, 커피 생산자의 생계비, 농장 개선 비용 등이 포함된다. 그런데 커피를 생산하는 국가들 간의 경쟁으로 커피값이 생산 비용 이하인 90원으로 떨어지게 되면 커피를 재배하던 농부들은 아무리 커피를 많이 팔아도 생계를 유지하지 못하게 된다. 이때 공정 무역 수입업자가 커피를 시장 가격보다 높은 100원의 가격을 주고 산다면 가격 면에서 볼 때는 손해를 보는 것이지만 저개발국의 농부는 이로 인해 생계를 유지할 수 있게 된다.

어휘와 표현

2. 경제와 무역

● 어휘

개발 도상국(開發途上國)
선진국에 비해 경제 발전이 덜 된 나라. a developing country / 发展中国家 / 開発途上国
한국국제협력단(KOICA)은 개발 도상국의 경제 및 사회 발전을 돕기 위해 조직된 해외 봉사 단체이다.

경제 협력(經濟協力)을 증진(增進)하다 [협녁]
여러 국가가 경제적으로 서로 힘을 합해 서로 돕는 것을 더 늘어나게 하다. to promote economic cooperation / 加强经济合作 / 経済協力を増進する
개성공단은 남북한의 경제 협력을 증진하고 교류를 확대하기 위해서 만들어졌다.

공정 무역(公正貿易)
선진국과 개발 도상국, 저개발국 간의 불공정한 무역으로 발생하는 문제를 해결하기 위해 개발 도상국과 저개발국의 생산자에게 유리한 조건으로 이루어지는 무역. fair trade / 公平贸易 / 公正貿易
공정 무역은 개발 도상국과 저개발국의 경제적 자립을 도울 수 있다.

국산(國産)[국싼]
명 자국에서 생산함. 또는 그런 물건. domestic production / 国产 / 国産
국산 농산물과 수입산 농산물을 눈으로 구별하는 것은 그리 쉽지 않은 일이다.

국산품(國産品)[국싼품]
명 자국에서 생산한 물건. domestic products / 国货 / 国産品
IMF 금융 위기 때에는 국산품을 이용하자는 소비 운동이 있었다.

다국적 기업(多國籍企業)[다국쩍끼업]
여러 나라에 회사를 만들어 세계적 규모로 생산과 판매를 하는 대기업. multinational corporation / 跨国公司 / 多国籍企業
코카콜라는 세계 200여 개국 이상에서 콜라를 생산하고 판매하는 다국적 기업이다.

대기업(大企業)
명 자본금이나 직원 수 등의 규모가 큰 기업. large corporation / 大型企业 / 大企業
대학생의 과반수가 삼성, 현대, LG 등의 대기업 입사를 희망하고 있는 것으로 나타났다.

무역 적자(貿易赤字) [적짜]
수출보다 수입이 많아 손해가 생김. trade deficit / 贸易逆差 / 貿易赤字
한국은 IMF 외환 위기로 수입품의 가격이 급등해 대규모의 무역 적자를 기록했다.

무역 흑자(貿易黑字) [흑짜]
수입보다 수출이 많아 이익이 생김. trade surplus / 贸易顺差 / 貿易黒字
이번 달 중국의 대미 무역 흑자는 114억 달러를 기록해 지난달보다 크게 증가한 것으로 나타났다.

사업(事業)에 투자(投資)하다
이익을 얻기 위해 어떤 사업에 돈 등을 쏟아 넣다. to invest in a business / 投资实业（产业）或事业 / 事業に投資する
H 그룹은 내년부터 에너지 사업에 투자하기로 했다.

선진국(先進國)
명 다른 나라보다 정치, 경제, 문화 등이 발달한 나라. an advanced country / 发达国家 / 先進国
선진국은 경제와 문화가 발전하고 부정부패가 없는 공정한 나라를 말한다.

수입(輸入)이 감소(減少)하다
다른 나라로부터 물건을 사들이는 양이 줄어들다. imports decrease / 进口减少 / 輸入が減少する
김장철을 앞두고 국내산 배추 가격이 하락하자 중국산 배추의 수입이 감소했다.

수입(輸入)이 증가(增加)하다
다른 나라로부터 물건을 사들이는 양이 늘어나다. imports increase / 进口增加 / 輸入が増加する
2011년에는 전국에 구제역이 확산돼 돼지고기, 소고기 등 육류 수입이 증가했다.

수입품(輸入品)
명 다른 나라로부터 수입한 물품. imports / 进口货 / 輸入品
환율이 급등하면서 상대적으로 가격 부담이 큰 고가의 수입품을 찾는 소비자들이 줄어들고 있다.

수출(輸出)이 감소(減少)하다
다른 나라에 물건을 파는 양이 줄어들다. exports decrease / 出口减少 / 輸出が減少する
프랑스는 지난해 날씨가 좋지 않아 포도 생산량이 줄어서 와인 수출이 감소했다.

수출(輸出)이 증가(增加)하다
다른 나라에 물건을 파는 양이 늘어나다. exports increase / 出口增加 / 輸出が増加する
A 사의 실적 보고서에 따르면 신차 수출이 큰 폭으로 증가했다고 한다.

수출품(輸出品)
명 다른 나라에 수출한 물품. exports / 出口商品，出口货物 / 輸出品
1960년대 한국의 수출품은 노동력이 많이 필요한 가발, 인형 등이었다.

외제(外製)

명 외국에서 만듦. 또는 그런 물건. foreign-made products / 外国货 / 外国製

최근 외제 골프채, 외제 차 등과 같은 사치품의 수요가 늘고 있다.

원조(援助)를 받다

저개발국이 선진국으로부터 물건이나 돈 등으로 도움을 받다. to receive assistance / 接受援助 / 援助を受ける

한국은 6 · 25 전쟁 이후 UN 및 여러 나라로부터 원조를 받았었다.

원조(援助)(를) 하다

동 선진국이 저개발국을 물건이나 돈 등으로 돕다. to give assistance / 援助 / 援助する

한국은 과거 여러 나라에서 도움을 받았는데 지금은 개발 도상국이나 저개발국에 원조를 하는 나라가 되었다.

원화(-貨)/달러(dollar) 가치(價値)가 떨어지다

원이나 달러로 물건을 살 수 있는 구매력이 낮아지다. won/dollar value falls / 韩币 / 美元贬值 ウォン／ドルの価値が下がる

한국의 원화 가치가 떨어지면 한국을 찾는 해외 관광객의 수가 증가하게 된다.

원화(-貨)/달러(dollar) 가치(價値)가 올라가다

원이나 달러로 물건을 살 수 있는 구매력이 커지다. won/dollar value rise / 韩币 / 美元增值 ウォン／ドルの価値が上がる

IMF 외환 위기 때 달러의 가치가 올라가서 1달러가 1,800원까지 폭등했다.

저개발국(低開發國)

명 산업, 경제, 문화 등의 발전 수준이 덜 되고 농업, 수산업 등에 의존하는 나라. an underdeveloped country / 落后国家 / 低開発国, 後発開発途上国

전쟁과 기아로 고통받고 있는 저개발국 아이들을 돕기 위해 모금을 하고 있다.

중소기업(中小企業)

명 자본금이나 직원 수 등의 규모가 대기업에 비해 상대적으로 작은 기업. small and medium sized corporation / 中小企业 / 中小企業

중소기업은 서비스업일 경우에 직원 20명 미만, 자본금 5,000만 원 이하인 규모의 회사를 말한다.

해외(海外)에 진출(進出)하다

외국에서 사업 등을 넓혀 나가다. to extend one's business or power abroad / 开拓国外市场 / 海外に進出する

B 사는 해외에 진출해 현지 고객이 원하는 디자인과 기술을 연구, 개발해 판매량을 늘릴 수 있었다.

해외(海外)에 투자(投資)하다

외국에서 사업하기 위해 돈 등을 쏟아 넣다. to invest abroad / 在国外投资 / 海外に投資する

C 사는 해외에 투자해 큰 이익을 보고 있다.

환율(換率)이 변동(變動)하다

자기 나라 돈과 다른 나라 돈의 교환 비율이 달라지다. exchange rate fluctuates / 汇率变动 / 為替レートが変動する

환율이 변동하는 요인에는 여러 가지가 있지만 통화량, 물가가 중요한 영향을 미친다.

환율(換率)이 상승(上昇)하다

자기 나라 돈과 다른 나라 돈의 교환 비율이 올라가다. exchange rate rises / 汇率上涨 / 為替レートが上昇する

환율이 상승하면 수출이 늘어나고 해외 여행객이 감소하게 된다.

환율(換率)이 하락(下落)하다 [하라카다]

자기 나라 돈과 다른 나라 돈의 교환 비율이 내려가다. exchange rate falls / 汇率下跌 / 為替レートが下落する

환율이 하락하면 수입이 늘어나고 해외 여행객도 늘어나게 된다.

● 읽기

■ 읽어 보세요

대가(對價)[대까]

명 일을 하고 그에 대한 값으로 받는 돈. reward, compensation / 回报 / 対価

근로자는 일을 하고 그 대가로 월급을 받는다.

도달(到達)하다

동 목표가 된 곳이나 수준에 이르다. to reach / 达到，达成 / 到達する

포기하지 않고 열심히 노력해서 마침내 목표에 도달하게 되었다.

모색(摸索)하다[모새카다]

동 일이나 사건을 해결할 수 있는 방법을 찾다. to seek, to find / 摸索 / 模索する

지난번 신제품 홍보 전략이 실패로 끝나자 새로운 전략을 모색하기 위해 매일 밤늦게까지 회의를 하고 있다.

미미(微微)하다

형 아주 작다. to be slight, to be insignificant / 微不足道 / 微々たる

장애인 복지 시설에 대한 정부의 투자는 아직 미미한 실정이다.

보장(保障)하다

동 어떤 일이 어려움 없이 이루어지도록 조건을 마련해 보호하다. to guarantee / 保障，保证 / 保障する

가난하지만 성적이 우수한 학생은 장학금을 줘서 교육받을 기회를 보장해 줘야 한다.

어휘와 표현

생계(生計)

명 생활을 이어 감. living / 生计 / 生計

소년 소녀 가장은 어린 나이에 생계를 유지하기 위해 아르바이트를 한다.

운반(運搬)하다

동 물건을 옮기다. to transfer / 搬运 / 運搬する

생산한 제품을 쉽게 운반하기 위해 대부분 공장은 큰 도로 근처에 세워진다.

운송(運送)

명 차, 배, 비행기 등에 사람을 태워 보내거나 물건을 실어 보냄. transport / 运送 / 運送

수입하거나 수출하는 물건을 비행기로 옮기면 돈이 많이 들기 때문에 배를 운송 수단으로 삼는 경우가 많다.

인건비(人件費)[인껀비]

명 사람을 이용하는 데 드는 비용. labor costs / 人工费 / 人件費

공장이 기계화되면서 제품을 생산하는 데 드는 인건비를 크게 줄일 수 있었다.

자립(自立)하다[자리파다]

동 남한테 의지하지 않고 스스로 서다. to become independent, to stand one's own feet / 自立，独立 / 自立する

더 이상 부모님의 도움을 받지 않고 자립하기 위해 일자리를 빨리 찾아야 한다.

재배(栽培)하다

동 식물을 심어서 키우다. to cultivate / 栽培，栽种 / 栽培する

작년에 배추 가격이 폭락해 올해는 배추를 재배하는 농가가 많이 줄었다.

● 쓰기

예시(例示)

명 예를 들어 보임. example / 例子，范例 / 例示

예시 문항을 보면 문제 푸는 방법을 알 수 있다.

용어(用語)

명 일정한 전문 분야에서 주로 사용하는 말. terminology / 术语 / 用語

최근 퀴즈 프로그램에서 경제, 예술에 관련된 용어가 문제로 많이 나온다.

정의(定意)

명 어떤 말이나 사물의 뜻을 밝힘. definition / 定义 / 定義

사랑에 대한 정의는 사람마다, 문화권마다 다양하다.

자기 평가

1. 다음 중 아는 어휘에 √ 하세요.

☐ 생필품	☐ 호황	☐ 공정 무역
☐ 무역 흑자	☐ 소비가 늘다	☐ 물가가 오르다
☐ 다국적 기업	☐ 원조를 받다	☐ 가격이 폭등하다
☐ 구매력이 높아지다	☐ 수출이 증가하다	☐ 환율이 상승하다

2. 알맞은 표현을 골라서 문장을 완성해 보세요.

-자　　에도 불구하고　　(으)로 보다　　-(으)ㄴ/는 가운데

1) 가 : 요즘 유가가 상승하고 있는데 자동차 판매량은 어떻습니까?
나 : .... 자동차 판매량은 계속해서 늘고 있습니다.

2) 가 : 사람들이 인터넷 쇼핑을 왜 많이 할까?
나 : .... 더 싸게 살 수 있기 때문이지. 다양한 할인 혜택을 이용하면 아주 싸게 살 수 있거든.

3) 올해는 수출이 .... 수입은 상대적으로 줄어 무역 흑자를 달성할 것으로 보인다.

4) .... 우산과 비옷, 장화를 사려는 손님들이 부쩍 늘어났다.

3. 이 단원을 공부하고 여러분이 할 수 있게 된 것에 √ 해 보세요.

- ☐ 경제에 대한 대담과 강의를 듣고 추론할 수 있다.
- ☐ 공정 무역에 관한 설명문을 읽고 추론할 수 있다.
- ☐ 도표와 그래프의 내용을 분석하여 발표할 수 있다.
- ☐ 정의와 예시의 방법을 사용하여 설명하는 단락을 쓸 수 있다.

정답

2. 1) 유가 상승에도 불구하고 2) 가격으로 볼 때 3) 늘어나는 가운데 4) 장마철이 되자

보충 어휘

관용어(Ⅰ) 상황을 과장해서 표현하는 관용어를 익혀 봅시다.

돈방석에 앉다 갑자기 많은 돈을 갖게 되다.	**목이 빠지다** 오래 기다리다.
발 디딜 틈이 없다 사람들이 많아 복잡하다.	**배가 등에 붙다** 몹시 배가 고프다.
배가 터지다 많이 먹어 배가 부르다.	**상다리가 부러지다** 음식을 아주 많이 차리다.
손가락을 빨다 돈이 없어서 굶다.	**쥐꼬리만하다** 월급이나 용돈 등이 아주 적다.
파리만 날리다 장사나 사업이 안되어 손님이 없다.	**허리띠를 졸라매다** 돈을 아끼기 위해 검소한 생활을 하다.

연습 1 그림을 보고 관용어의 의미를 찾아보세요.

1)

① 손을 잘 씻어야 한다.

② 돈이 없으니 굶어야 한다.

2)

① 오랫동안 찾았다.

② 정말 오래 기다렸다.

3)

① 음식을 못 먹어서 배고프다.
② 음식을 배부르게 많이 먹었다.

4)

① 장사가 잘 안된다.
② 여름이라서 파리가 많다.

연습 2 다음 상황과 관련 있는 관용어를 써 보세요.

1) 오늘은 아침부터 바빴어요. 저녁때까지 한 끼도 제대로 못 먹어서 너무 배가 고파요.

→ 배가 등에 붙다.

2) 저는 일주일에 3만 원씩 용돈을 받아요. 아무리 아껴 써도 용돈이 정말 적다는 생각이 들어서 다음 달부터 아르바이트를 시작하기로 했어요.

→

3) 결혼 5년 만에 집 장만한 비결이 뭐냐고요? 한 가지밖에 없지요. 무조건 돈을 안 쓰고 아끼는 것밖에는 다른 방법이 없어요.

→

4) 우리 삼촌은 어렸을 때부터 발명을 좋아해서 여러 가지 물건을 만들었어요. 이번에 발명한 '음성 인식 자동차'는 대기업에 300억에 팔려서 큰돈을 벌게 되었어요.

→

5) '사위 사랑은 장모'라는 말이 있지요. 엄마는 형부가 오실 때면 언제나 여러 가지 음식을 많이 준비하세요.

→

6) 어제 시장에 갔는데 명절 준비하러 나온 사람들이 너무 많아서 아주 복잡했어요.

→

보충 어휘

연습 3 다음 그림을 보고 대화를 완성해 보세요.

1)

2)

3)

4)

연습 4 어울리는 관용어를 골라 대화를 완성해 보세요.

돈방석에 앉다	배가 터지다	손가락을 빨다
파리만 날리다	목이 빠지다	쥐꼬리만하다

1) 가 : 회사 사정이 어려워 이번 달 월급도 일주일이나 늦게 나온대요.
   나 : 그렇지 않아도 월급이 적은데 .... 월급이라도 제때 줬으면 좋겠어요.

2) 가 : 이번에 이 회사 주식이 굉장히 많이 올랐나 봐.
   나 : 그래서 .... 된 사람도 많아. 정말 부럽다.

3) 가 : 아르바이트 구했어?
   나 : 아직 못 구했어. 미안한데 다음 달에 꼭 갚을 테니까 10만 원만 빌려줄래? 생활비가 다 떨어져서 .... 살아야 할 것 같아.

4) 가 : 삼계탕 집 한다더니 잘돼?
   나 : 말도 마. 조류 독감(AI) 때문에 .... 있어. 개업한 지 한 달이 넘었는데 손님 보기가 힘들어.

5) 가 : 집들이 한다고 불러 놓고 차린 게 없어서 미안해.
   나 : 아니야, 많이 먹어서 .... 지경이야. 오늘 초대해 줘서 정말 고마워.

6) 가 : 오래 기다렸지? 정말 미안해. 퇴근 시간이라서 차가 엄청 막혔어.
   나 : 그럼 전화라도 해 주면 안 돼? .... 기다렸잖아.

IV 건강한 삶

1 음식과 체질

주제 음식과 체질

어휘 음식과 건강

문법과 표현
- V-(으)ㄹ래야 V-(으)ㄹ 수(가) 없다
- 어찌나 A/V-던지

듣기
- 라디오 방송 듣고 정보 찾기
- 토론 듣고 개별 의견 추론하기

말하기 의견을 정리하고 종합하여 말하기

2 건강과 마음

주제 건강과 마음

어휘 건강과 치료

문법과 표현
- V-(으)ㄹ 바에는[바에야] (차라리)
- A-(으)ㄴ/V-는 까닭에[까닭으로]

읽기
- 설명문 읽고 내용 파악하기
- 수필 읽고 공감하기

쓰기
- 조사에 유의하며 문장 쓰기 2
- 경험을 바탕으로 한 수필 쓰기

보충 어휘 관용어 Ⅱ

1 음식과 체질

주제
음식과 체질

어휘
음식과 건강

문법과 표현
· V-(으)ㄹ래야 V-(으)ㄹ 수(가) 없다
· 어찌나 A/V-던지

듣기
· 라디오 방송 듣고 정보 찾기
· 토론 듣고 개별 의견 추론하기

말하기
의견을 정리하고 종합하여 말하기

들어가기

이야기해 보세요

5대 영양소

지방 : 버터, 식용유, 참기름, ⓐ__________

비타민 : 레몬, 오렌지, 시금치, ⓑ__________

무기질 : 우유, 치즈, 미역, ⓒ__________

단백질 : 두부, 소고기, 참치, ⓓ__________

탄수화물 : 쌀, 밀가루, 감자, ⓔ__________

1. 어떤 식품이 ⓐ ~ ⓔ에 더 들어갈 수 있습니까?

2. 여러분이 자주 먹는 음식은 무엇입니까? 그 음식에는 어떤 영양소가 많이 들어 있습니까?

어휘와 문법

읽어 보세요 track 19

SBC

SBC 소개 | SBC TV | SBC 라디오 | SBC 뉴스 | 다시 보기

SBC TV
드라마
연예 오락
시사 교양
어린이

SBC 스페셜 – 자연 밥상, 보약 밥상

2015년 3월 12일
조회수 : 55881회

편성 시간 SBC 2015. 3. 12. (금) 오후 11:00

제작진 기획 : 우재만 연출 : 서경주 / 이정영

소개 지금까지 우리는 무엇을 먹고 살았나. 열량이 높은 인스턴트 음식과 **뗄래야 뗄 수 없는** 바쁜 현대인들. 너무 잘 먹어 병이 난다는 그들에게 필요한 것은 옛날과 같은 자연 밥상이다. 옛날에는 건강을 유지하려고 굳이 애쓰지 않아도 비만은 물론 성인병을 앓는 사람도 적었다. 산과 들에서 난 신선하고 영양이 풍부한 각종 채소 반찬에 오래 발효시킨 된장으로 끓인 찌개가 더해진 밥상이야말로 보약 중의 보약이다. SBC 스페셜 〈자연 밥상, 보약 밥상 1편〉에서는 항암 효과가 뛰어난 청국장 및 된장 요리법이 소개되며 성인병 예방에 도움이 되고 식욕까지 돋우는 채식 밥상도 소개된다.

└ RE : **어찌나** 요리법을 자세히 소개하**던지** 특별히 요리 솜씨가 없어도 누구나 따라할 수 있겠어요.

└ RE : 정말 유익한 프로그램이었어요. 이번 기회에 저도 채식을 해 보려고요.

완료 인터넷 100%

1. 어떤 밥상이 보약 밥상입니까?

2. SBC 스페셜 〈자연 밥상, 보약 밥상 1편〉은 어떤 내용입니까?

어휘를 연습해 보세요

보약 / 보양식	발암 물질	발효 식품	산성 / 알칼리성	단백질 / 지방 / 탄수화물
무기질 / 비타민	편식(을) 하다	식욕을 돋우다	음식을 섭취하다	채식 / 육식(을) 하다
건강을 유지하다	열량이 높다 / 낮다	영양분이 풍부하다	병을 유발하다	함량이 높다 / 낮다
항암 효과가 크다 / 뛰어나다				

1. 서로 관계있는 것끼리 연결해 보세요.

1) 식욕을 돋우다 •		• 영화관에서 무심코 콜라와 팝콘을 먹으면 상당히 높은 칼로리를 섭취하게 돼요.
2) 열량이 높다 •		• 세계 5대 건강식품 중 하나인 김치는 유산균이 풍부할 뿐만 아니라 비타민 A, C와 인과 칼슘 등도 풍부하다고 해요.
3) 채식을 하다 •		• 더위로 입맛을 잃었을 때는 상큼한 채소를 이용해 밥상을 차려 보세요. 잃었던 입맛이 다시 돌아올 거예요.
4) 영양분이 풍부하다 •		• 저는 3년 전에 동물 보호 운동을 시작하면서부터 고기를 먹지 않아요. 물론 계란과 우유도 먹지 않고요.

문법과 표현을 연습해 보세요

1. V-(으)ㄹ래야 V-(으)ㄹ 수(가) 없다

· 요즘 회사 일이 너무 바빠서 주말에도 쉴래야 쉴 수가 없어요.
· 이 김치찌개는 너무 짜서 먹을래야 먹을 수가 없어요.

2. 어찌나 A/V-던지

· 오랜만에 어머니를 만나서 어찌나 반갑던지 저절로 눈물이 났어요.
· 선생님이 어찌나 강의를 잘하시던지 시간 가는 줄 모르고 수업을 들었어요.

1. 다음 상황에 대해 이야기해 보세요.

1)

2)

3)

식당에 **어찌나** 기다리는 사람이 많**던지** 점심을 먹**을래야** 먹**을 수가 없**었어요.

듣기

준비해 보세요

체질을 어떻게 나누고 있습니까?

사상 의학에 따른 체질 분류

태양인

체형
목이 굵고 머리가 크다. 허리와 다리가 약해 오래 걷지 못한다.

성격
창의력이 뛰어나고 결단력이 있지만 계획성이 부족하다.

태음인

체형
키와 체격이 크고 땀이 많다. 상체보다 하체가 더 발달했다.

성격
참을성이 많고 계획적이지만 다른 사람의 말을 잘 듣지 않고 고집이 세다.

소양인

체형
가슴과 어깨가 넓고 하체가 가볍다. 걸음걸이가 빠르다.

성격
결단력이 있지만 성격이 급하고 싫증을 잘 낸다.

소음인

체형
상체보다 하체가 더 발달했지만 전체적으로 균형이 잡혀 있다.

성격
꼼꼼하고 침착하지만 내성적이고 작은 일에도 신경을 많이 쓰는 편이다.

들어 보세요 1 track 20

건강한 생활에 대한 방송입니다. 잘 듣고 질문에 답해 보세요.

중심 내용 파악하기 1. 무엇에 대해 이야기하고 있습니까?

세부 내용 파악하기 2. 체질을 네 가지로 구분하는 기준은 무엇입니까?

3. 체질별로 건강을 유지하려면 어떻게 해야 합니까?

4. 각 체질별로 먹으면 좋은 음식을 연결해 보세요.

태양인	태음인	소양인	소음인
몸이 차서 따뜻한 성질의 음식과 잘 맞는다.	몸에 열이 많고 고기보다는 채소를 많이 먹는 것이 좋다.	몸이 차서 따뜻한 성질의 음식과 잘 맞고 소고기를 먹으면 좋다.	몸에 열이 많아서 차가운 성질의 음식과 잘 맞는다.

설렁탕과 깍두기

돼지고기 보쌈

삼계탕

각종 채소

참외와 수박

들어 보세요 2

건강한 생활에 대한 토론입니다. 잘 듣고 질문에 답해 보세요.

종합한 의견 듣고 개별 의견 추론하기

1. 토론의 일부를 듣고 질문에 답해 보세요. track 21

   1) 토론자들이 사상 의학에 대해 어떻게 이야기했을지 추측해 보세요.

   - 의견 1
   - 의견 2

2. 토론의 전체 내용을 듣고 질문에 답해 보세요. track 22

   중심 내용 파악하기

   1) 무엇에 대한 토론입니까?

   세부 내용 파악하기

   2) 남자의 주장과 근거는 무엇입니까?

   3) 여자의 주장과 근거는 무엇입니까?

이야기해 보세요

다음은 체질을 알아보는 검사입니다. 여러분은 어떤 체질입니까? 여러분의 체격, 성격과 비교해서 검사 결과가 맞는다고 생각합니까?

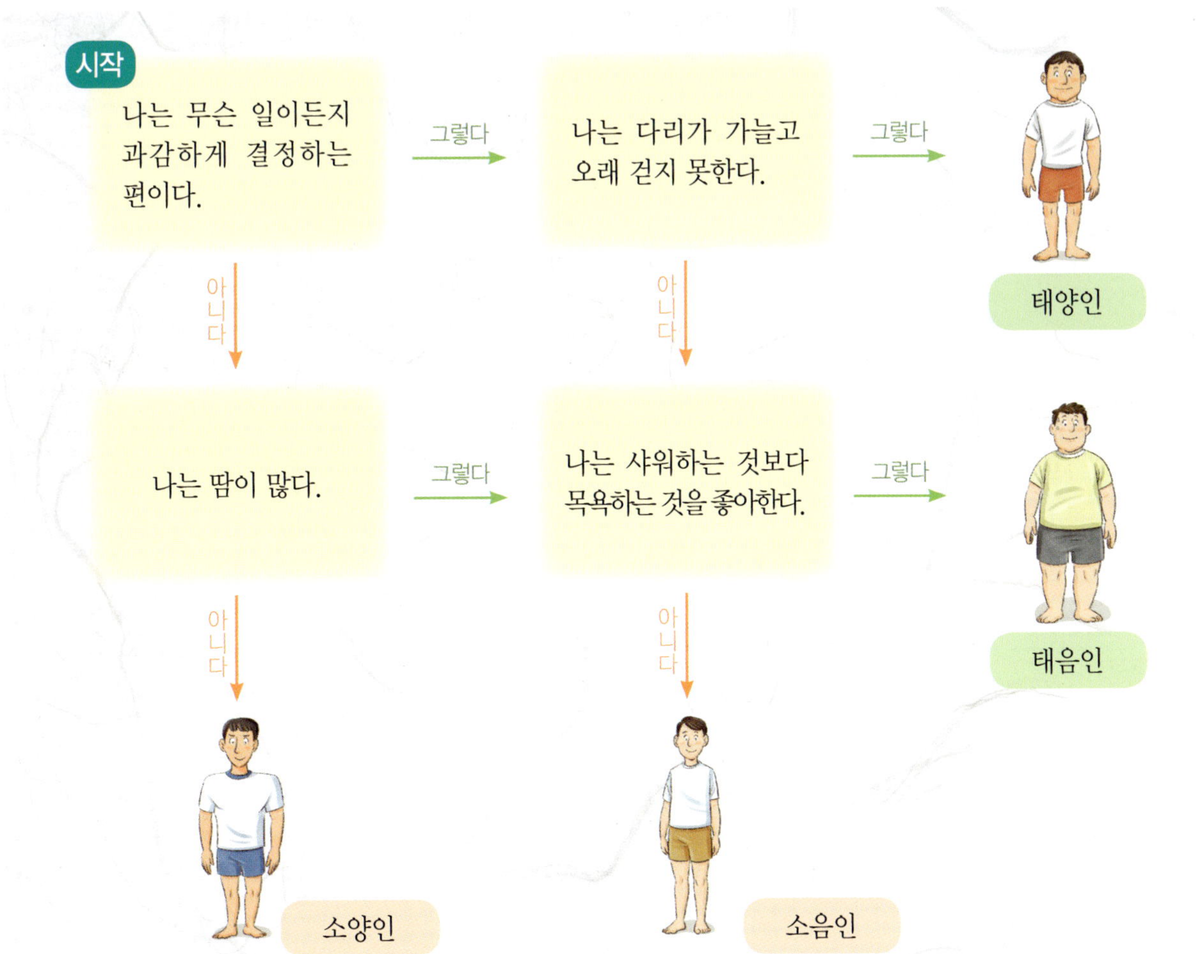

말하기

의견을 정리하고 종합하여 말해 보세요.

준비해 보세요

여러 사람의 의견을 정리하여 말할 때 어떤 점에 주의해야 할까요? 알맞은 것을 모두 고르세요.

- ☐ 구체적인 예를 들어 설명한다.
- ☐ 주요 내용을 중심으로 요약한다.
- ☐ 모든 사람의 의견을 자세히 제시한다.
- ☐ 이야기한 내용을 자세히 설명하지 않는다.
- ☐ 이야기한 내용을 단순히 나열하지 않고 정리하고 종합한다.

표현을 연습해 보세요

1. 다음은 의견을 정리할 때 쓰는 표현입니다. 다음 표현을 사용하여 이야기해 보세요.

〈의견 정리하기〉

- 먼저 ~다는 의견이 있다. 반면에 ~다는 의견[주장]도 있다
- 먼저, 다음으로, 마지막으로 ~다는 의견[주장]이 있다

먼저 사상 의학은 오랫동안 많은 사람들을 유형화해서 믿을 만하**다는 의견이 있었습니다. 반면에** 모든 사람을 네 가지 유형으로 다 분류할 수 없**다는 의견도 있었습니다.**

1) **사상 의학**
- 오랫동안 많은 사람들을 유형화해서 믿을 만함.
- 모든 사람을 네 가지 유형으로 다 분류할 수 없음.

2) **채식**
- 열량이 낮아 다이어트에 효과적임.
- 장기간 채식만 하면 영양 결핍을 초래함.

3) **흉악범 신상 공개**
- 범죄 예방을 위해 필요함.
- 범죄자의 인권 존중을 위해 없애야 함.
- 범죄율을 낮추는 데 효과가 있으므로 부분적으로 허용해야 함.

2. 다음은 의견을 종합할 때 쓰는 표현입니다. 다음 표현을 사용하여 이야기해 보세요.

〈의견 종합하기〉

- ~에 대해 (대부분) ~는 것으로 나타났다
- 지금까지 나온 의견을 종합해 보면 다음과 같다
- 이상과 같은 의견으로 미루어 볼 때 ~으로 정리할 수 있다

사상 의학**에 대해 대부분** 유용하므로 사상 의학의 이점을 활용해야 한다는 의견을 가지고 있는 **것으로 나타났습니다.**

1) **사상 의학**
– 유용하므로 사상 의학의 이점을 활용해야 함.

2) **건강 유지 비결**
– 규칙적인 운동과 균형 잡힌 식습관이 중요하다고 봄.

3) **물가 상승 해결 방안**
– 정부의 적극적인 노력이 가장 효과가 있다고 생각함.

3. 다음은 의견을 정리하고 종합하여 발표하는 방식입니다. 두 가지 방식을 모두 사용하여 이야기해 보세요.

종합
↓
의견 1, 의견 2, 의견 3

우리 팀에서는 사상 의학**에 대해 대부분** 유용하다고 생각하는 **것으로 나타났습니다.**
먼저 ~.
다음으로 ~.
마지막으로 ~.

의견 1, 의견 2, 의견 3
↓
종합

우리 팀에서는 **먼저** ~. **다음으로** ~. **마지막으로** ~.
이상과 같은 의견으로 미루어 볼 때 우리 팀에서는 대부분 사상 의학에 대해 유용하다고 생각하는 **것으로 정리할 수 있겠습니다.**

1) **사상 의학**

〈의견〉
- 오랫동안 많은 사람들을 유형화해서 믿을 만함.
- 오랜 시간 검증되어 과학적 근거가 있음.
- 유형화가 자기 성격, 체격과도 잘 맞음.

〈종합〉
- 사상 의학이 대부분 유용하다는 의견을 가지고 있음.

2) **공정 무역의 필요성**

〈의견〉
- 저개발국의 생산자를 보호할 수 있음.
- 정당한 가격을 보장하는 윤리적인 소비임.
- 생산품의 질도 믿을 만함.

〈종합〉
- 현대 사회에서 매우 가치 있고 윤리적인 무역 형태라고 생각함.

이야기해 보세요

1. 다음 주제 중에서 하나를 골라 친구들과 이야기해 보세요. 친구들의 의견을 메모하고 분류해 보세요.

- 체질과 음식 섭취는 관계가 있는가?
- 건강을 유지하기 위한 생활 습관은 무엇인가?
- 다이어트 효과를 높이려면 어떻게 해야 하는가?

▪ 주제

- 건강한 생활을 위해 어떤 음식과 영양분을 섭취해야 하는가?

▪ 의견

유진 : 탄수화물, 지방의 과다 섭취를 줄여야 함.

→ **음식 조절**

나나 : 과식하지 말아야 함.

→ **음식 양 조절**

줄리앙 : 소금 섭취 줄여야 함.

→ **음식 조절**

아키라 : 과식하지 말아야 함.

→ **음식 양 조절**

▪ 주제 :

▪ 의견 :

2. 친구들의 의견을 정리하고 종합하여 발표해 보세요.

건강한 생활을 위해 어떤 음식과 영양분을 섭취해야 하는가에 대해서 우리 팀에서 논의한 결과를 말씀드리겠습니다. 먼저, 건강한 생활을 위해서는 탄수화물과 지방을 과다하게 섭취하지 말아야 한다는 의견이 있었습니다.

요즘 탄수화물과 지방을 지나치게 많이 섭취해서 어릴 때부터 비만이 생기는 경우가 많은데 비만이 되면 몸이 무거워 행동이 둔해질 뿐만 아니라 건강에도 좋지 않은 영향을 끼칠 수 있습니다.

다음으로, 소금을 적게 먹는 것이 중요하다는 의견도 있었습니다. 소금을 많이 먹게 되면 고혈압 등과 같은 성인병에 걸리기 쉽다는 말이 있습니다. 특히 한국인들은 짜고 맵게 먹는 경우가 많은데 이런 식습관은 건강을 위해 고쳐야 한다고 봅니다.

마지막으로, 과식을 해서는 안 된다는 의견이 있었습니다. 아무리 맛이 있는 음식이라도 과식을 하게 되면 몸에 이상이 생기고 비만을 초래할 수 있습니다.

따라서 음식량을 조절하는 것도 건강의 비결이라고 봅니다. 이상과 같은 의견으로 미루어 볼 때 저희 조는 건강한 생활을 위해 탄수화물, 지방, 소금을 적절히 조절하고 음식을 과다하게 섭취하지 않는 것이 중요하다고 생각하는 것으로 정리할 수 있겠습니다.

어휘와 표현

1. 음식과 체질

● 어휘

건강(健康)을 유지(維持)하다
건강한 상태를 계속하게 하다. to keep healthy / 保持健康 / 健康を維持する
건강을 유지하기 위해서는 규칙적으로 식사하고 이와 함께 운동도 해야 한다.

단백질(蛋白質)[단백찔]
명 세포를 구성하고 몸을 유지하는 물질. 탄소, 산소, 수소, 질소 등이 포함된 아미노산이 연결되어 구성된 물질. protein / 蛋白质 / 蛋白質
닭고기, 소고기 등의 육류와 콩에는 단백질이 많이 들어 있다.

무기질(無機質)
명 생명을 유지하는 데 도움을 주는 영양소. 뼈나 체액 등을 만드는 데 도움을 주는 물질. minerals / 无机物 / 無機質
칼슘(Ca), 철(Fe), 나트륨(Na), 요오드(I) 등의 무기질은 우리의 몸을 유지하는 데 많은 도움을 주는데 특히 칼슘은 뼈와 치아를 만드는 데 중요한 역할을 한다.

발암 물질(發癌物質) [물찔]
암에 걸리게 하는 물질. cancer-causing agent / 致癌物 / 発癌物質
아침에 A사의 음료수에서 발암 물질이 나왔다는 뉴스가 보도되어 시민들에게 충격을 주고 있다.

발효 식품(醱酵食品)
효모 등의 미생물이 많은 식품. fermented food / 发酵食品 / 発酵食品
한국의 된장, 고추장, 간장 등은 건강에 좋은 발효 식품들이다.

병을 유발(誘發)하다
어떤 병이 생기게 하다. to cause illness / 诱发疾病 / 病気を誘発する
심한 스트레스가 병을 유발한다는 연구 결과가 있다.

보약(補藥)
명 몸을 보호하고 건강을 유지하기 위한 약. restorative / 补药 / 補薬, 強壮剤
어렸을 때 나는 몸이 약해서 어머니가 자주 보약을 지어 주셨다.

보양식(補陽食)
명 몸을 보호하고 건강을 유지하기 위한 음식. food that protects one's body and maintains good health / 食补，滋补食品 / 滋養強壮食
한국 사람들은 땀을 많이 흘려서 기운이 없는 여름에는 보양식으로 인삼을 넣어 끓인 삼계탕을 즐겨 먹는다.

비타민(vitamin)
명 생명을 유지하는 데 도움을 주는 물질. vitamin / 维生素 / ビタミン
오렌지에는 비타민 C가 많이 들어 있고 당근에는 비타민 A가 많이 들어 있다.

산성(酸性)
명 수소 이온 농도가 큰 물질의 성질(pH7 이하). 물에 녹으면 신맛을 내고, 푸른색 리트머스 시험지를 붉은색으로 변화시키는 성질. acidity / 酸性 / 酸性
식초와 오렌지 주스는 산성을 띠는 음식이다.

식욕(食慾)을 돋우다
음식을 먹고 싶게 만들다. to give an appetite / 开胃，增加食欲 / 食欲を増進する
빨간색은 식욕을 돋우기 때문에 식당의 인테리어에 자주 사용된다.

알칼리성(alkali性)
명 수소 이온 농도가 작은 물질의 성질(pH7 이상). 붉은 리트머스 시험지를 푸른색으로 변화시키는 성질. alkalinity / 碱性 / アルカリ性
베이킹파우더와 비누는 알칼리성을 띠는 물질이다.

열량(熱量)이 낮다
에너지의 양이 적다. to be low in calories / 低热量 / カロリーが低い
샐러드나 나물은 기름을 많이 쓰지 않고 요리하기 때문에 열량이 낮은 편이다.

열량(熱量)이 높다
에너지의 양이 많다. to be high in calories / 高热量 / カロリーが高い
짜장면은 기름이 많이 들어가기 때문에 열량이 높은 음식이다.

영양분(營養分)이 풍부(豊富)하다
살아가는 데 필요한 에너지와 영양이 많다. to be very nutritious / 营养丰富 / 栄養が豊富だ
콩은 대표적인 건강식품으로 영양분이 풍부하다.

육식(肉食)(을) 하다 [육씩]
고기를 먹다. to eat meat / 吃肉 / 肉を食べる
불교에서는 스님들이 육식을 하는 것을 금한다.

음식(飮食)을 섭취(攝取)하다
음식을 먹고 영양소를 얻다. to ingest / 摄取食物 / 飲食物を摂取する
키가 자라는 청소년기에는 골고루 음식을 섭취하는 것이 중요하다.

지방(脂肪)
명 에너지를 만드는 물질. 글리세린과 지방산이 결합된 물질. fat / 脂肪 / 脂肪
삼겹살은 지방이 많기 때문에 다이어트를 하는 사람들은 섭취하지 않는 것이 좋다.

채식(菜食)(을) 하다
고기를 먹지 않고 채소만 먹다. to live on vegetables / 吃素 / 菜食する
동물과 환경을 보호하기 위해서 채식을 하는 사람들이 늘고 있다.

탄수화물(炭水化物)
명 에너지를 만드는 물질. 탄소와 수소, 산소로 이루어진 물질. carbo-hydrate / 碳水化合物 / 炭水化物
빵, 국수, 수제비, 라면 등은 탄수화물이 많이 들어 있는 음식이다.

편식(偏食)(을) 하다
음식을 골고루 먹지 않고 몇 가지 음식만 골라 먹다. to have unbalanced diet / 偏食，挑食 / 偏食する
건강을 위해서는 편식을 하지 말고 여러 음식을 골고루 먹어야 한다.

함량(含量)이 낮다 [함냥]
포함하고 있는 성분이 적다. to be low in content / 含量低 / 含有量が低い
닭 가슴살은 닭고기의 다른 부위보다 지방 함량이 낮다.

함량(含量)이 높다 [함냥]
포함하고 있는 성분이 많다. to be high in content / 含量高 / 含有量が高い
라면은 나트륨(Na)의 함량이 높은 것으로 조사되었다.

항암 효과(抗癌效果)가 크다 / 뛰어나다
암을 예방하는 효과가 크다 / 뛰어나다. to be very effective against cancer / 抗癌效果显著 / 抗がん作用が強い
토마토와 브로콜리는 항암 효과가 큰 채소라고 알려져 있다.

● 듣기

■ 들어 보세요 1

결단력(決斷力)[결딴녁]
명 중요한 때에 결정을 할 수 있는 능력. decisiveness / 决断力 / 決断力
회사가 위기를 맞았을 때에는 회사 대표의 결단력 있는 행동이 필요하다.

상체(上體)
명 사람 몸의 윗부분. upper part of the body / 上半身，身体上部 / 上体, 上半身
앉아 있다가 책상 위의 물건이 바닥에 떨어져서 상체를 숙여 주웠다.

식성(食性)[식썽]
명 어떤 음식을 좋아하거나 싫어하는 성격. taste / 饮食习惯，口味 / 好み, 好き嫌い
내 친구는 식성이 좋아서 못 먹거나 싫어하는 음식 없이 모두 잘 먹는다.

위(胃)
명 소화 기관 중 하나. stomach / 胃 / 胃
매운 음식을 먹기 전에 위를 보호하기 위해서 우유를 마시면 좋다고 한다.

체질(體質)
명 태어날 때부터 가지고 있는 몸의 성질이나 건강상의 특성. consti-tution / 体质 / 体質
그 남자는 복숭아를 먹으면 알레르기를 일으키는 체질이라서 복숭아는 입에 대지도 않는다.

침착(沈着)하다[침차카다]
형 서두르지 않고 차분하다. to be composed / 沉着 / 沈着する
그 아이는 집에 도둑이 들자 침착하게 경찰에 신고했다.

하체(下體)
명 사람 몸의 아랫부분. the lower part of the body / 下半身，下肢 / 下半身
자전거를 자주 타면 하체가 튼튼해진다고 한다.

■ 들어 보세요 2

구석기 시대(舊石器時代) [구석끼]
70만 년에서 1만 년 전에 돌로 만든 도구를 사용해 생활한 시기. the Old Stone Age / 旧石器时代 / 旧石器時代
얼마 전 공사 현장에서 구석기 시대의 유물들이 나와서 공사가 중단되었다.

두뇌(頭腦)
명 뇌. 상황을 잘 파악하는 능력. brain / 脑 / 頭脳
아침을 먹는 것이 두뇌 건강에 좋다는 연구 결과가 있다.

배제(排除)하다
동 제외하다. to exclude / 排除 / 排除する
아직 결정적인 증거를 찾지 못했지만 그가 범인일 가능성도 배제할 수 없다.

사냥
명 동물을 잡는 일. hunting / 打猎 / 狩り
멸종 위기에 놓인 고래를 보호하기 위해 고래 사냥을 금지하고 있다.

어휘와 표현

서구화(西歐化)되다

동 서양의 영향을 받아 서양식으로 바뀌다. to become westernized / 西化 / 西欧化する

식생활이 서구화되어 하루에 한 끼 이상 빵이나 햄버거 같은 음식을 먹는 사람들이 늘고 있다.

식단(食單)[식딴]

명 먹을 음식의 종류와 양을 계획한 표. menu, diet / 食谱 / メニュー

유치원에서는 아이들이 영양분을 골고루 섭취할 수 있도록 식단을 짠다.

이점(利點)[이쩜]

명 어떤 일에 도움이 되는 장점. advantage / 好处，有利条件 / 利点

이태원은 여러 나라에서 온 사람들이 모이는 곳이라서 다양한 문화를 경험할 수 있다는 이점이 있다.

채집(採集)

명 나무 열매나 약초 등을 찾아서 모음. collecting / 采集 / 採集

어렸을 때 여름 방학 숙제로 곤충 채집을 한 적이 있다.

초래(招來)하다

동 어떤 결과를 가져오다. to result in / 引起 / 招来する, 引き起こす

과도한 일회용품 사용은 환경 오염을 초래한다.

2 건강과 마음

주제
건강과 마음

어휘
건강과 치료

문법과 표현
· V-(으)ㄹ 바에는[바에야] (차라리)
· A(으)ㄴ/V-는 까닭에[까닭으로]

읽기
· 설명문 읽고 내용 파악하기
· 수필 읽고 공감하기

쓰기
· 조사에 유의하며 문장 쓰기 2
· 경험을 바탕으로 수필 쓰기

들어가기

이야기해 보세요

1. 어디가 불편한 것 같습니까?

2. 여러분 나라에서는 이런 경우에 어떻게 합니까?

어휘와 문법

읽어 보세요 track 23

몸에 이상이 있을 때 흔히 알려진 민간요법을 사용하는 경우가 있다. 딸꾹질을 할 때 갑자기 놀라게 하거나 체했을 때 손가락 끝을 따 주는 것이 대표적인 예이다.

어떤 사람들은 민간요법을 잘못 이용해서 부작용으로 고생**할 바에는** 아예 이용하지 않는 것이 낫다고 말하기도 한다. 물론 황당하기 짝이 없는 민간요법도 있으며 민간요법을 잘못 사용**한 까닭에** 부작용이 나타나는 경우도 있다.

하지만 의학적으로 어느 정도 근거가 있는 경우도 있으므로 정확한 지식을 갖고 민간요법을 실생활에 이용해야 할 필요가 있다.

1. 흔히 알려진 민간요법에는 어떤 것들이 있습니까?

2. 민간요법을 어떻게 이용해야 합니까?

어휘를 연습해 보세요

민간요법	몸져눕다	문지르다	쓰다듬다	어루만지다	주무르다
어지럽다	체하다	멀미(를) 하다	딸꾹질(을) 하다	약을 쓰다	쥐가 나다
저리다	메슥거리다	온몸이 쑤시다	편두통이 있다	씻은 듯이 낫다	머리가 지끈지끈 아프다

1. 병의 증상과 관계있는 어휘를 고르세요.

어지럽다

문법과 표현을 연습해 보세요

1. V-(으)ㄹ 바에는[바에야] (차라리)

- 재미없는 책을 읽을 바에는 차라리 낮잠을 자는 게 낫겠다.
- 삼십 분이나 버스를 기다릴 바에야 걸어가는 것이 훨씬 빠르겠다.

2. A-(으)ㄴ/V-는 까닭에[까닭으로]

- 면접시험을 보는데 너무 긴장한 까닭에 제대로 답변을 못 했다.
- 예고 없이 눈이 많이 내린 까닭에 곳곳에서 자동차 사고가 발생했다.

1. 다음 상황에서 자신의 생각을 이야기해 보세요.

   1) 친구들이 영화를 보러 가자고 했는데 내가 이미 본 영화일 때

   2) 회사에 일이 많아서 모임이 거의 끝날 때쯤 참석할 수 있을 때

   3) 당첨될 가능성이 낮은 복권을 매주 사는 친구를 볼 때

> 이미 본 영화를 다시 **볼 바에는 차라리** 혼자 집에 가는 게 좋겠어요.

2. 다음과 같은 감정을 느꼈던 상황을 떠올려 보고 그 이유를 이야기해 보세요.

1) 만난 지 얼마 되지 않은 사람한테서 결혼하자는 말을 들**은 까닭에** 정말 부담스러웠다.

2) ______________________ ______________________ 정말 기가 막혔다.

3) ______________________ ______________________ 정말 막막했다.

읽기

준비해 보세요

여러분도 이런 경험이 있습니까?

읽어 보세요 1 track 24

다음은 플라시보 효과에 대한 설명문입니다. 글을 읽고 질문에 답해 보세요.

플라시보 효과

가 어릴 적에 체하거나 소화가 안돼서 배가 아플 때 어머니가 '엄마 손은 약손'이라며 아픈 배를 어루만져 주시면 거짓말처럼 통증이 사라지던 기억이 있다. 시험 기간 중 며칠 동안 잠을 충분히 자지 못해서 피곤할 때에 친구가 건네준 비타민이나 영양제를 먹으면 금방 피로가 사라졌던 경험도 누구나 한 번쯤은 있을 것이다.

그리고 홍삼처럼 몸에 좋다는 것을 먹으면 금방 힘이 솟는 듯한 느낌을 받은 적도 있었을 것이다. 이것은 모두 플라시보 효과의 일종이다.

중심 내용 파악하기 1. 플라시보가 아픈 군인들에게 효과가 있었던 이유는 무엇입니까?

세부 내용 파악하기 2. 가 에서 플라시보 효과의 예에는 어떤 것들이 있습니까?

나 플라시보는 제2차 세계 대전 당시 약이 부족한 상황에서 사용되기 시작했다. 약이 없어서 죽어 가는 군인들을 지켜보면서 군의관들은 약을 못 줄 바에는 차라리 가짜 약이라도 처방해 주는 것이 낫겠다고 생각했다. 그래서 밀가루나 설탕으로 약과 비슷하게 가짜 약을 만들어 진짜 약인 것처럼 처방해 주었다. 그런데 신기하게도 그 약을 먹고 병이 씻은 듯이 나았다는 군인들이 많았다. 약을 먹었으니 병이 나을 거라는 긍정적인 마음이 생겨서 면역력이 올라가게 된 것이다. 다시 말해 건강하고 긍정적인 생각이 병을 이겨 냈다고 할 수 있다.

다 옛날부터 전해 내려온 민간요법 중에는 비과학적이고 황당하기 짝이 없는 것들이 많다. 그러나 민간요법 중에는 의학적인 근거를 가지고 있는 것도 있는 까닭에 모두 비과학적인 것이라고 말할 수는 없다. 아이가 배가 아프다고 하면 어머니들은 보통 아이의 배를 문질러 준다. 어머니의 따뜻한 손길에 아이는 통증을 잊게 된다. 의학적으로는 배를 문지르면 혈액 순환이 활발해져서 장운동을 촉진시키고 그 결과 배 아픈 것이 낫게 된다고 한다. 어머니의 약손은 플라시보 효과뿐만 아니라 의학적인 효과도 있었던 것이다.

3. 나에서 플라시보는 언제부터 사용되기 시작했습니까? 그 이유는 무엇입니까?

4. 다에서 약손의 효과를 의학적으로 어떻게 설명하고 있습니까?

읽어 보세요 2 track 25

수필 〈약손〉입니다. 글을 읽고 질문에 답해 보세요.

약 손

여섯 살 난 막내딸이 밖에서 소꿉장난을 하다가 눈에 티가 들어갔다고 울면서 들어왔다. 어린것들에게는 제 아버지라도 의사라면 무서운 모양인지 아프지 않게 치료를 해 주마고 아무리 달래도, 혹시 주사라도 놓을까 봐 그런지 한층 더 큰 소리를 내어 울면서 할머니에게로 달아나 버린다.

할머니는 손녀를 품 안에 안으시고는 아픈 눈을 가만히 어루만져 주시면서 자장가처럼 혼잣말로 중얼거리시는 것이었다.

"까치야, 까치야, 네 새끼 물에 빠지면 내가 건져줄 터이니 우리 민옥이 눈의 티 좀 꺼내어 다오."

어린것은 어느새 울음을 그치고, 할머니의 품 안에서 쌔근쌔근 잠이 들어 버린다. 나는 어머니의 손을 물끄러미 바라보았다. 이제 연세가 여든이 넘으셔서 고목 껍질처럼 마르고 거칠어진 어머니의 손이지만 그 속에는 우리 의사들이 가지지 못한 신비한 어떤 큰 힘이 하나 숨어 있는 것만 같았다.

옛날에 우리 집은 무척 가난하였기 때문에 우리 형제들은 병이 나도 약 한 첩을 써 보지 못하고 자라났었다. 우리 형제들이 혹시 병으로 눕게 되면 어머니는 약 대신에 언제나 그 머리맡에 앉으셔서는 "내 손은 약손이다."를 외시면서 우리들의 아픈 배나 머리를 따뜻한 손길로 쓰다듬어 주셨던 것이다.

중심 내용 파악하기

1. 글쓴이는 이 글을 통해 무엇을 말하려고 합니까?

   어머니의 손은 ________________________________.

세부 내용 파악하기

2. 막내딸은 왜 울면서 들어왔습니까?

3. 할머니는 우는 손녀에게 어떻게 해 주었습니까?

4. 글쓴이가 어렸을 때 무슨 일이 있었습니까?

5. 글쓴이는 자신의 손을 보고 무엇을 느꼈습니까?

그러면 이상하게도, 그 아픈 배나 머리가 씻은 듯이 나았다. 그러기에 우리는 어머니의 손을 약손이라고 불렀었다.

나는 문득 내 손을 펼쳐 보았다. 진한 소독약 냄새가 코를 쿡 찔렀다. 현대의 약손이라고 일컫는 의사의 손이다. 그러나 미끈하고 차가운 내 손에는 아무래도 무엇인가 중요한 것 하나가 빠져 있는 것만 같았다.

어린 손녀의 아픈 눈을 어루만져 주고 계신 어머니의 손을 바라보면서 나는 그 손에서 슈바이처보다도 한층 더 뜨겁고 진한 체온과 정신을 새삼스레 가슴속 가득히 느꼈다. 그리고 고목 껍질 같은 어머니의 손이 오늘따라 자꾸만 모나리자의 손보다도 더 아름답게 보이는 것이었다.

〈박문하, 약손, 1965〉

6. 서로 관계있는 것끼리 연결해 보세요.

소독약 냄새　　신비한 힘　　의사의 손　　거칠다

어머니의 손　　나의 손

뜨거운 체온과 정신　　고목 껍질　　차갑다　　아름다운 손

이야기해 보세요

여러분은 플라시보 효과를 경험한 적이 있습니까? 친구들과 이야기해 보세요.

쓰기

연상되는 경험을 바탕으로 수필을 써 보세요.

준비해 보세요

다음 문장에서 어색한 부분을 찾아 바르게 고쳐 보세요.

1. 지난주 불어온 태풍에서 인해 도로가 마비돼서 학교에 오는 것이 불가능했다.

2. 한 나라의 대통령이 다른 나라의 정치를 대해 간섭하는 것은 바람직하지 않다.

3. 자기가 원하는 것들 중에서 한두 개를 정하고 그것에 향해서 노력하면 그 소원이 이루어질 것이다.

4. 살면서 힘이 들고 실망할 때도 많지만 나의 성장으로 위해서 이런 일도 필요하다고 여길 수밖에 없다.

5. 저는 대학에서 일본의 한국 식민지 지배를 관해서 연구하고 한국 역사 및 한국어 강의를 담당했습니다.

연습해 보세요

1. 무엇이 연상되는지 이야기해 보세요.

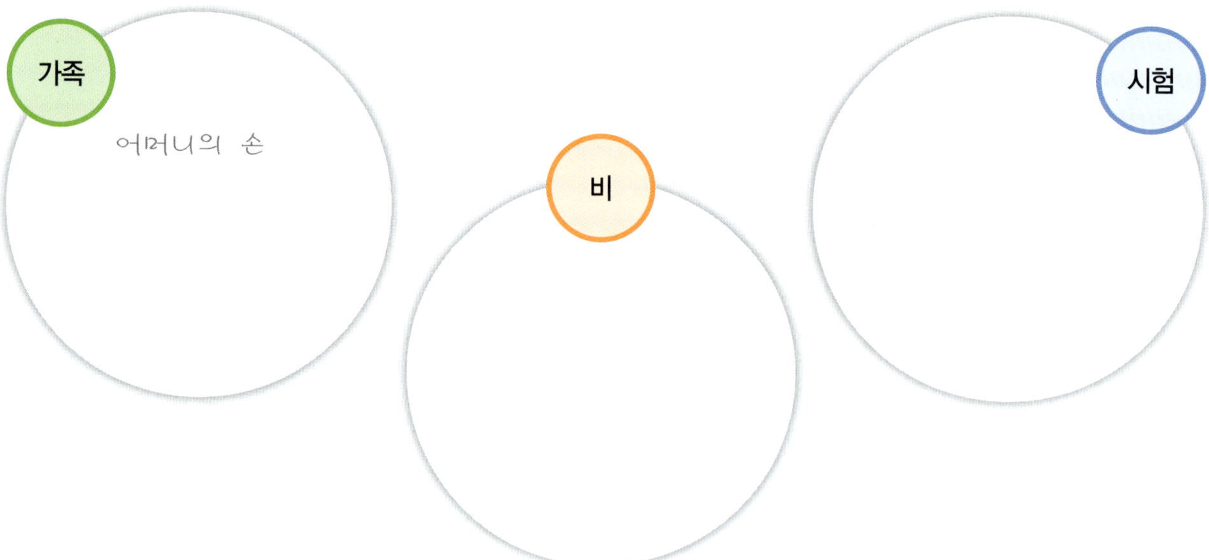

저는 가족을 생각하면 어머니의 손이 떠올라요. 어렸을 때 아픈 곳이 있으면 어머니가 아픈 곳을 어루만져 주셨는데 그러면 아픈 곳이 씻은 듯이 나았기 때문이에요.

2. 수필을 쓰기 위해 소재와 소재에서 연상된 경험을 기술한 것입니다. 어떤 주제와 잘 맞을지 연결해 보세요.

	소재	경험			주제
1) 가족	어머니의 손	어렸을 때 아픈 곳이 있으면 어머니가 아픈 곳을 어루만져 주셨고 그러면 씻은 듯이 아픈 곳이 나았다.	•	•	마음의 중요성
2) 비	우산	감기에 걸려서 집에 일찍 돌아가는데 갑자기 비가 왔다. 지하철역 직원이 우산을 빌려줬고 덕분에 무사히 집에 돌아갈 수 있었다.	•	•	어머니의 따뜻한 사랑
3) 시험	친구의 목걸이	나는 시험을 볼 때 무척 긴장한다. 어느 날 친구가 행운의 목걸이라면서 걸어 준 목걸이 덕분에 떨지 않고 시험을 잘 볼 수 있었다. 그런데 알고 보니 평범한 목걸이였다.	•	•	낯선 사람의 친절

3. 위의 소재와 경험을 통해 어떤 이야기를 하면 좋겠습니까? 주제를 보고 한두 문장으로 써 보세요.

1) 어머니의 따뜻한 사랑

어릴 때 어머니가 손으로 아픈 곳을 어루만져 주시면 병이 나았던 것은 → 경험

어머니의 따뜻한 사랑이 어머니의 손을 통해 전해졌기 때문이다. → 주제

2) 낯선 사람의 친절

____

____

3) 마음의 중요성

____

____

써 보세요

1. '가족' 하면 연상되는 경험을 이야기하고 메모해 보세요.

2. 수필로 쓰고 싶은 주제에 대해 이야기해 보세요.

> 어머니의 거친 손에는 어린 자식들의 아픔을 낫게 해 준 어떤 신비한 힘이 숨어 있는 것 같아요. 그 힘은 아마도 어머니의 따뜻한 사랑일 거예요.

3. 수필을 완성해 보세요.

어머니의 손

옛날에 우리 집은 무척 가난했기 때문에 우리 형제들은 병이 나도 약도 제대로 써 보지 못하고 자랐었다. 우리 형제들이 혹시 병으로 눕게 되면 어머니는 약 대신에 언제나 그 머리맡에 앉으셔서는 "내 손은 약손이다."를 외시면서 우리들의 아픈 배나 머리를 따뜻한 손길로 쓰다듬어 주셨다. 그러면 이상하게도 그 아픈 배나 머리가 씻은 듯이 나았다. 그래서 우리는 어머니의 손을 약손이라고 불렀었다.

나는 내 손을 펼쳐 보았다. 현대의 약손이라고 일컫는 의사의 손이지만 미끈하고 차가운 내 손에는 아무래도 무엇인가 중요한 것 하나가 빠져 있는 것만 같다. 어머니의 손을 떠올리면서 나는 그 손에서 자식을 걱정하는 따뜻한 사랑을 새삼 느끼게 되었다.

4. 수필의 제목을 무엇으로 하면 좋겠습니까? 친구의 수필을 읽고 제목을 제안해 보세요.

어휘와 표현

2. 건강과 마음

● 어휘

딸꾹질(을) 하다 [딸꾹찔]
목구멍에서 이상한 소리가 나다. to hiccup / 打嗝 / しゃっくりする
혼자 뭘 훔쳐 먹었길래 딸꾹질하고 있니?

머리가 지끈지끈 아프다
머리가 쑤시듯이 아프다. to have splitting headache / 头隐隐作痛 / 頭がずきずき痛む
집안일로 신경을 많이 썼더니 머리가 지끈지끈 아팠다.

멀미(를) 하다
차, 배, 비행기 등을 탔는데 흔들려서 어지럽고 토할 것 같다. to get motion sickness / 晕（船，车，飞机等）/ 乗り物酔いする
택시를 탔는데 운전기사가 너무 난폭하게 운전해서 멀미를 했다.

메슥거리다[메슥꺼리다]
동 토할 것같이 속이 안 좋다. to feel like throwing up / 想吐，恶心 / むかむかする, 吐気がする
술을 너무 많이 마셔서 그런지 머리가 아프고 속이 메슥거려서 고생을 했다.

몸져눕다
동 병이나 고통이 심해서 누워 있다. to be sick in bed / 卧病在床 / 病気で寝込む, 倒れる
할머니는 심한 감기 몸살로 몸져누우셨다.

문지르다
동 약이나 화장품 등을 흡수가 잘되게 바르다. to rub / 揉擦 / 擦る, (こするように)もむ
상처난 곳에 이 연고를 바르고 손으로 잘 문질러 주세요.

민간요법(民間療法)[민간뇨뻡]
명 민간에서 옛날부터 전해 내려오는 치료법. folk remedies / 民间疗法，偏方 / 民間療法
한국 사람들은 소화가 안되면 바늘로 손끝을 따는 민간요법을 사용한다.

쓰다듬다
동 손으로 살살 만지다. to pat / 抚摸 / なでる
어머니는 아이의 머리를 쓰다듬어 주셨다.

씻은 듯이 낫다
아픈 곳이 완전히 다 낫다. to be completely cured / 痊愈，完全治愈 / きれいさっぱりと完治する
그 약을 먹고 푹 잤더니 두통이 씻은 듯이 나았다.

약(藥)을 쓰다
약을 사용하다. to administer a medicine / 用药 / 薬を使う
증상에 맞게 약을 써야 빨리 나을 수 있다.

어루만지다
동 가볍고 부드럽게 만지다. to stroke / 轻抚 / なでさする
언니가 웃으면서 동생의 얼굴을 부드럽게 어루만졌다.

어지럽다
형 정신이 흐리고 도는 것 같은 느낌이 나다. to be dizzy / 头晕 / めまいがする
오늘 시험이 있어서 어젯밤을 꼬박 새웠더니 시험 볼 때 너무 어지러웠다.

온몸이 쑤시다
몸이 바늘로 찌르는 것처럼 아프다. to have ache all over / 浑身刺痛 / 全身がちくちく痛む, ずきずき痛む
지난주에 심한 몸살에 걸렸는데 온몸이 쑤셔서 견딜 수가 없었다.

저리다
형 팔이나 다리 등에 피가 잘 통하지 않아서 감각이 없고 아프다. to be numb / 发麻 / しびれる
오랫동안 무릎을 꿇고 앉아 있었더니 다리가 저렸다.

주무르다
동 손으로 몸을 쥐었다 놓았다 하면서 자꾸 만지다. to massage / 揉捏 / いじりまわす, (握るように)もむ
손녀가 할아버지의 어깨를 주물러 드렸다.

쥐가 나다
몸의 어느 한 부분에 경련이 일어나다. to have a cramp / 抽筋 / つる, 痙攣する
수영을 하다가 다리에 쥐가 나서 물에 빠질 뻔했다.

체(滯)하다
동 먹은 음식이 잘 소화되지 않고 답답하게 남아 있다. to suffer from indigestion / 积食 / 胃もたれする
음식을 급하게 먹으면 체하니까 천천히 먹어라.

편두통(偏頭痛)이 있다
한쪽 머리가 심하게 아프다. to have migraine / 偏头痛 / 偏頭痛がある
어젯밤에 편두통이 있어서 잠을 한숨도 못 잤다.

● 읽기

■ 읽어 보세요 1

군의관(軍醫官)[구니관]

명 군대에서 의사로 일하는 장교. medical officer / 军医 / 軍医官

의사였던 우리 아버지는 한국 전쟁이 일어나자 군의관으로 군대에 자원하셨다.

면역력(免役力)[며녕녁]

명 몸 밖에서 들어온 병원균에 저항하는 힘. immunity / 免疫力 / 免疫力

잠을 충분히 자지 않거나 피곤하면 몸의 면역력이 떨어져서 병에 걸리기 쉽다.

영양제(營養劑)

명 몸에 영양을 보충하는 약. a medicine for promoting nutrition / 营养药，营养品 / 栄養剤

첫 월급으로 부모님께 뭘 사 드릴까 하다가 영양제를 선물해 드렸다.

장운동(腸運動)

명 소장이나 대장이 움직이는 일. bowel movement / 肠道运动，肠蠕动 / 腸運動

요구르트나 청국장같이 유산균이 풍부한 음식은 우리 몸의 장운동을 활발하게 해 준다.

처방(處方)하다

동 병의 증상에 맞는 약을 짓다. prescription / 开处方 / 処方する

몸살이 심했는데 병원에서 처방해 준 약을 먹고 씻은 듯이 나았다.

촉진(促進)시키다[촉찐시키다]

동 더 잘되게 하다. 빨리 나아가게 하다. to promote / 促进 / 促進する

경제 발전을 촉진시키기 위해서 정부는 기업을 적극적으로 지원해 주었다.

통증(痛症)[통쯩]

명 몸의 괴로움이나 아픔. ache / 疼痛 / 痛み

그 야구 선수는 어깨 통증이 심했지만 이를 숨기고 경기에 나갔다.

플라시보(placebo) 효과(效果)

의사가 실제로는 효과가 없는 약을 진짜 약인 것처럼 속여서 환자에게 처방했을 때 환자에게 일어나는 긍정적인 효과. placebo effect / 安慰剂效应 / プラシーボ効果

밀가루로 만든 약을 먹고 병이 나았다는 환자들에 대한 연구 결과가 나와 다시금 플라시보 효과를 확인할 수 있었다.

혈액 순환(血液循環)[혀랙쑨환]

몸속의 피가 도는 것. circulation of blood / 血液循环 / 血液循環

추운 겨울에 따뜻한 차나 음료를 마시면 혈액 순환이 잘된다.

홍삼(紅蔘)

명 인삼을 쪄서 말린 붉은 인삼. steamed red ginseng / 红参 / 紅参

홍삼은 항암 효과가 뛰어나고 우리 몸을 더 건강하게 해 준다.

황당(荒唐)하다

형 말이나 행동이 진실하지 않고 근거가 없다. to be absurd, to be nonsensical / 荒唐，荒诞 / 荒唐無稽だ, でたらめだ

가수 A 군은 영화배우 B 양과의 열애설에 대해 황당하다는 반응을 보였다.

■ 읽어 보세요 2

고목(枯木)

명 말라 죽은 나무. old tree / 枯树 / 枯木

푸른 나뭇잎을 가득 달고 있던 그 나무는 병충해로 인해 하루아침에 고목이 되어 버렸다.

껍질[껍찔]

명 어떤 것의 겉을 싸고 있는 겉 부분. bark, peel, skin / 皮 / 皮

양파 껍질을 까면 왜 눈물이 날까?

머리맡

명 누웠을 때 머리 근처. one's bedside / 枕边 / 枕元

나는 시험 기간에는 늦게까지 공부하다가 책을 머리맡에 두고 잠을 잤다.

물끄러미

부 계속 한곳만 바라보는 모양. vacantly, with a blank look / 呆呆地，愣愣地 / ぼんやりと, じっと

어머니는 식사를 하시다가 내 얼굴을 물끄러미 바라보시곤 했다.

미끈하다

형 부드럽고 반듯하다. 차림새가 깨끗하다. to be sleek / 整洁 / すらりとしている, 端正だ

신입 사원 채용 면접장에 미끈하게 생긴 청년이 들어왔다.

소꿉장난[소꿉짱난]

명 아이들이 어른들의 살림살이를 흉내 내며 노는 놀이. playing house / 过家家 / ままごと

어린 여자아이들이 마당에 모여서 엄마 흉내를 내면서 소꿉놀이를 하고 있었다.

소독약(消毒藥)[소동냑]

명 사람에게 해로운 균을 죽이는 데 쓰이는 약. a disinfectant / 消毒药/ 消毒薬

넘어져서 무릎에 피가 나자 어머니는 무릎에 소독약을 바르고 연고도 발라 주셨다.

어휘와 표현

쌔근쌔근

부 (아기 등이 자면서) 숨을 쉬는 소리나 모양. calmly / 气息均匀的样子 / すやすや

쌔근쌔근 자고 있는 어린아이의 얼굴은 천사처럼 보인다.

체온(體溫)

명 몸의 온도. body temperature / 体温 / 体温

심한 감기 몸살에 걸려서 체온이 39도까지 올라갔다.

티

명 먼지처럼 아주 작은 것. speck / 灰尘，瑕疵 / 塵

티 없이 맑은 가을 하늘을 보니 내 마음도 깨끗해지는 것 같았다.

한층

부 일정한 정도에서 한 단계 더. more / 更加，进一层 / いっそう

산속에 들어가면 주변이 조용해서 그런지 새소리가 한층 더 크게 들린다.

자기 평가

1. 다음 중 아는 어휘에 √ 하세요.

- [ ] 보양식
- [ ] 발효 식품
- [ ] 민간요법
- [ ] 체하다
- [ ] 주무르다
- [ ] 채식을 하다
- [ ] 식욕을 돋우다
- [ ] 딸꾹질(을) 하다
- [ ] 열량이 높다
- [ ] 항암 효과가 크다
- [ ] 온몸이 쑤시다
- [ ] 씻은 듯이 낫다

2. 알맞은 표현을 골라서 문장을 완성해 보세요.

> -(으)ㄹ래야 -(으)ㄹ 수(가) 없다   어찌나 -던지
> -(으)ㄹ 바에는[바에야] (차라리)   -(으)ㄴ/는 까닭에[까닭으로]

1) 가 : 백화점에 가서 옷 산다더니 왜 그냥 왔어?
   나 : 옷이 너무 비싸서 ....

2) 가 : 연휴라서 고속도로에 차가 많지요?
   나 : 네, ... 평소보다 시간이 두 배나 걸렸어요.

3) 가 : 취직 시험에 합격했는데 왜 그 회사에 안 갔어?
   나 : 사실은 그 회사가 별로 마음에 들지 않았어. .... 내가 하고 싶은 일을 찾을 때까지 기다리겠어.

4) 나는 라면이나 햄버거 등의 인스턴트식품을 자주 먹는다. 이런 식품들은 건강에는 안 좋지만 .... 자주 먹게 된다.

3. 이 단원을 공부하고 여러분이 할 수 있게 된 것에 √ 해 보세요.

- [ ] 연상되는 경험을 바탕으로 수필을 쓸 수 있다.
- [ ] 설명문의 내용을 파악하며 읽고 수필을 읽고 공감할 수 있다.
- [ ] 대담과 토론을 듣고 정보를 찾거나 개별 의견을 추론할 수 있다.
- [ ] 건강한 생활에 대해 이야기한 후 의견을 정리하고 종합해서 말할 수 있다.

정답

2. 1) 살래야 살 수가 없었어 2) 어찌나 차가 막히던지 3) 마음에 들지 않는 회사에 갈 바에는 차라리 4) 먹기 간편한 까닭에

보충 어휘

관용어(Ⅱ) 상황을 비유하여 나타내는 관용어를 익혀 봅시다.

귀가 찢어질 듯하다 귀가 찢어질 것처럼 소리가 아주 크다.	**날개 돋친 듯이 팔리다** 인기가 있어 빠른 속도로 팔리다.
날아갈 듯이 가볍다 날아갈 것처럼 아주 가볍다.	**눈 녹듯이 사라지다** 눈이 녹는 것처럼 완전히 없어지다.
돈을 물 쓰듯 하다 물을 쓰는 것처럼 돈을 쉽게 쓰다.	**마파람에 게 눈 감추듯 하다** 음식을 매우 빨리 먹어 버리다.
불 보듯 뻔하다 앞으로 어떤 일이 일어날지 분명하다.	**소 닭 보듯 하다** 서로 무심하게 쳐다보다. 어떤 것에 관심이 없다.
씻은 듯이 낫다 물로 씻은 것처럼 병이 완전히 낫다.	**쥐 죽은 듯 고요하다** 아주 조용하다.

연습 1 다음 그림에 어울리는 관용어를 찾아보세요.

1)

① 씻은 듯이 낫다

② 쥐 죽은 듯 고요하다

2)

① 불 보듯 뻔하다

② 마파람에 게 눈 감추듯 하다

3)

① 눈 녹듯이 사라지다

② 귀가 찢어질 듯하다

4)

① 돈을 물 쓰듯 하다

② 날아갈 듯이 가볍다

연습 2 다음 상황과 관련 있는 관용어를 써 보세요.

1) 2년 동안 짝사랑하던 사람에게 지난주에 고백을 했는데 오늘 사귀자는 연락을 받았다. 너무 기뻐서 그동안의 마음고생도 모두 잊어버렸다.

→ 눈 녹듯이 사라지다.

2) 건강 검진 받느라고 아침부터 굶어서 배가 너무 고팠다. 집에 돌아오자마자 십 분 만에 밥을 세 그릇이나 먹었다.

→

3) 방학을 맞아 시골 할머니 댁에 갔다. 밤에 마당에 나가 보니 주변이 정말 조용했다.

→

4) 내 친구는 월급을 받으면 필요하지도 않은 물건을 사면서 며칠 만에 월급을 다 써 버린다.

→

5) 보통 아이들은 아이스크림이나 사탕을 좋아한다. 그런데 내 동생은 김치만 좋아하고 아이스크림이나 사탕에는 전혀 관심이 없다.

→

6) 새 휴대폰이 출시되자 너도나도 그 제품을 사려고 몰려들어 세 시간 만에 판매가 끝났다.

→

보충 어휘

연습 3 다음 그림을 보고 대화를 완성해 보세요.

1)

2)

3)

4)

연습 4 어울리는 관용어를 골라 문장을 완성해 보세요.

날아갈 듯 가볍다	불 보듯 뻔하다	귀가 찢어질 듯하다
돈을 물 쓰듯 하다	날개 돋친 듯 팔리다	쥐 죽은 듯 고요하다

1) 놀이공원에서 아이가 들고 있던 풍선이 내 얼굴 옆에서 터졌다. 갑자기 큰 소리가 나서 .... 아팠다.

2) 김민석 씨는 젊은 시절 사업에 성공해서 엄청난 돈을 벌었다. 그런데 고가의 외제 차와 옷, 가구 등에 ....더니 결국 얼마 안 가서 파산을 하고 말았다.

3) 여름이 되자 바다나 계곡으로 놀러 가는 사람들이 늘고 있다. 그래서 수영복, 물안경과 같은 물놀이 용품들이 ....고 있다.

4) 오랜만에 산속에서 캠핑을 했다. 텐트 밖으로 나와 보니 달빛만 환히 비추고 주위는 .... 가끔 풀벌레 소리만 들릴 뿐이었다.

5) 동생이 고3인데 시험공부는 열심히 하지 않고 게임에만 몰두하고 있다. 동생이 원하는 대학에 들어가지 못할 것이 ....

6) 몇 달 동안이나 잠도 제대로 못 자며 진행하던 프로젝트가 끝이 났다. 그동안 야근에 휴일 근무까지 하며 고생했었는데 이제 모두 끝났다고 생각하니 마음이 ....

V
성공과 실패

1 새로운 시도

주제	새로운 시도와 도전
어휘	도전의 과정과 결과
문법과 표현	• A/V-다 뿐이지 • V-기란
듣기	• 강연과 인터뷰 듣고 요약하기 • 화자의 태도 파악하기
말하기	• 평가하여 말하기

2 흔들리며 피는 꽃

주제	인생의 시련
어휘	시련과 극복
문법과 표현	• A/V-(으)ㄹ지라도 • V-는 한
읽기	• 시 읽고 시어의 의미 파악하기 • 자서전 읽고 서사 구조 이해하기
쓰기	• 호응에 유의하며 문장 쓰기 2 • 자서전 및 평전 쓰기
보충 어휘	속담 I

1

새로운 시도

주제
새로운 시도와 도전

어휘
도전의 과정과 결과

문법과 표현
· A/V-다 뿐이지
· V-기란

듣기
· 강연과 인터뷰 듣고 요약하기
· 화자의 태도 파악하기

말하기
평가하여 말하기

들어가기

이야기해 보세요

[특집] 세계의 도시를 가다III

서울, 새로운 도전과 변화

서울광장 시민 문화를 열다
서울광장 개장 1주년
하루 3만 7천 명 방문
광장 앞 교통 체증 심화될 듯

365일 무엇이든지 물어보세요
시민의 해결사, 120 다산콜센터
"세금 낭비냐, 시민 편의냐?" 말 많아

2시간 거리가 1시간 거리로 단축되다
대중교통 개편과 환승 할인으로 시간과 요금 절약
노선 개편에 따른 혼란 우려

1. 잡지에 소개된 곳이 어디인지 알고 있습니까?

2. 기사를 보면서 잡지에 소개된 내용이 무엇인지 이야기해 보세요. 이러한 일들을 하면서 어떤 어려움이 있었겠습니까?

어휘와 문법

읽어 보세요 track 26

전자 민원	정보 소통 광장	시민 참여	시청 소식	서울 소개

시민 참여

서울 시민과의 대화
정책 토론회
현장 시장실

상상 제안
시민 시설 제안
공공 언어 개선 제안

자유 게시판
자유 게시판
칭찬합시다

시민 의견
온라인 설문 조사

서울광장 개장

서울시는 시민들의 문화 공간을 조성하기 위해서 시청 앞의 분수대와 차선을 없애고 주변을 다듬어 지난 1일에 서울광장의 문을 열었습니다. 서울광장은 시민 누구나 자유롭게 이용할 수 있으며 다양한 문화 공연이 기획될 예정이라 시민 문화…….

RE : [민주고양이] 불필요한 공사로 국민들의 세금만 낭비했**다 뿐이지** 서울광장이 서울 시민들에게 도움이 되는 것은 하나도 없습니다.

└, RE : [수박40] 저도 동감입니다. 안 그래도 시청 앞 도로는 복잡하고 막히는데 도로를 없애고 광장을 만들었으니 교통 체증이 더 심해질 겁니다.

└, RE : RE : [파랑새] 민주고양이님, 엄청난 공사비로 비난을 받고 있는 것도 사실이지만 서울광장이 문화 공연장으로 활용되어 시민 문화 발전에 기여할 수도 있지 않을까요?

RE : [모범시민] 시민 모두를 만족시키**기란** 그리 쉽지 않습니다. 서울시가 새로운 시도를 했으니 우리가 적극적으로 시민 문화의 장으로 만들어 갑시다.

1. 어떤 문제에 대해 이야기하고 있습니까?

2. 사람들은 서울광장 개장에 대해 어떻게 평가하고 있습니까?
   - 긍정적 :
   - 부정적 :

어휘를 연습해 보세요

비난을 받다	긍정적인 평가를 받다	거세게 반발하다
호응을 얻다	반응이 회의적이다	발전에 기여하다
환영을 받다	실패로 끝나다	발전에 장애가 되다
목표를 달성하다	큰 성과를 내다	사회에 공헌하다
반대를 무릅쓰다	혼란을 가져오다 / 초래하다	노력이 물거품이 되다 / 수포로 돌아가다

1. 어휘를 다음과 같이 분류해 보세요.

	과정		결과
새로운 시도	▪ 찬성 호응을 얻다	성공	목표를 달성하다
	▪ 반대 반대를 무릅쓰다	실패	실패로 끝나다

문법과 표현을 연습해 보세요

1. A/V-다 뿐이지

· 새로운 직원은 좋은 학교만 나왔다 뿐이지 실무 능력은 떨어져요.

· 우리 언니는 말만 저렇게 심하게 한다 뿐이지 마음씨는 정말 착해요.

2. V-기란

· 엄마 혼자서 쌍둥이를 돌보기란 쉬운 일이 아니에요.

· 잠깐의 면접을 통해 회사에 맞는 인재를 채용하기란 매우 어렵습니다.

1. 다음 그림을 보고 이야기해 보세요.

1)

2)

3)

이 스테이크는 가격만 비싸다 **뿐이지** 맛은 하나도 없어요.

2. 다음 그림을 보고 이야기해 보세요.

1) 금연

2) 게임 줄이기

3) 패스트푸드 줄이기

주변에 오랫동안 피우던 담배를 끊었다는 사람이 많지만
저희 아버지를 보면 담배를 끊**기란** 그렇게 쉽지 않은 것 같아요.

듣기

준비해 보세요 clip 4

1. 이 잡지에 어떤 기사가 실렸습니까?

2. 한글을 창제하거나 청계천을 복원할 때 어떤 어려움이 있었겠습니까?

들어 보세요 1 track 27

세종대왕과 한글에 대한 강연입니다. 잘 듣고 질문에 답해 보세요.

중심 내용 파악하기 1. 이 강연의 주제는 무엇입니까?

세부 내용 파악하기 2. 새 문자에 대한 양반들의 반응은 어땠습니까?

3. 세종대왕이 새로운 문자를 창제한 취지는 무엇입니까?

4. (　　)에 알맞은 내용을 넣어 보세요.

1443년		1894년	현재
(　　)	(　　)	(　　)	(　　)

① 공식 문자가 되어 한자와 같은 지위를 갖게 됨.
② 세종대왕이 양반의 반대를 무릅쓰고 한글을 창제함.
③ 한국인의 사상과 문화 발전에 기여하는 문자로 평가받음.
④ 여자, 상인, 평민들이 주로 사용하고 양반들에게 무시당함.

들어 보세요 2 track 28

라디오 프로그램의 인터뷰입니다. 잘 듣고 질문에 답해 보세요.

중심 내용 파악하기 1. 무엇에 대한 인터뷰입니까?

세부 내용 파악하기

2. 청계천은 어떻게 변화했습니까?

복원 전	복원 후
▪	▪

3. 청계천 복원 사업에 대해 사람들은 어떤 반응을 보였습니까?

- 상인 :
- 시민 :

4. 서울시는 청계천 복원 중 발생한 문제를 어떻게 해결했습니까?

☐ 중앙 버스 전용 차로제 도입 ☐ 버스, 지하철 환승 제도 마련

☐ 상인들의 이주 지원 ☐ 상인들에게 보상비 지급

화자의 태도 파악하기

5. 청계천 복원에 대해 남자는 어떻게 평가하고 있습니까?

이야기해 보세요

1. 여러분 나라의 새로운 시도와 그 결과에 대해 이야기해 보세요.

2. 새로운 시도를 할 때는 어떤 문제가 생깁니까? 또 사람들의 반응은 어떻습니까?

말하기

새로운 시도에 대해 평가해 보세요.

준비해 보세요

1. 어떤 일을 평가할 때 무엇을 고려해야 합니까? ✓ 하고 친구들과 이야기해 보세요.

- ☐ 어떤 취지를 가지고 그 일을 시작했는지 깊이 생각해 본다.
- ☐ 어떻게 해서든지 그 일의 비판적인 면을 꼭 찾아내도록 한다.
- ☐ 그 일이 나에게 직접적인 도움이 되는지를 먼저 생각해 본다.
- ☐ 긍정적인 영향과 부정적인 영향을 모두 객관적으로 평가한다.
- ☐ 일을 추진하는 과정에서 어떤 어려움이 있었을지 생각해 본다.

표현을 연습해 보세요

1. 다음은 취지를 나타낼 때 쓰는 표현입니다. 다음 표현을 사용하여 이야기해 보세요.

〈취지 나타내기〉

- ~자는 취지로
- ~자는 뜻으로
- ~으려는 의도로
- ~으려는 목적으로

세종대왕은 백성들도 글을 읽고 자신의 생각을 표현할 수 있도록 하자는 **취지로** 한글을 창제했습니다.

1) **한글 창제**
백성들도 글을 읽고 자신의 생각을 표현할 수 있게 하려고 함.

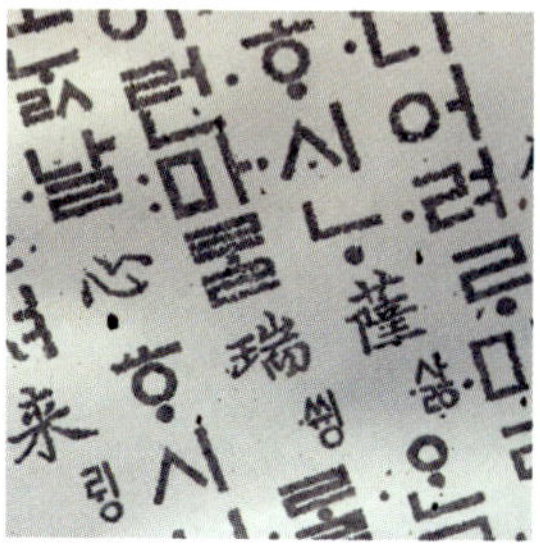

2) **120 다산콜센터**
서울 시민들에게 각종 민원 서비스를 제공하려고 함.

3) **대중교통 환승 제도**
대중교통 이용을 활성화하려고 함.

2. 다음은 평가할 때 쓰는 표현입니다. 다음 표현을 사용하여 이야기해 보세요.

〈평가하기〉
- ~다는 평가를 받다
- ~다는 점에서 의의[가치]가 있다
- ~다는 점에서 회의적이다
- ~다는 점에서 문제가 있다[되다]

한글 창제는 언어를 보존하고 문화를 발전시키는 데 기여했**다는 점에서 의의가 있습니다.**

1) 한글 창제
언어를 보존하고 문화를 발전시킴.

2) 120 다산콜센터
신속한 민원 처리로 시민의 불편이 줄어듦.

3) 대중교통 환승 제도
시민들의 교통 요금 절약에 도움이 됨.

3. 다음을 긍정적 관점과 부정적 관점으로 평가해 보세요.

1) 가족계획 정책

취지	인구 조절
평가	인구 조절에 큰 성과를 냄. 최근 출산율 저하로 사회 문제가 됨.

긍정적
부정적

2) 서울광장 개장

취지	시민들의 문화 공간 조성
평가	문화 공연장으로 활용되어 시민 문화 발전에 기여함. 불필요한 공사로 시민들의 세금만 낭비함.

긍정적
부정적

이야기해 보세요

1. 여러분이 평가하고 싶은 새로운 시도에 대해 생각해 보세요.

한글 창제	가족계획 제도
에스컬레이터에서의 한 줄 서기	어린이 놀이터의 CCTV 설치

2. 새로운 시도의 취지와 그에 대한 평가를 메모해 보세요.

〈한글 창제〉

▪ 취지

- 백성들도 글을 읽고 자신의 생각을 표현할 수 있게 하려는 뜻.

▪ 평가

- 한국어를 보존하고 문학을 발전시키는 데 크게 기여했음.

〈 〉

▪ 취지

▪ 평가

3. 메모한 것을 바탕으로 새로운 시도에 대해 평가하여 이야기해 보세요.

주제 소개	저는 오늘 조선 시대의 새로운 시도였던 세종대왕의 한글 창제에 대해 이야기하고자 합니다.
취지	한글은 세종대왕이 양반들의 반대를 무릅쓰고 1443년에 만들어 1446년에 발표한 문자입니다. 세종대왕은 백성들도 문자를 쉽게 사용할 수 있도록 하자는 취지로 한국어를 쉽게 표기할 수 있는 한글을 만들었습니다. 이 한글을 통해 백성들도 글을 읽고 자신의 생각을 표현할 수 있게 되기를 바란 것입니다.
평가 (긍정적 / 부정적)	그런데 한글 창제 당시 많은 양반들이 거세게 반발했으며 한글이 발표된 후에도 한글을 '언문', '아랫글'이라고 부르며 무시했습니다. 하지만 1894년에 한글은 공식 문자가 되어 한자와 같은 지위를 갖게 되었고 오늘날 한글은 민족의 사상과 문화를 표현하는 문자로서 매우 훌륭하다는 평가를 받고 있습니다. 세종대왕의 새로운 도전은 한국어를 보존하고 한국의 문화 발전에 크게 기여했다는 점에서 큰 의의가 있다고 생각합니다.

어휘와 표현

1. 새로운 시도

● 어휘

거세게 반발(反撥)하다
어떤 일에 대해 강하게 반대하다. to oppose strongly / 强烈抵制 / 強く反撥する
정부의 새로운 복지 정책에 대해 국민들은 거세게 반발했다.

긍정적(肯定的)인 평가(評價)를 받다 [평까]
좋거나 옳다는 평을 받다. to get positive feedback / 得到好评 / 肯定的な評価を得る
한국자동차에서 나온 신차는 아시아 시장에서 디자인과 가격 면에서 긍정적인 평가를 받았다.

노력(努力)이 물거품이 되다 / 수포(水泡)로 돌아가다
노력이 아무 쓸모 없게 되다. one's effort come to nothing / 努力化为泡影，白努力 / 努力が水泡に帰す
그 테니스 선수는 손목 부상으로 대회에 나갈 수 없게 되어 그동안의 노력이 물거품이 되었다.

목표(目標)를 달성(達成)하다 [달썽하다]
목표를 이루다. to achieve one's goal / 完成目标 / 目標を達成する
우리 회사는 올해 막걸리 수출 150만 달러라는 목표를 달성했다.

반대(反對)를 무릅쓰다
반대를 참고 견디다. to go ahead against objection / 不顾反对 / 反対を押し切る
부모님의 반대를 무릅쓰고 가수의 길을 선택했다.

반응(反應)이 회의적(懷疑的)이다
어떤 일에 대해 사람들이 의심을 가지거나 별로 좋아하지 않다. to have a skeptical response / 持怀疑态度 / 反応が懐疑的だ
정부의 새로운 세금 정책에 대해 국민들의 반응이 회의적이다.

발전(發展)에 기여(寄與)하다 [발쩐]
발전에 도움이 되다. to contribute to progress / 为发展做贡献 / 発展に寄与する
우리 학교는 세계 발전에 기여할 인재를 키우고 있다.

발전(發展)에 장애(障礙)가 되다 [발쩐]
발전을 막다. to impede progress / 成为发展的障碍 / 発展の障碍になる
남성과 여성을 차별하는 것은 사회 발전에 장애가 될 것이다.

비난(非難)을 받다
남에게 자신의 잘못이나 단점에 대해 나쁘다는 비판을 받다. to take criticism / 受到非议 / 非難される
그 가수의 음주 운전은 공인으로서 잘못된 행동이라는 비난을 받았다.

사회(社會)에 공헌(貢獻)하다
사회 발전에 도움이 되다. to contribute to society / 贡献社会 / 社会に貢献する
한국기업은 사회에 공헌하기 위해 수익의 5%를 장학금으로 기부했다.

실패(失敗)로 끝나다
일이 뜻대로 되지 않다. 결과적으로 실패하다. to end in failure / 以失败告终 / 失敗に終わる
이번 교육 개혁은 학부모들의 심한 반대로 실패로 끝나고 말았다.

큰 성과(成果)를 내다 [성꽈]
좋은 결과를 만들다. to make a great accomplishment / 取得很大成绩 / 大きな成果を出す
수출 업무에서 큰 성과를 낸 김 대리는 많은 보너스를 받았다.

호응(呼應)을 얻다
어떤 일이나 행동에 대해 좋은 반응을 얻다. to receive positive response / 反应良好 / 良い反応を得る
한국에서 생산된 텔레비전은 유럽 시장에서 큰 호응을 얻었다.

혼란(混亂)을 가져오다 / 초래(招來)하다 [홀란]
질서가 없이 어지럽게 만들다. to cause chaos / 造成混乱 / 混乱を招く
규칙이나 법이 자주 바뀌면 사회에 혼란을 가져올 수 있다.

환영(歡迎)을 받다
사람들이 기뻐하는 마음으로 맞아 주다. to be welcomed / 受到欢迎 / 歓迎される
올림픽에서 금메달을 딴 마라톤 선수가 국민들로부터 뜨거운 환영을 받았다.

● 듣기

■ 들어 보세요 1

개화기(開化期)
명 한국이 서양 문화를 받아들여 근대 사회로 바뀌어 가던 시기. time of enlightenment (specifically the period when the Joseon Dynasty developed into a modern state) / 开化期 / 開化期
개화기에는 서양 문화의 영향으로 여성들의 옷차림이나 머리 모양에도 큰 변화가 있었다.

공공연히(公公然-)
부 숨기지 않고 그대로 드러나게. openly / 公开地，明明白白地 / 公然と
방송을 통해 공공연히 애정을 과시해 오던 두 사람은 연예계의 대표 공식 커플로 사랑을 받았으나 결국 헤어지고 말았다.

권위(權威)
명 사회적으로 인정을 받고 영향력을 끼칠 수 있는 힘. authority / 权威 / 権威
국회 의원들이 뇌물을 받거나 비리를 저지르는 것은 스스로 국회 의원으로서의 권위를 떨어뜨리는 일이다.

중단(中斷)하다
동 중간에서 끊거나 멈추다. to stop / 中止 / 中断する
지진이 발생하자 방송사에서는 드라마 방영을 중단하고 뉴스를 내보내기 시작했다.

지위(地位)
명 사회적 신분에 따른 위치나 자리. status, position / 地位 / 地位
여성이 선거권을 가지게 된 후에도 사회에서 여성이 남성과 동일한 지위를 갖게 되었는지는 의문이다.

취지(趣旨)
명 어떤 일의 근본이 되는 목적. purpose / 宗旨 / 趣旨
한국어센터의 설립 취지는 외국인 학습자의 한국어 능력을 길러 주는 것이다.

■ 들어 보세요 2

개편(改編)하다
동 책이나 과정, 조직 등을 고쳐서 다시 만들다. to reorganize / 改编，重组 / 改編する
서울시는 대중교통을 이용하는 시민들의 편의를 위해 버스, 지하철 간 환승 제도를 만드는 등 대중교통 체계를 개편했다.

고가 도로(高架道路)
땅 위로 높이 설치된 도로. overpass / 高架公路 / 高架道路
도심에 고가 도로가 복잡하게 얽혀 있어서 도시 미관을 해치고 있다.

노점상(露店商)
명 길에 물건을 늘어놓고 하는 장사나 장사하는 사람. street vendor / 街边小贩 / 露店商
인사동에 가면 길을 따라 물건이나 음식을 파는 노점상들을 쉽게 볼 수 있다.

밀집(密集)하다[밀찌파다]
동 빈틈없이 빽빽하게 모이다. to crowd, to be concentrated (in) / 密集 / 密集する
1970년대 이후 시골에서 도시로 사람들이 이주하면서 서울에 인구가 밀집하자 여러 가지 문제들이 발생했다.

복원(復元)
명 원래대로 되돌림. restoration / 恢复，复原 / 復元
화재로 거의 훼손된 숭례문의 복원이 지난달에 마무리되었다.

● 말하기

가족계획(家族計劃)[가족께획]
명 인구수나 출산의 간격을 계획하는 일. family planning / 家庭人口计划 / 家族計画
인구 폭발을 막기 위해서는 가족계획을 실시해야 한다.

민원(民願)
명 주민이 행정 기관에 원하는 것을 요구함. civil complaint / 信访，市民的投诉请求 / 住民の行政機関に対する申請や要請
공사장에서 소음이 발생하자 이웃 주민들의 민원이 빗발쳤다.

2 흔들리며 피는 꽃

주제
인생의 시련

어휘
시련과 극복

문법과 표현
· A/V-(으)ㄹ지라도
· V-는 한

읽기
· 시 읽고 시어의 의미 파악하기
· 자서전 읽고 서사 구조 이해하기

쓰기
· 호응에 유의하며 문장 쓰기 2
· 자서전 및 평전 쓰기

들어가기

이야기해 보세요

강수진

- 뒤늦게 발레 시작
- 모나코와 독일에서 힘든 유학 생활
- 언어의 어려움, 실력 부족으로 큰 좌절을 겪음
- 1999년 다리에 금이 갔지만 계속 연습
- 1999년 국제무용협회의 최고무용수상 수상

스티브 잡스

- 입양, 대학 중퇴
- 애플사를 설립했으나 회사를 떠나게 됨
- 또 다른 컴퓨터 회사 인수, 실패
- 애니메이션 토이스토리 성공
- 1997년 애플사의 최고 경영자로 복귀
- 아이폰과 아이패드 개발

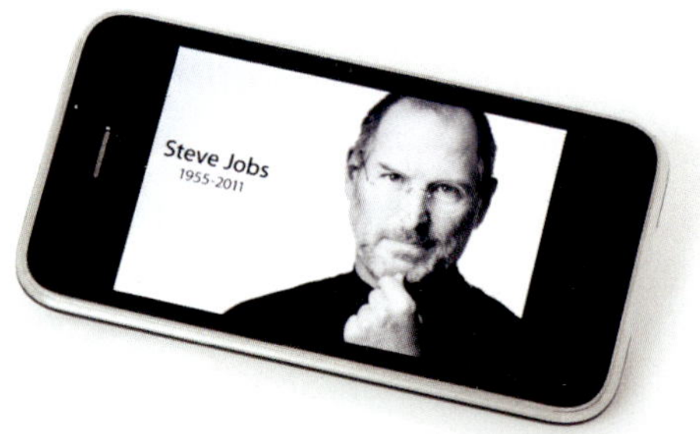

1. 이 사람들이 성공하기까지 어떤 일이 있었습니까?

2. 성공을 이루려면 무엇이 필요합니까?

어휘와 문법

읽어 보세요 track 29

많은 사람들이 성공한 삶을 부러워한다. 하지만 진정한 성공 뒤에는 끊임없는 노력과 자기 자신과의 치열한 싸움이 있었음을 기억해야 한다. 발레리나가 아름다운 몸짓으로 무대에 서기까지, 마라톤 선수가 결승점에 이르기까지에는 사람들이 알지 못하는 많은 고통의 순간들이 있다.

성공한 사람들에게는 비슷한 특징이 있다. 우선 그들은 혼신의 힘을 다해서 자신의 꿈을 이루기 위해 노력한다. 또한 어떤 어려움이 있**을지라도** 절망하지 않고 목표를 향해 나아간다. 살아 있**는 한** 그들에게 포기란 없다. 또한 그들은 시련을 극복하고 모든 악조건을 이겨 내며 오직 삶의 목표를 향해 달려간다. 그리고는 그 일에 모든 열정을 쏟은 후 마침내 꿈을 이루게 되는 것이다.

1. 성공 뒤에는 무엇이 있습니까?

2. 성공한 사람의 특징이 아닌 것은 무엇입니까?
   ① 시련을 극복하지 못하고 포기한다.
   ② 혼신의 힘을 다해 자신의 꿈을 이루기 위해 노력한다.
   ③ 어떤 어려움 속에서도 절망하지 않고 목표를 향해 나아간다.

어휘를 연습해 보세요

자수성가하다
목표를 이루다
악조건을 이겨 내다
최선을 다하다
고통을 감수하다
삶을 개척하다
열정을 쏟다 / 기울이다
혼신의 힘을 다하다
꿈을 이루다
시련 / 어려움을 극복하다
인정(을) 받다
목표를 향해 나아가다 / 전진하다
명성을 떨치다
시련에 부딪치다
일생을 바치다

1. 어휘를 성공의 과정과 결과로 나누어 보세요.

성공의 과정	성공의 결과

문법과 표현을 연습해 보세요

1. A/V-(으)ㄹ지라도
- 어떠한 어려움이 있을지라도 꿈을 포기하지 말고 끝까지 노력해야 한다.
- 비록 실패로 끝났을지라도 새로운 시도를 했다는 것에 의미가 있다.

2. V-는 한
- 어려운 사람들을 돕는 일을 한다니 나도 힘이 닿는 한 그 일을 도와주겠다.
- 살다 보면 힘든 일을 수없이 겪게 되는데 인생을 포기하지 않는 한 희망은 있다.

1. 다음과 같이 이야기해 보세요.

1) 학생

상황
- 시험을 보기가 싫다.
- 숙제하기가 귀찮다.

해야 하는 것
- 학교에 다니는 동안에는 공부를 열심히 해야 한다.

2) 운동선수

상황
- 몸이 힘들다.
-

해야 하는 것
- 선수 생활을 하는 동안에는 계속 연습해야 한다.

3) 회사원

상황
-
-

해야 하는 것
-

학생은 시험 보기가 싫고 숙제하기가 귀찮**을지라도** 학교에 다니**는 한** 공부를 열심히 해야 한다.

읽기

준비해 보세요

다음은 어떤 사람의 인생을 그래프로 나타낸 것입니다.

1. 이 사람에게 가장 힘든 시기는 언제였습니까?

2. 그때 무슨 일이 있었겠습니까?

읽어 보세요 1 track 30

다음은 도종환의 시 〈흔들리며 피는 꽃〉입니다. 읽고 질문에 답해 보세요.

흔들리며 피는 꽃

흔들리지 않고 피는 꽃이 어디 있으랴
이 세상 그 어떤 아름다운 꽃들도
다 흔들리면서 피었나니
흔들리면서 줄기를 곧게 세웠나니

흔들리지 않고 가는 사랑이 어디 있으랴
젖지 않고 피는 꽃이 어디 있으랴
이 세상 그 어떤 빛나는 꽃들도
다 젖으며 젖으며 피었나니

바람과 비에 젖으며 꽃잎 따뜻하게 피웠나니
젖지 않고 가는 삶이 어디 있으랴

〈도종환, 흔들리며 피는 꽃, 2007〉

중심 내용 파악하기 1. 이 시의 주제는 무엇입니까?

세부 내용 파악하기 2. 다음 시어들을 서로 관계있는 것끼리 연결해 보세요.

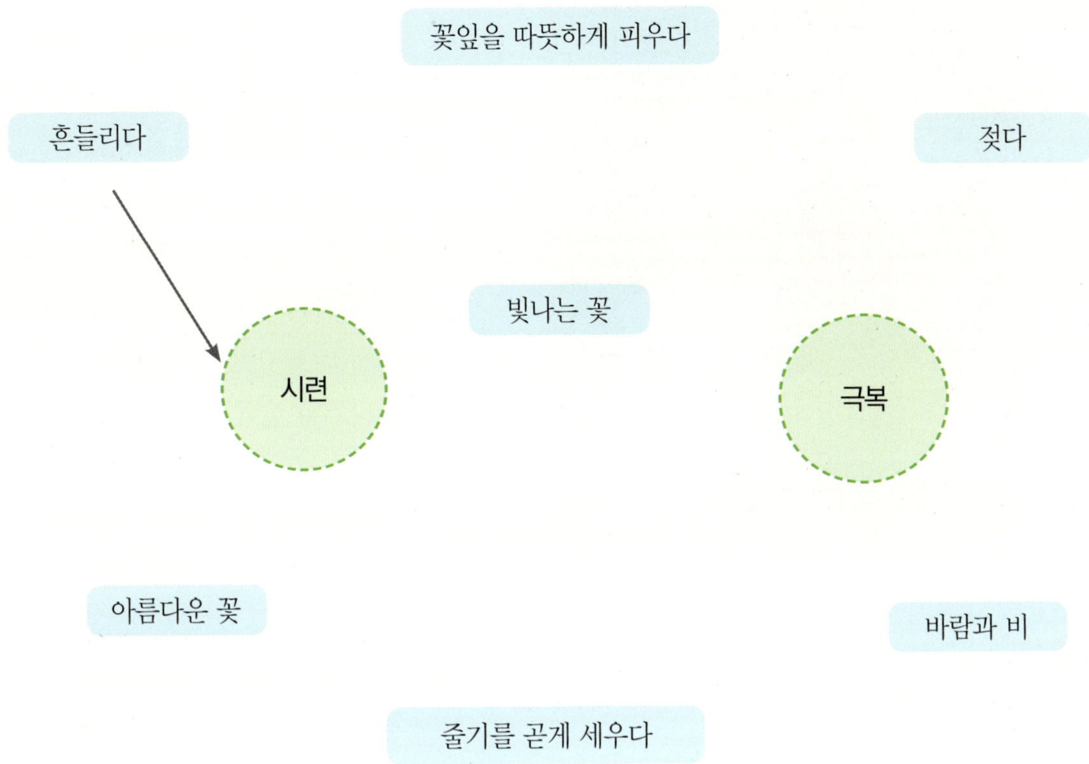

추론하기 3. 이 시가 어떤 사람에게 도움이 될까요?

예) 사업에 실패한 사장님, 사랑하는 사람과 이별한 청년

읽어 보세요 2 track 31

다음은 라면왕 이철호 씨의 자서전의 일부입니다. 글을 읽고 질문에 답해 보세요.

라면왕 미스터 리 이야기

가 내 이름은 이철호. 노르웨이 사람들은 나를 '라면왕 미스터 리'라고 부른다. 나는 1937년 2월 23일 충청남도 천안의 평범한 가정에서 태어났다. 내가 열세 살이 되던 해 6 · 25가 터져서 가족과 헤어지게 되었고 그 후부터는 미군을 따라다니며 생활을 했다. 미군들과 속초에서 생활하던 열다섯 살 때 폭격으로 크게 다쳐 ⓐ겨우 죽을 고비를 넘겼지만 다리에 장애를 갖게 되었다. 노르웨이에 가면 치료를 받을 수 있다는 말을 듣고 나를 치료해 준 의사의 도움으로 1954년 열일곱 살에 낯선 땅, 노르웨이로 건너가게 되었다.

나 치료가 끝난 후에 처음에는 일용직 근로자로 생활을 했다. 새벽 5~6시에 일자리를 구하는 사무실에 가서 기다리다가 일을 받는 날도 있었지만 ⓑ대부분 일자리를 잡지 못하고 공치는 날이 많았다. 아직 언어가 익숙하지 않고 몸도 불편해서 그랬는지 일을 구하기 어려웠다. 나는 더 이상 앉아서 기다릴 수가 없어서 일자리를 찾아 나섰다. 처음으로 구한 일자리가 호텔의 벨보이였고 서류 심부름, 연극의 단역 배우 일도 한 적이 있다. 제일 기억에 남는 일은 재래식 화장실 청소인데 용변 양동이를 꺼내 치우는 일이었다. 이런 일을 하면서 나는 한 번도 비참하다거나 슬프다고 느껴 본 적이 없었다. 나는 언제나 즐거운 마음으로 열심히 일했다. 포기하지 않고 열심히 노력하다 보면 결국 내가 원하는 목표로 나아가게 될 거라고 확신했다.

다 나는 고등학교를 마친 뒤에 홀믄 콜른 파크 호텔에서 처음 요리 공부를 시작했다. 신체 장애나 언어 장애를 극복하기 위해 남보다 세 배 이상 노력하고 시간도 더 많이 투자했다. 어렵고 힘들지라도 그저 성공을 위한 즐거운 과정이라고 생각했다. 나는 이를 악물고 공부해서 최우수 학생으로 졸업했고 그 후 홀믄 콜른 파크 호텔의 주방장으로 일을 하게 되었다. 이후 묄하우센 제빵 회사에서 스카우트 제의를 받았다. 나는 그곳에서 22년간 근무하면서 대단한 성공을 거두었다. 체인점을 15개나 열었고 전 지점을 직접 관리하면서 모든 지점에서 언제나 흑자를 기록했다.

라 1964년 9년 동안 펜팔 친구였던 독일인 아네리스와 결혼했다. 한국에 아네리스를 데리고 갔을 때 c 부모님은 달가워하지 않으셨지만 곧 며느리로 받아들이고 예뻐하셨다. 내 인생은 이렇게 행복하고 순탄한 듯 보였으나 불행은 생각보다 가까이에 있었다. 1980년 아내가 임파선 암 선고를 받았다. 하루가 다르게 수척해지는 아내를 보면서 안쓰럽고 마음이 아팠다. 그러나 어떤 안타까움, 어떤 사랑으로도 d 아내의 꺼져 가는 목숨을 잡아 둘 수 없었다. 아내는 4년간 투병 생활을 하다가 1984년 8월 30일에 나와 세 딸만 남기고 떠나갔다. 불행은 여기에서 끝나지 않았다. 오랫동안 몸담았던 회사마저 1989년 덴마크로 넘어가면서 회사를 그만두게 되었다.

마 회사를 나와서 쉰둘에 내 인생의 전환점이 된 라면 사업을 시작하기로 마음먹었다. 내가 처음 한국을 방문했을 때 을지로 어느 분식점에서 맛보았던 라면 맛을 잊을 수 없어서 이 한국의 맛을 노르웨이 사람들에게도 알리고 싶었다. 주변 사람들은 사업을 시작하기에 너무 많은 나이라고 했지만 나는 아직 젊다고 생각했고 새로운 일을 시작할 열정도 충분했다. 그러나 시작은 너무나 절망적이었다. 처음 라면을 본 노르웨이 사람들은 라면이 걸레 같다며 맛도 보려고 하지 않았다. 그래도 나는 "끝까지 포기하지 말자."라는 좌우명대로 더욱 열심히 노력했다. 나는 한국 라면 회사에서 보내 준 라면 세 상자를 들고 소매상 이곳저곳을 찾아다니며 홍보했다. 소매상 주인들은 라면을 취급하지 않겠다며 나를 푸대접하고 면박을 주었지만 나는 또 웃는 얼굴로 찾아갔다. 주인들은 나에게 자존심도 없냐고 했지만 나는 사업에는 자존심이 필요 없다고 생각했다. 자존심부터 세우려고 하면 아무것도 할 수가 없는 것이다.

바 e 지성이면 감천이라고 3년이 지나자 사람들이 라면을 맛보기 시작했다. 나의 첫 주문은 에릭 하우겐이라는 식품 회사였는데 그 회사에 오후 늦게 라면 상자를 들고 찾아갔더니 직원은 모두 퇴근하고 사장 혼자 남아서 일을 하고 있었다. 나는 그 나이 든 남자의 지친 얼굴이 안쓰러워서 상대방이야 어떻게 생각하건 간에 샘플로 가지고 간 라면을 끓여 대접했다. 뜻밖에 사장은 맛있다며 라면 3상자를 모두 두고 가라고 했고 2주 후에 다시 보자는 약속까지 했다. 2주 후 약속한 날에 사무실로 찾아갔다. 청혼에 대한 답을 들으러 가는 남자처럼 가슴이 두근거렸다. 사장은 밝은 얼굴로 품평 결과가 호의적이라며 첫 거래로 반 컨테이너 분량의 라면을 주문했다. 세 상자로 시작한 라면 장사가 3년 만에 1,100상자의 주문을 받는 순간이었다.

사 나는 여기서 그치지 않고 한국 라면 회사에 의뢰해서 'Mr. Lee'라는 자체 브랜드를 출시했다. 그리고 노르웨이 사람들의 입맛에 맞게 매운 맛을 없애고 스프의 종류도 버섯 맛, 생선 맛, 소고기 맛, 닭고기 맛 등으로 다양화하자 'Mr. Lee'의 인기는 더욱 높아졌다. 나는 홍보를 위해 직접 광고에도 출연했고 시식 행사도 열었다. 특히 라면 시식 행사는 늘 인기가 좋았다. 한번은 내 시식 행사를 보기 위해 도시의 초등학생 절반이 결석을 하는 웃지 못할 해프닝도 있었다. 'Mr. Lee'는 수많은 도전과 끊임없는 노력의 결과로 20년 동안 노르웨이 라면 시장의 점유율 95%라는 대기록을 세우게 되었다.

쉰둘에 시작한 라면 사업은 나에게 자수성가한 최고 부자라는 명성과 이민자 최초로 국민 훈장, 위대한 노르웨이인 훈장과 기사 작위까지 안겨 주었다. 내 삶을 돌이켜 보면 힘든 고비가 참 많았다. 그러나 어떤 시련에 부딪칠지라도 끝까지 포기하지 않고 열심히 노력하는 한 반드시 꿈은 이루어진다. 내 꿈도 이렇게 이루어지지 않았는가. 지금의 상황을 탓하지 말고 긍정적인 마음으로 열심히 노력하면 누구나 성공할 수 있을 것이다.

중심 내용 파악하기

1. 가 ~ 사의 중심 내용을 정리해 보세요.

1) 가 •	• 사랑하는 아내가 암으로 죽고 회사도 그만두게 됨.
2) 나 •	• 열심히 공부해서 호텔 주방장이 되고 제빵 회사에 스카우트됨.
3) 다 •	• 전쟁으로 가족과 헤어져 생활하다가 폭격으로 다리를 다치게 됨.
4) 라 •	• 'Mr. Lee'라는 브랜드로 노르웨이에서 성공하게 됨.
5) 마 •	• 라면 사업을 시작했지만 소매상에서 라면을 받아 주지 않아 고생함.
6) 바 •	• 노력한 끝에 소매상과 첫 거래를 시작함.
7) 사 •	• 일용직 근로자로 힘든 생활을 함.

세부 내용 파악하기

2. 이 사람은 왜 노르웨이에 가게 되었습니까?

3. 이 사람은 왜 라면 사업을 시작했습니까?

4. 다음 ⓐ ~ ⓔ의 의미를 이야기해 보세요.

> ⓐ 겨우 죽을 고비를 넘겼지만
> → 겨우 죽을 뻔한 위기를 넘겼지만 / 죽을 뻔했는데 겨우 살아났지만

1) ⓑ 대부분 일자리를 잡지 못하고 공치는 날이 많았다.
→

2) ⓒ 부모님은 달가워하지 않으셨지만
→

3) ⓓ 아내의 꺼져 가는 목숨을 잡아 둘 수 없었다.
→

4) ⓔ 지성이면 감천이라고
→

5. 이 사람이 우리(독자)에게 해 주고 싶은 말은 무엇입니까?

이야기해 보세요

기자가 〈흔들리며 피는 꽃〉의 도종환 시인과 라면왕 이철호 씨를 인터뷰하고 있습니다. 여러분이 도종환 시인과 이철호 씨가 되어 기자의 질문에 답해 보세요.

쓰기

자신의 인생을 소개하는 자서전이나 가족, 친구의 인생을 평가하는 평전을 써 보세요.

준비해 보세요

다음 문장에서 어색한 부분을 찾아 바르게 고쳐 보세요.

1. 내가 말씀하신 대로 하면 큰 어려움 없이 컴퓨터 프로그램을 설치할 수 있을 것이다.

2. 저는 지금까지 목표를 향해 끊임없이 전진해 왔다. 여러 가지 시련이 있었지만 제가 가는 길을 막지는 못한다.

3. 우리 부모님은 많은 고생을 하셨다. 나는 나중에 돈을 많이 버셔서 부모님께 선물로 좋은 집을 사 드리고 싶다.

4. 저는 어려운 환경에서도 자신의 삶을 개척하기 위해 최선을 다하는 사람을 존경한다. 나도 그런 사람이 되려고 혼신의 힘을 다해 노력하고 있습니다.

표현을 연습해 보세요

1. 다음의 의미가 무엇인지 생각해 보세요. 여러분 나라에도 이와 비슷한 속담이나 격언이 있으면 소개해 보세요.

칠전팔기　　　　지성이면 감천

2. 다음은 속담이나 격언을 인용할 때 쓰는 표현입니다. 다음 표현을 사용하여 자신의 좌우명을 이야기해 보세요.

- ~다는 좌우명대로
- ~다는 말이 있듯이[처럼]
- ~을 좌우명으로 삼고

저는 '칠전팔기'**라는 좌우명대로** 실패를 해도 계속해서 도전하려고 노력하고 있습니다.

저는 실패를 두려워하지 않습니다. '칠전팔기'**라는 말이 있듯이** 여러 번 실패할지라도 꾸준히 노력하는 한 언젠가는 성공할 수 있다고 믿기 때문입니다.

써 보세요

1. 자서전이나 평전에는 어떤 내용이 들어갑니까? 친구와 이야기해 보세요.

출생	성장 과정	가정 환경	인생의 전환점
좌우명 / 인생관	학교생활	자신에게 영향을 준 사람 / 책	
인생에서 최고 / 최악의 순간		앞으로 하고 싶은 일 ________	

2. 여러분은 어떤 과정을 거쳐 지금 이 자리에 있습니까? 친구와 이야기해 보세요.

3. 자서전이나 평전을 쓸 때 필요한 항목을 선택한 후 메모해 보세요.

인물	라면왕 이철호
출생	1937년 2월 충남 천안에서 2남 3녀 중 차남으로 태어남.
성장 과정	평범한 가정에서 자람. 14세 때 한국 전쟁으로 가족과 헤어지고 15세 때 다리를 크게 다침.
인생의 전환점	52세에 라면 사업 시작.
좌우명(인생관)	"끝까지 포기하지 말자."
________	
________	

4. 인생의 전환점이 된 사건이 있습니까? 그 사건에서 얻은 교훈이나 좌우명을 갖게 된 계기를 이야기해 보세요.

52세에 라면 사업을 시작했는데 시작은 너무나 절망적이었어요. 그래도 나는 "끝까지 포기하지 말자."는 좌우명대로 더욱 열심히 노력했어요. 3년이 지나자 사람들이 라면을 맛보기 시작했고 그 후 20년 동안 내 라면은 노르웨이 시장 점유율 1위를 차지했어요. 어떤 시련에 부딪칠지라도 꿈을 포기하지 않고 계속 열심히 노력하는 한 반드시 꿈은 이루어질 거예요.

5. 자서전이나 평전에 들어갈 약력을 메모하고 친구에게 소개해 보세요.

1937년	충남 천안에서 2남 3녀 중 차남으로 출생
1950년	한국 전쟁으로 가족과 헤어짐
1953년	폭격으로 다리를 다치게 됨
1954년	노르웨이로 이민

·
·
·

년	
년	
년	
년	

6. 약력을 바탕으로 자서전 또는 평전을 써 보세요.

출생과 성장 과정 →

내 이름은 이철호. 노르웨이 사람들은 나를 라면왕 '미스터 리'라고 부른다. 나는 1937년 2월 23일 충청남도 천안의 평범한 가정에서 태어났다. (…)

인생의 전환점 →

회사를 나와서 쉰둘에 내 인생의 전환점이 된 라면 사업을 시작하기로 마음먹었다. 주변 사람들은 사업을 시작하기에 너무 많은 나이라고 했지만 나는 아직 젊고 새로운 일을 시작할 열정도 충분했다. 그러나 시작은 너무나 절망적이었다. 처음 라면을 본 노르웨이 사람들은 라면이 걸레 같다며 맛도 보려고 하지 않았다. 그래도 나는 "끝까지 포기하지 말자."는 좌우명대로 더욱 열심히 노력했다. 나는 라면 세 상자를 들고 소매상 이곳저곳을 찾아다니며 홍보했다. 소매상 주인들은 라면을 취급하지 않겠다며 나를 푸대접하고 면박을 주었지만 나는 또 웃는 얼굴로 찾아갔다. 주인들은 나에게 자존심도 없냐고 했지만 나는 사업에는 자존심이 필요 없다고 생각했다. 자존심부터 세우려고 하면 아무 것도 할 수가 없는 것이다. 지성이면 감천이라는 말처럼 3년이 지나자 사람들이 라면을 맛보기 시작했고 그 후 20년 동안 내 라면은 노르웨이 시장 점유율 1위를 차지했다. (…)

좌우명 또는 교훈 →

내 삶을 돌이켜 보면 힘든 고비가 참 많았다. 그러나 그때마다 이것이 끝이 아니라고 생각했다. 어떤 시련에 부딪치더라도, 아무리 절망적일지라도 꿈을 포기하지 않고 계속 열심히 노력하는 한 반드시 꿈이 이루어질 것이다. 실제로 이렇게 내 꿈도 이루어졌다. 지금의 상황을 탓하지 말고, 긍정적인 마음으로 열심히 노력하면 누구나 성공할 수 있을 것이다.

어휘와 표현

2. 흔들리며 피는 꽃

● 어휘

고통(苦痛)을 감수(甘受)하다
몸이나 마음의 괴로움과 아픔을 받아들이다. to endure hardships / 甘心忍受痛苦 / 苦痛を甘受する
내가 선택했으니 유학 생활을 하며 느끼는 모든 고통을 감수하기로 했다.

꿈을 이루다
하고 싶었던 일을 해내다. to fulfill one's dream / 实现梦想 / 夢をかなえる
김연아는 수많은 노력 끝에 세계 최고의 선수가 되는 꿈을 이루게 되었다.

명성(名聲)을 떨치다
세상에 이름을 널리 알리다. to make well-known in the world / 声名远扬 / 名声を響かす
무명 선수에 불과했던 그는 올림픽에서 금메달을 따고 명성을 떨치기 시작했다.

목표(目標)를 이루다
하고자 했던 일을 다 해내다. to achieve one's goal / 实现目标 / 目標を成し遂げる
나는 한국어 교사라는 목표를 이루기 위해 한국어를 열심히 공부하고 있다.

목표(目標)를 향해 나아가다 / 전진(前進)하다
이루고자 하는 것을 향해 앞으로 나아가다. to move forward one's goal / 朝着目标前进 / 目標に向かって進む
그는 추진력이 있어서 사업을 시작하자마자 목표를 향해 나아갔다.

삶을 개척(開拓)하다 [개처카다]
삶을 새롭게 만들어 가다. to rebuild one's life / 开拓新生活 / 人生を切り拓く
그도 이제 성인이니까 자신의 삶을 스스로 개척할 때가 되었다.

시련(試鍊)에 부딪치다
매우 힘든 일을 겪다. to be faced with an ordeal / 面临考验，经历磨练 / 試練にぶつかる
시련에 부딪쳐 본 사람만이 다른 사람의 고통을 이해할 수 있다.

시련(試鍊) / 어려움을 극복(克服)하다 [극뽀카다]
어려움을 이겨 내다. to overcome hardships / 克服困难 / 試練を克服する
지진으로 엄청난 피해를 입었지만 다 같이 힘을 모아 시련을 극복해 봅시다.

악조건(惡條件)을 이겨 내다 [악쪼껀]
나쁜 상황을 이겨 내다. to overcome a handicap / 战胜恶劣条件 / 悪条件に打ち勝つ
위대한 사람들 중에는 악조건을 이겨 내고 꿈을 이룬 사람들이 많다.

열정(熱情)을 쏟다 / 기울이다 [열쩡]
뜨거운 애정을 가지고 어떤 일을 하다. to put one's heart and soul into something / 倾注热情 / 情熱を注ぐ
그는 어려서부터 노래하는 데에 열정을 쏟더니 세계적인 가수가 되었다.

인정(認定)(을) 받다
확실히 그렇다는 평가를 받다. to receive recognition / 获得肯定 / 認められる
그녀는 세계 3대 피아노 대회에서 입상하면서 세계적인 피아니스트로 인정을 받았다.

일생(一生)을 바치다 [일쌩]
살아 있는 모든 시간을 아낌없이 쓰다. to devote one's life / 献身 / 一生を捧げる
그는 남을 돕는 일에 일생을 바쳤다.

자수성가(自手成家)하다
동 물려받은 재산 없이 스스로의 힘으로 재산을 모으고 성공하다. to make one's fortune by one's own effort / 白手起家 / 遺産なしに自分の力で暮らしを立てる
우리 아버지는 자수성가한 분이어서 독립심을 매우 중요하게 생각하신다.

최선(最善)을 다하다
어떤 일을 위해 힘을 모두 쓰다. to do one's best / 全力以赴 / 最善を尽くす
취업하기 어려운 상황에서 직장에 들어가기 위해 최선을 다했다.

혼신(渾身)의 힘을 다하다
온몸에 있는 힘을 다 쓰다. to use all one's strength / 尽心竭力 / 渾身の力を尽くす
그 마라톤 선수는 혼신의 힘을 다해 달려서 처음으로 우승 테이프를 끊었다.

● 읽기

■ 읽어 보세요

고비
명 일의 중요한 부분이나 힘든 때. the crisis / 紧要关头，危急关头 / 峠, 瀬戸際
의사는 환자의 가족들에게 힘든 고비는 넘겼으니 안심하라고 말했다.

공(空)치다
동 어떤 일을 하려다가 하지 못하다. to waste, to be fruitless / 没能做，白费功夫 / あきらめる, 棒に振る
비가 와서 장사를 공치고 집으로 돌아갔다.

낯설다[낟썰다]
형 전에 본 적이 없어서 익숙하지 않다. to be unfamiliar / 陌生 / 見慣れない, 不慣れだ
한국에 온 지 일주일밖에 안 되어서 한국의 모든 것이 낯설었다.

다양화(多樣化)하다
동 종류나 모양 등을 여러 가지로 많아지게 하다. to diversify / 使多样化 / 多様化する
제과 회사들은 과자의 모양과 맛을 다양화해 판매량을 늘렸다.

달가워하다
동 마음에 들어 하다(주로 '달가워하지 않다'로 쓰임). to be pleased / 满意 / 満足する
꼼꼼한 김 대리는 실수가 잦은 박 대리와 함께 일하는 것을 그리 달가워하지 않는다.

면박(面駁)을 주다
앞에서 꾸짖거나 야단을 치다. to rebuke / 当面训斥 / 面と向かって叱る, 避難する
선생님은 숙제를 안 해 오면 다른 아이들 앞에서 면박을 주곤 하셨다.

몸담다
동 어떤 분야에서 일하다. to enter a profession/field, to work / 厕身，从事 / 従事する
우리 아버지는 교직에 35년간 몸담아 오시다가 작년에 퇴직하셨다.

선고(宣告)를 받다
병이나 판결을 알게 되다. to be sentenced / 被宣判 / 宣告される
의사로부터 암 선고를 받은 아내는 눈물을 흘렸다.

소매상(小賣商)
명 생산자나 도매상에게 물건을 사서 소비자에게 파는 상인. retail dealer / 零售商 / 小売商
우리 동네에 대형 마트가 생기면서 소매상들이 물건 판매에 어려움을 겪고 있다.

수척(瘦瘠)하다[수처카다]
형 아픈 것처럼 전에 비해 마르다. to be very thin, to be haggard / 消瘦 / やつれる
동생이 감기에 걸려서 일주일 고생하더니 얼굴이 수척해졌다.

순탄(順坦)하다
형 별 문제없이 순조롭다. to be smooth / 顺坦，顺畅 / 順調だ, 順風満帆だ
어려움 없이 순탄한 인생을 사는 사람은 그리 많지 않다.

시식 행사(試食行事)[시시캥사]
새로운 요리를 시험 삼아 사람들에게 맛보게 하는 일. food tasting event / 品嘗活動 / 試食行事
학교 앞에서 새로 나온 아이스크림 시식 행사를 하고 있었다.

전환점(轉換點)[전환쩜]
명 다른 방향이나 상태로 바뀌는 계기. turning point / 转折点 / 転換点
책임감 없이 살던 나에게 어머니의 죽음은 인생의 전환점이 되어 나를 변화시켰다.

절망적(絕望的)이다
모든 희망이 사라지거나 없어지다. to be hopeless / 绝望的 / 絶望的だ
아무리 절망적인 상황이라도 꿈을 버려서는 안 된다.

제의(提議)를 받다
어떠한 의견이나 제안을 받다. to receive an offer / 接受建议 / 提議を受ける
김 대리는 경쟁 회사에서 스카우트 제의를 받고 고민 중이다.

좌우명(座右銘)
명 살면서 가르침으로 삼는 말이나 글. motto / 座右铭 / 座右の銘
현대그룹을 세운 정주영 회장의 좌우명은 "시련은 있어도 실패는 없다."라고 한다.

지성(至誠)이면 감천(感天)
정성을 다하면 하늘도 감동하게 된다는 뜻으로, 무슨 일이든 정성을 다하면 아주 어려운 일도 잘 풀려서 좋은 결과를 맺는다는 말. Sincerity moves heaven / 精诚所至，金石为开 / 至誠天に通ず
지성이면 감천이라는 말처럼 지금 하고 있는 일을 계속 실패할지라도 꾸준히 최선을 다하면 결국 성공하게 될 것이다.

취급(取扱)하다[취그파다]
동 가게에서 물건을 팔다. to deal with, to handle / 经营，出售，处理 / 取り扱う
우리 가게는 술을 취급하지 않습니다.

투병(鬪病)
명 병을 고치려고 병과 싸움. fight against a disease / 与疾病抗争 / 闘病
그는 3년 동안 힘든 투병 생활을 한 끝에 이제는 건강을 되찾았다.

펜팔(pen pal)
명 편지를 주고받으며 사귐, 혹은 그런 친구. pen pal / 笔友 / ペンフレンド
얼굴도 모르고 편지만 주고받던 펜팔 친구가 내일 한국에 온다고 하니 설렌다.

어휘와 표현

폭격(爆擊)[폭껵]

명 비행기에서 폭탄을 떨어뜨려 건물 등을 파괴하는 일. bombing / 轰炸 / 爆撃

적군의 폭격으로 민간인 희생자가 많이 발생했다.

푸대접(-待接)하다[푸대저파다]

동 정성을 들이지 않고 아무렇게나 대하다. cold reception / 慢待 / 冷遇, 冷たいもてなし

그는 일이 바쁘다는 이유로 찾아온 친구를 푸대접했다.

품평(品評)

명 품질에 대한 평가. criticism, evaluation / 评价 / 品評, 品定め

온라인 쇼핑을 할 때는 구매자들의 품평을 꼼꼼하게 읽어 보고 구입하는 것이 좋다.

홍보(弘報)

명 사람들에게 널리 알리는 것. public relations / 宣传 / 広報する

음료 회사는 새 음료가 나오면 홍보를 위해서 음료를 무료로 나눠 준다.

흑자(黑字)를 기록(記錄)하다 [흑짜] [기로카다]

무역이나 사업 등에서 수입이 지출보다 많아 이익이 생긴다. to record a surplus (make a profit) / 盈余 / 黒字を記録する

그 식당은 입소문이 나면서 개업한 이후 계속 흑자를 기록했다.

● 쓰기

격언(格言)

명 인생에 대한 교훈을 간결하게 표현한 짧은 글. maxim, aphorism / 格言 / 格言

자신의 인생에 도움이 될 만한 격언을 책상 위에 붙여 놓고 계속 보다 보면 어느새 그 격언처럼 살고 있는 자신을 발견하게 될 것이다.

약력(略歷)[양녁]

명 간단하게 쓴 개인의 이력. brief (personal) history / 简历 / 略歴

작가의 사인회가 열리기 전 사회자는 작가가 글을 쓰게 된 계기, 수상 경력, 학력 등의 약력을 간단하게 소개했다.

자기 평가

1. 다음 중 아는 어휘에 √ 하세요.

- [ ] 일생을 바치다
- [ ] 명성을 떨치다
- [ ] 시련에 부딪치다
- [ ] 발전에 기여하다
- [ ] 반대를 무릅쓰다
- [ ] 반응이 회의적이다
- [ ] 악조건을 이겨 내다
- [ ] 목표를 달성하다
- [ ] 자수성가하다
- [ ] 큰 성과를 내다
- [ ] 거세게 반발하다
- [ ] 혼신의 힘을 다하다

2. 알맞은 표현을 골라서 문장을 완성해 보세요.

-다 뿐이지	-기란	-(으)ㄹ지라도	-는 한

1) 가 : 오늘 첫 출근이었지? 회사 분위기가 어때?
   나 : ______________________. 앞으로 좀 더 지내봐야 알 것 같아.

2) 가 : 메뉴가 다양하네. 이 식당에서 배달시켜 볼까?
   나 : ______________________ 맛은 별로였어. 별로 추천하고 싶진 않아.

3) 나는 어릴 때부터 멋진 피아니스트가 되고 싶었다. 비록 앞으로 ______________________ 포기하지 않고 노력해서 꼭 꿈을 이룰 것이다.

4) 살아갈 희망을 잃고 자살하는 사람들이 늘고 있다고 한다. 그러나 ______________________ 희망이 있다는 생각을 하면서 꾸준히 노력해야 한다.

3. 이 단원을 공부하고 여러분이 할 수 있게 된 것에 √ 해 보세요.

- [ ] 자서전이나 평전을 쓸 수 있다.
- [ ] 새로운 시도에 대해 평가하여 말할 수 있다.
- [ ] 강연과 인터뷰를 듣고 요약하거나 화자의 태도를 파악할 수 있다.
- [ ] 시를 읽고 시어의 의미를 이해하며 자서전을 읽고 서사 구조를 파악할 수 있다.

정답

2. 1) 하루 만에 다 알기란 어렵지 2) 메뉴만 다양하다 뿐이지 3) 많은 어려움이 있을지라도 4) 살아있는 한

보충 어휘

속담(Ⅰ) 한국 문화와 사회를 이해하는 데 도움이 되는 속담을 익혀 봅시다.

돌다리도 두들겨 보고 건너라 잘 아는 일이라도 조심하는 것이 좋다.	**등잔 밑이 어둡다** 가까운 곳에서 생긴 일을 오히려 잘 모른다.
무소식이 희소식이다 소식이 없는 것은 무사히 잘 있다는 뜻이다.	**벼는 익을수록 고개를 숙인다** 지식과 교양이 많은 사람일수록 더 겸손하다.
병 주고 약 준다 해를 입힌 뒤에 달래거나 감싸 준다.	**아니 땐 굴뚝에 연기 나랴** 원인이 없으면 결과가 있을 수 없는 것처럼 실제로 어떤 일이 있기 때문에 소문이나 말이 생기게 된 것이다.
열 번 찍어 안 넘어가는 나무 없다 아무리 싫은 일이라도 여러 번 유혹하거나 권유하면 결국은 하게 된다.	**원숭이도 나무에서 떨어질 때가 있다** 아무리 익숙해서 잘하는 일이라도 실수할 때가 있다.
작은 고추가 맵다 몸집이 작거나 나이가 어려도 힘이 세거나 재능이 있다.	**호랑이도 제 말하면 온다** 자리에 없는 사람에 대한 이야기를 할 때 그 사람이 나타난다.

연습 1 그림을 보고 속담의 의미를 찾아보세요.

1)

① 체격이 작아도 힘이 세구나.

② 저렇게 힘이 세니까 우승할 수 있을 거야.

2)

① 잘 지내고 있을 테니까 걱정하지 마세요.

② 스티븐한테 무슨 일이 생긴 것 같아서 걱정이에요.

3)

① 올림픽에서 우승하기는 어려워요.

② 잘하던 일도 실수할 때가 있어요.

4)

① 싸움을 말리지 않으면 큰일 나겠구나.

② 싸우게 하더니 싸움을 말리는 척하는구나.

연습 2 다음 상황과 관련 있는 속담을 써 보세요.

1) 경주에 자주 가 봐서 눈 감고도 운전할 수 있지만 그래도 미리 지도를 찾아 가는 길을 다시 확인해 보았다.

→ 돌다리도 두들겨 보고 건너라.

2) 교실에서 친구와 줄리앙에 대한 이야기를 하고 있는데 마침 줄리앙이 교실에 들어왔다.

→

3) 내 친구는 소개팅한 남자가 마음에 안 든다고 했다. 하지만 남자가 계속 만나자고 연락하고 잘 해 주니까 결국 그 남자와 사귀게 되었다.

→

4) 20년 경력의 요리사는 후배가 참신한 아이디어로 새 요리를 만들면 무시하고 배우려 하지 않았다. 어떤 분야의 전문가일수록 늘 겸손하고 배우려는 자세가 필요하다.

→

5) 간단한 고장 때문에 컴퓨터를 수리점에 맡겼다. 그런데 알고 보니 같은 반 친구 중에 컴퓨터 전문가가 있었다.

→

6) 신문에 한 공무원이 뇌물을 받았다는 기사가 실렸다. 그 공무원은 그런 적이 없다고 해명했지만 사람들은 공무원의 말이 사실이라면 그런 기사가 날 리 없다고 생각했다.

→

보충 어휘

연습 3 다음 그림을 보고 대화를 완성해 보세요.

1) 

2) 

3) 

4) 

연습 4 어울리는 속담을 골라 대화를 완성해 보세요.

병 주고 약 준다	무소식이 희소식이다	원숭이도 나무에서 떨어질 때가 있다
작은 고추가 맵다	벼는 익을수록 고개를 숙인다	열 번 찍어 안 넘어가는 나무 없다

1) 가 : 우리 아이는 항상 1등만 했어요. 그런데 웬일인지 이번 시험에서는 성적이 많이 떨어졌어요.
   나 : ....고 하잖아요. 다음에는 잘할 테니까 너무 걱정하지 마세요.

2) 가 : 회사에서 두 달 동안 야근을 시키더니 우수 사원이라고 상을 주더라.
   나 : 정말 ....
   가 : 그러게 말이야.

3) 가 : 우리 아들 군대 간 지 벌써 한 달이나 됐네. 아직 연락 없었어요?
   나 : ....고 하잖아요. 잘 있을 테니까 너무 걱정하지 마세요.

4) 가 : 민수가 싫다는 나나를 10년 동안이나 쫓아다니더니 결국 다음 달에 둘이 결혼한대.
   나 : 역시 ....는 것 같아.

5) 가 : 우리 동네 슈퍼마켓 옆에 대형 마트가 생겨서 슈퍼마켓이 망할 줄 알았는데 대형 마트가 오히려 잘 안되더라고.
   나 : ....더니 작다고 무시할 건 아니네.

6) 가 : 나 이번에도 성적이 좋아서 장학금 받는다. 벌써 세 번이나 받았는데 참 대단하지 않니?
   나 : ....는 말 들어 봤지? 너무 자랑하지 마!

VI 생활과 예술

1 생활 속의 예술

주제 예술과 치료

어휘 예술의 활용

문법과 표현
- V-고서는
- V-게끔

듣기
- 인터뷰 듣고 내용 평가하기
- 발표 듣고 제목 붙이기

말하기 발표하기 2 (주제를 정하여 발표하기)

2 건축물의 미학

주제 건축물의 미학

어휘 건축물의 아름다움

문법과 표현
- A-(으)면서(도)
- A-기(가) 이를 데 없다

읽기
- 설명문 읽고 묘사 대상 상상하기
- 묘사하는 글을 읽고 필자의 인상 이해하기

쓰기
- 시제에 유의하며 문장 쓰기
- 건축물 외양 묘사하는 글 쓰기

보충 어휘 속담 Ⅱ

1 생활 속의 예술

주제
예술과 치료

어휘
예술의 활용

문법과 표현
- V-고서는
- V-게끔

듣기
- 인터뷰 듣고 내용 평가하기
- 발표 듣고 제목 붙이기

말하기
발표하기 2
(주제를 정하여 발표하기)

들어가기

이야기해 보세요

전시장에서 작품을 감상 중인 관람객

그림을 이용한 치매 치료

한 백화점에서 선보인 명화를 디자인으로 활용한 생활용품

담장에 그림을 그리고 있는 미대생들

시위 현장에 걸린 사진

1. 그림이 어떻게 사용되고 있습니까?

2. 그림, 음악 등의 예술 작품이 실생활에서 활용되는 예를 소개해 보세요.

어휘와 문법

읽어 보세요 track 32

예술은 감상의 대상으로만 존재하지 않는다. 그림이 생활용품에 활용되기도 하고 길거리 담장을 꾸미는 데 이용되기도 한다. 최근에는 음악, 미술, 무용 등 순수 예술을 심리 치료에 접목시킨 예술 치료도 등장했다.

예술 치료의 가장 큰 특징은 자신의 내면을 들여다보며 표현하는 데 예술이 매개체가 된다는 것이다. 이런 활동은 특히 감정 표현에 서툰 사람들에게 도움이 된다. 자신의 감정을 표현하지 않**고서는** 어떤 문제가 있는지 알 수 없기 때문이다. 그림을 그리거나 몸을 움직이는 과정을 통해 자신의 감정을 표현하**게끔** 해 주고 이러한 활동을 통해 스트레스가 해소되고 마음이 정화된다. 순수 예술의 아름다움 그 자체에서 얻는 즐거움뿐만 아니라 예술을 도구로 사용해 얻는 효과도 모두 예술의 기능이라 할 수 있을 것이다.

1. 예술 치료는 무엇입니까?

2. 예술 치료는 어떤 효과가 있습니까?

어휘를 연습해 보세요

감상적 목적	미적 상상력	정서적 안정	접목시키다	창의적이다
마음이 정화되다	매개체가 되다	실용성이 있다	실생활에 응용하다	치료에 활용하다
내면을 들여다보다	동질감을 느끼다	사회를 비판하다	스트레스를 해소하다	작품을 감상하다

1. 서로 관계있는 것끼리 연결해 보세요.

1) 치료에 활용하다 •	• 예술은 순수한 아름다움을 표현해서 이를 접하는 사람들이 아름다움을 느끼게 해야 한다.
2) 접목시키다 •	• 한옥의 장점이 알려지면서 현대적인 아파트에 한옥의 건축 방법을 응용하거나 한옥처럼 인테리어를 하는 사례가 늘고 있다.
3) 감상적 목적 •	• 정서적으로 불안감을 느끼는 환자에게 그림을 그리게 해서 환자의 심리 상태를 알아보았다.
4) 매개체가 되다 •	• 마음이 복잡하고 어지러울 때는 경치가 좋은 곳으로 여행을 떠나는 것이 좋다. 아름다운 경치를 보면 한결 복잡했던 마음이 편해질 것이다.
5) 마음이 정화되다 •	• 예전에는 언론이나 책 등을 통해 자신의 생각을 다른 사람에게 전달했지만 이제 트위터나 페이스북 같은 SNS를 통해 자신의 생각을 표현하게 되었다.

문법과 표현을 연습해 보세요

1. V-고서는
- 한 사람의 이야기만 듣고서는 잘잘못을 따질 수 없어요.
- 인사동에 가 보지 않고서는 서울 구경을 제대로 했다고 할 수 없어요.

2. V-게끔
- 예술 치료는 사람들이 자신의 생각을 표현하게끔 예술을 이용하는 것입니다.
- 뭔가를 가르치려고만 하지 말고 배우는 재미를 느끼게끔 하는 것이 중요합니다.

1. 다음과 같이 이야기해 보세요.

1)

벌써 세 번째예요. 이제 그만 포기할래요.

실패하지 않**고서는** 성공할 수 없는 법입니다. 포기하지 말고 한 번 더 도전해 보세요.

2)

우리에게는 이미 한자가 있으니 새로운 글자는 필요 없습니다.

3)

인권 보호를 위해 범죄자의 얼굴을 공개할 수 없습니다.

2. 다음을 설명해 보세요.

1) 예술 치료

2) 공공장소 CCTV 설치

3) 공정 무역

예술 치료는 음악이나 미술을 이용해서 환자들이 자신의 생각을 표현하**게끔** 하는 것입니다.

듣기

준비해 보세요

1. 어떤 상황입니까?

2. 예술이 어떤 기능을 하는 것 같습니까?

🎧 들어 보세요 1 track 33

수업에 대한 인터뷰입니다. 잘 듣고 질문에 답해 보세요.

중심 내용 파악하기

1. 무엇에 대해 이야기하고 있습니까?

① 수업 방식의 문제점 ② 창의적인 수업 방식 ③ 다양한 교육 자료의 중요성

세부 내용 파악하기

2. 수업은 어떤 방식으로 진행했습니까?

3. 수업 방식에 대한 학생들의 반응은 어땠습니까?

4. 수업을 하면서 이 사람이 깨닫게 된 것이 아닌 것은 무엇입니까?

① 예술의 기능을 직접 확인해 볼 수 있었다.
② 학생들은 가르쳐 주지 않아도 스스로 창조할 수 있었다.
③ 효과적으로 가르치는 방법이 무엇인지 생각하게 되었다.
④ 반복 학습을 통해 지식을 얻는 것이 중요함을 알게 되었다.

들어 보세요 2 track 34

다음은 학생의 발표입니다. 잘 듣고 질문에 답해 보세요.

발표 제목 붙이기

1. 이 발표의 제목을 붙여 보세요.

   ① 예술 치료의 미래 ② 음악 치료의 소개 ③ 음악 교육의 역사

세부 내용 파악하기

2. 이 발표에 나오지 <u>않은</u> 내용은 무엇입니까?

   ① 음악 치료의 정의 ② 음악 치료의 방법
   ③ 음악 치료의 기능 ④ 음악 치료의 비용

3. 음악 치료를 받는 사람은 어떤 사람입니까?

4. 음악 치료의 효과가 <u>아닌</u> 것은 무엇입니까?

   ① 신체적 기능을 향상시킨다. ② 사회성을 개발시킬 수 있다.
   ③ 음악적 재능을 발견하게 한다. ④ 심리적 안정을 얻을 수 있다.

5. 일반인들이 우울할 때 어떤 음악을 들으면 좋습니까?

이야기해 보세요

들어 보세요 1과 **들어 보세요 2**처럼 예술을 실생활에 응용한 예에 대해 이야기해 보세요.

말하기

주제를 정해서 발표를 해 보세요.

준비해 보세요

'음악 치료'를 주제로 한 발표입니다. 발표 순서에 맞게 번호를 써 보세요.

① 지금까지 발표한 내용을 요약해 간단히 말한다.
② '음악 치료'가 무엇을 의미하는지 어떤 예가 있는지 자료를 통해 소개한다.
③ 자신이 왜 '음악 치료'라는 주제를 선택했는지 설명한다.
④ 친구들의 질문을 받고 관련 내용을 설명한다.

③	→		→		→	
발표 시작		발표		마무리		질의 / 응답

표현을 연습해 보세요

1. 다음은 발표 주제를 소개할 때 쓰는 표현입니다. 다음 표현을 사용하여 이야기해 보세요.

〈발표 주제 소개하기〉

- 제 발표 주제는 ~입니다.
- 저는 여러분께 ~에 대해 말씀 드리려고 합니다.
- 제가 이 주제를 선택하게 된 이유[동기]는 ~기 때문입니다.

제 발표 주제는 음악 치료**입니다. 제가 이 주제를 선택하게 된 동기는** 음악에 관심이 많기도 하고 우울증이 있는 제 동생이 음악 치료를 받고 효과를 얻었**기 때문입니다.**

1)
- 발표 주제
  음악 치료
- 발표 동기
  음악에 관심이 많고
  동생이 음악 치료를
  받고 효과를 얻음.

2)
- 발표 주제
  공정 무역
- 발표 동기
  ______
  ______
  ______

3)
- 발표 주제
  한국의 영화
- 발표 동기
  ______
  ______
  ______

2. 다음은 발표 개요를 소개할 때 쓰는 표현입니다. 다음 표현을 사용하여 이야기해 보세요.

〈발표 개요 제시하기〉

- 제 발표는 크게 ~ 부분으로 이루어졌습니다. 첫 번째는 ~, 두 번째는 ~에 대한 것입니다.
- 오늘 발표할 내용은 먼저 ~, 다음으로 ~, 마지막으로 ~의 순서로 구성되어 있습니다.

> 제 발표는 크게 두 부분으로 이루어졌습니다. 첫 번째는 음악 치료의 정의와 대상에 대한 것이고, 두 번째는 음악 치료의 적용 사례에 대한 것입니다.

〈음악 치료〉

Ⅰ. 음악 치료의 정의와 대상
1. 음악 치료의 정의
2. 음악 치료가 필요한 대상

Ⅱ. 음악 치료의 적용 사례
1. 치료에 사용되는 음악
2. 실제 치료 사례

〈공정 무역〉

Ⅰ. 공정 무역의 배경
1. 저개발국의 노동 환경
2. 다국적 기업의 이윤 추구

Ⅱ. 공정 무역의 등장과 변화
1. 커피 농가의 예
2. 목화 농가의 예

Ⅲ. 기업의 의식 변화

〈한국 영화〉

Ⅰ. 한국 영화와 한류
1. 인기 있는 한국 영화 소개
2. 또 하나의 한류, 한국 영화

Ⅱ. 한국 영화의 발전 요소
1. 다양한 주제와 장르
2. 자본과 기술력

Ⅲ. 한국 영화와 배우

발표해 보세요

1. 발표 주제와 관련된 정보를 조사하고 필요한 정보만 선택해 보세요.

LEI | 음악 치료 | 검색

통합검색 책 사이트 동영상 카페 지식 My소셜 이미지 뉴스 블로그 실시간 소셜웹 웹문서 게시판 더보기 ▼

관련 검색어 음악치료사 평생교육원 POP 미술치료 유아교육 논문 놀이치료 음악치료 프로그램 음악치료사월급 음악치료사과정 음악치료사자격증 음악치료 대학원

글쓰기 답글 최신 목록 | 목록 | ▲윗글 | ▼아랫글

음악 치료와 음악 치료사 ‖ 자유 게시판

음악연구조회 340 | 추천 1 | 2015.07.04. 00:22

A. 음악 치료란?

음악 치료는 음악을 이용해 병이나 현대인의 각종 스트레스를 치료하는 데 도움을 주는 선진국형 의료서비스의 한 분야로서, 자폐, 과잉 행동, 우울증 등의 정신적인 문제를 안고 있는 사람들을 대상으로 하는 심리 치료 중의 하나이다. 음악 치료는 음악 활동을 체계적으로 활용함으로써 사람의 신체와 정신 기능을 향상시켜 개인의 보다 나은 삶의 질을 추구하는 음악의 전문 분야이다.

B. 음악 치료사는?

- 음악 치료사는 악기 연주, 작곡하기, 노래 부르기, 음악 감상 등으로 환자와의 음악 활동을 통해 환자의 신체적 정신적인 이상 상태를 치유하는 일을 한다. 음악 치료사와 환자는 즉흥적인 연주나 노래를 통해 정신적인 교감을 하게 된다. 그런 과정이 시간을 두고 되풀이됨에 따라 환자는 자신이 미처 깨닫지 못했던 마음의 일부분을 표출하게 된다. 따라서 음악 치료사는 환자의 정신적 건강은 물론이고 육체적인 건강까지 돕는 역할을 한다.
- 음악 감수성이 풍부한 사람들에게 적합하다. 기본적으로 음악을 좋아하고 악기 하나 정도는 다룰 줄 알아야 한다. 악기나 노래로 자신을 표현할 수 있는 실력은 돼야 음악 치료를…….

- 음악 치료 : 음악을 이용해 병을 치료하거나 스트레스를 완화시키는 심리 치료
- 음악 치료 대상 : 뇌성마비 환자, 자폐 아동, 우울증 등의 정신 질환을 가진 성인
- 음악 치료의 활동 :
- 음악 치료의 기능 :
- 생활 속의 음악 치료 :
- ~~음악 치료사~~
- ~~음악치료학과 자격증~~
- ~~음악 치료의 역사~~

2. 발표 개요를 만들고 소개해 보세요.

발표 주제 : 음악 치료

발표 동기 : 음악에 관심이 많음, 우울증이 있는 동생이 음악 치료를 받고 효과를 얻었음

발표 내용

1. 음악 치료의 정의
   - 음악을 이용한 심리 치료의 한 종류
2. 음악 치료의 대상
   - 뇌성마비 환자, 자폐 아동
   - 우울증, 정신적 질환을 가진 성인
   - 정서적 안정이 필요한 일반인
3. 음악 치료 활동
   - 음악 감상, 노래 부르기, 가사 써 보기, 악기 연주 등 다양한 활동
   - 음악 활동을 통한 치유 과정
4. 음악 치료의 효과
   - 신체적인 면 : 뇌성마비 아동의 근육 운동 활성화
   - 심리적인 면 : 치매 노인, 정서적 장애 환자의 심리적 안정
   - 사회적인 면 : 자폐 아동의 사회성 개발
5. 생활 속의 음악 치료
   - 일반인의 스트레스, 긴장 완화 기능
   - 감정과 동질감을 주는 음악 활용

마무리 : 내용 요약
질의 / 응답

어휘와 표현

1. 생활 속의 예술

● 어휘

감상적 목적(鑑賞的目的) [목쩍]
작품 자체를 즐기려는 목적. the purpose of appreciating art / 观赏性目的 / 鑑賞目的
예전에는 그림을 순수하게 즐기는 감상적 목적으로만 이용했지만 최근에는 컵이나 시계 등에 그림을 넣어 이용하는 예가 늘고 있다.

내면(內面)을 들여다보다
사람의 속마음, 심리를 살펴보다. to look inside / 探究内心 / 内面をのぞきみる
아이가 부모의 말을 듣지 않을 때는 무조건 화를 내지 말고 아이의 속마음이나 내면을 들여다보고 무엇이 문제인지 알아봐야 한다.

동질감(同質感)을 느끼다
다른 사람과 같은 입장이나 처지에 있다고 느끼다. to feel a kinship / 有认同感 / 共感するものがある
후배가 진로 문제로 고민을 하는 것을 보니 2년 전 같은 문제로 고민하던 내 모습이 떠올라 동질감을 느꼈다.

마음이 정화(淨化)되다
고민이나 문제가 해결되어 마음이 깨끗해지다. mind becomes purified / 心灵得到净化 / 心が洗われる
아름다운 자연을 바라보면 복잡했던 마음이 정화되는 것 같다.

매개체(媒介體)가 되다
둘 사이의 관계를 맺어 주는 역할을 하다. to play a role of a medium/link / 成为媒介 / 媒体となる
그 사진은 어린 시절의 추억을 떠올리게 하는 매개체가 된다.

미적 상상력(美的想像力)[미쩍상상녁]
아름다움에 대해 마음속으로 그려 보는 힘. esthetic imagination / 美学想象力 / 美的想像力
그 작가는 자신이 가지고 있는 미적 상상력을 발휘해 많은 사람들에게 감동을 주는 아름다운 그림을 그렸다.

사회(社會)를 비판(批判)하다
사회에서 일어나는 일이 옳은지 잘못됐는지 판단하다. to criticize society / 批判社会 / 社会を批判する
언론의 역할은 그 사회에서 일어나는 일을 대중에게 전달하고 일의 옳고 그름을 판단해 사회를 비판하는 것이다.

스트레스(stress)를 해소(解消)하다
스트레스를 없애다. to get rid of stress / 消除压力 / ストレスを解消する
가벼운 운동을 하거나 바나나와 우유 같은 음식을 먹으면 스트레스를 해소할 수 있다고 한다.

실생활(實生活)에 응용(應用)하다 [실쌩활]
지식이나 이론을 실제 생활에 이용하다. to apply knowledge or theory to daily life / 运用到实际生活中 / 実生活に応用する
체질에 따라 음식을 골라 먹고 운동을 하는 등 사상 의학을 실생활에 응용하는 사람들이 증가하고 있다.

실용성(實用性)이 있다 [시룡썽]
실생활에 이용하기 좋은 성질이 있다. to be practical / 具有实用性 / 実用性がある
유명한 그림을 이용해 디자인한 접시나 시계는 실용성이 있을 뿐만 아니라 아름답기도 하다.

작품(作品)을 감상(鑑賞)하다
그림이나 음악 같은 예술 작품을 즐기다. to appreciate a work / 欣赏作品 / 作品を鑑賞する
전시장은 미술 작품을 감상하는 사람들로 붐볐다.

접목(接木)시키다[점목씨키다]
동 둘 이상의 다른 일을 잘 어울리게 조화시키다. to incorporate / 嫁接，合并，融入 / 接ぎ木する
그 디자이너는 전통 한복에 현대적 감각을 접목시켜 새로운 디자인의 옷을 만들어 냈다.

정서적 안정(情緒的安靜)
사람의 마음에 일어나는 여러 감정을 편안하게 만듦. emotional stability / 情绪上的稳定 / 情緒的安定
우리 유치원에서는 아이의 정서적 안정을 위해 아이들에게 피아노를 가르치고 동물을 돌보게 하고 있다.

창의적(創意的)이다
새로운 생각이나 의견을 가지다. to be creative / 有创意的 / 創造的だ
김 대리는 신제품 개발 회의에서 창의적인 아이디어를 내놓아 부장님의 칭찬을 받았다.

치료(治療)에 활용(活用)하다
병을 낫게 하는 데 이용하다. to make a practical application in medical treatment / 运用到治疗中 / 治療に活用する
일부 병원에서는 플라시보를 우울증 치료에 활용하고 있다.

● 듣기

■ 들어 보세요 1

고정 관념(固定觀念)
이미 정해진, 한쪽으로 치우친 생각. fixed idea / 固有观念 / 固定観念
창의적인 생각을 하려면 고정 관념을 버려야 한다.

기획(企劃)

명 공연이나 일 등을 계획함. planning / 策划，筹划 / 企画

내가 이번 프로젝트의 기획을 맡았다.

수확(收穫)

명 어떤 일의 성과를 비유적으로 표현한 말. harvest, result / 收获 / 収穫

이번 남북 정상 회담을 통해 경제 개발 협력이라는 큰 수확을 거두었다.

연출(演出)

명 배우의 연기나 무대 등을 종합적으로 지도하는 일. direction / 导演 / 演出

영화가 성공하려면 연출이 매우 중요하다.

■ 들어 보세요 2

완화(緩和)시키다

동 긴장된 상태나 상황을 풀다. to relieve / 缓解 / 緩和する

심호흡을 크게 하면 긴장감을 완화시킬 수 있다.

치유(治癒)하다

동 치료해 병을 낫게 하다. to heal / 治愈 / 治癒する

믿었던 사람에게서 받은 마음의 상처를 치유하려면 많은 시간과 노력이 필요하다.

활성화(活性化)시키다

동 어떤 기능을 더 활발하게 하다. to vitalize / 激活 / 活性化する

서울시는 홈페이지에 시민 의견란을 마련해 시민들의 참여를 활성화시켰다.

● 말하기

응답(應答)

명 질문이나 부름에 답함. answer / 回答 / 応答おうとう

가수 A 씨는 기자의 질문에 자신은 그런 일을 한 적이 없다고 응답했다.

질의(質疑)

명 의심하거나 모르는 것을 물어봄. question / 质疑 / 質疑しつぎ

수업 후에 선생님은 학생들의 질의에 친절히 대답해 주셨다.

2

건축물의 미학

주제
건축물의 미학

어휘
건축물의 아름다움

문법과 표현
- A-(으)면서(도)
- A-기(가) 이를 데 없다

읽기
- 설명문 읽고 묘사 대상 상상하기
- 묘사하는 글을 읽고 필자의 인상 이해하기

쓰기
- 시제에 유의하며 문장 쓰기
- 건축물 외양 묘사하는 글 쓰기

들어가기

이야기해 보세요

1. 건축물과 나라를 연결해 보세요.

① ____________

② ____________

③ ____________

④ ____________

⑤ ____________

⑥ ____________

2. 건축물의 특징에 대해 이야기해 보세요.

어휘와 문법

읽어 보세요 track 35

테마 여행 | 배낭여행 | 자유 여행 | 허니문 | 게시판

유럽 | 중동 | 아시아 | 아프리카 | 오세아니아 | 북아메리카 | 남아메리카

세계의 건축물 투어

20박 21일

2015년 9월 24일 출발

~~7,200,000원~~ → 7,000,000원

[나만의 테마 여행] 세계의 건축물 돌아보기

한국 창덕궁의 연경당을 출발해 미주 및 유럽, 아프리카의 유명 건축물을 돌아보는 여행 상품

건축물에는 건축가의 꿈과 열정이 담겨 있으며 그 시대의 역사와 문화가 고스란히 남아 있다. 이번 여행에서는 보는 이가 압도될 만큼 웅장함과 완벽한 대칭 구조를 자랑하는 인도 타지마할 사원, 경외감을 불러일으키는 이집트 핫셉수트 신전에서부터 뛰어난 조형미를 자랑하는 시드니의 오페라 하우스, 독특한 아름다움을 보여 주는 구겐하임 미술관에 이르기까지 세계의 유명 건축물을 모두 돌아보게 된다. 첫 여행지인 한국 창덕궁의 연경당은 아늑하**면서도** 소박한 것이 특징이며 자연과 조화를 이루어 아름답**기 이를 데 없다.**

1. 어떤 여행 상품입니까?

2. 각 건축물이 어떤 특징을 가지고 있습니까?
   - 핫셉수트 신전 : 경외감을 불러일으킨다.
   - 구겐하임 미술관 :
   - 타지마할 사원 :
   - 연경당 :

어휘를 연습해 보세요

건축물 / 직선 / 곡선 / 원형 / 반원형 / 정사각형 / 직사각형 / 삼각형 / 정육면체 / 직육면체
간결하다 / 단아하다 / 독특하다 / 섬세하다 / 아늑하다
압도되다 / 완벽하다 / 웅장하다 / 정교하다 / 화려하다 / 소박하다
길쭉하다 / 동그랗다 / 네모나다 / 대칭을 이루다 / 전율을 느끼다 / 조화를 이루다
분위기가 신비롭다 / 조형미가 뛰어나다 / 강렬한 인상을 남기다 / 경외감을 불러일으키다

1. 어휘를 건축물의 외양과 인상을 표현하는 것으로 분류해 보세요.

건축물의 외양	인상
정육면체 / 직육면체	강렬한 인상을 남기다

문법과 표현을 연습해 보세요

1. A-(으)면서(도)
- 서울은 전통미가 가득하면서도 현대적인 도시이다.
- 영화 〈클래식〉은 아름다우면서 슬픈 사랑을 담고 있다.

2. A-기(가) 이를 데 없다
- 불국사 다보탑은 정교하고 섬세하기 이를 데 없다.
- 차가 막혀 두 시간 동안 자동차 안에 있었더니 답답하기가 이를 데 없었다.

1. 다음을 보고 이야기해 보세요.

1) 

한국의 창덕궁 연경당

단아하다, 아늑하다

2) 

인도의 타지마할

웅장하다, 신비롭다

3) 

호주 시드니의 오페라 하우스

조형미가 뛰어나다, 화려하다

> 창덕궁 연경당에 가 보니 정말 단아하**면서도** 아늑했어요.

2. 다음 상황에 맞게 써 보세요.

1) 

아무리 전화를 해도 친구가 받지를 않는다. 정말 답답하기가 이를 데 없다.

2) 

____

3) 

____

읽기

준비해 보세요

1. 창문 모양과 그에 대한 인상을 이야기해 보세요.

2. 건물에서 창문은 어떤 역할을 합니까?

읽어 보세요 1 track 36

다음은 건축에 대한 설명문입니다. 글을 읽고 질문에 답해 보세요.

가 현대의 건축가들은 건축의 화두가 공간의 창조라고 이야기한다. 공간의 창조는 공간을 나누는 것에서 시작된다. 일상생활에서 가장 쉽게 찾아볼 수 있는 공간 디자인은 벽에 그림을 거는 것이다. 벽 한가운데 걸지, 창문과 대칭을 이루게 걸지, 한쪽 벽에 치우쳐 그림을 걸지 가늠하는 과정을 통해 우리는 공간을 나누고 설계하게 된다. 건축가들이 건물을 설계하면서 하는 일 가운데 벽에 그림을 거는 일과 가장 흡사한 것은 무엇일까. 바로 창을 내는 일이다. 아름다운 그림을 벽에 거는 것과 안팎의 환경과 조화가 잘되게 창을 내는 것은 사실 거의 같은 작업이라고 할 수 있다.

물론 벽에 창을 내는 작업은 그림을 거는 것보다 변수가 많은 일임에 틀림없다. 창은 그림보다 훨씬 복잡한 존재이기 때문이다.

나 창은 빛을 실내로 들여오기도 하고 환기를 시키기도 한다. 창으로 시원한 바람도 들어오고 주변의 소음도 들어온다. 빛, 바람, 소음을 조절하는 것이 바로 창이다. 또한 창은 밖의 경치를 보여 줄 뿐만 아니라 아름다운 그림을 거는 것처럼 내부 공간의 분위기를 바꾸는 기능을 한다. 건물의 외부에서 보면 창의 모양과 크기에 따라 건물의 모습이 달라져 창은 건물의 전체적인 디자인을 결정한다고 할 수 있다.

다 창을 만들 때 고려해야 하는 것이 한 가지 더 있다. 바로 건물을 사용하는 사람이다. 서울대학교 미술대학 건물은 보는 이에게 강렬한 인상을 남기며 창문 모양 역시 독특하기 이를 데 없다. 미대 학생들이 그림을 그리려면 실내에 풍부한 빛이 필요한데 그러기 위해서 창이 커야 함은 두말할 필요가 없다. 그러나 작업실이던 공간은 며칠 후에는 미대생들의 그림을 감상하는 전시장이 되기도 한다. 그림을 전시하려면 창보다는 벽이 필요하다. 이 모순되는 요구 때문에 그림이 걸릴 만한 눈높이까지는 벽으로 막아

중심 내용 파악하기 1. 무엇에 대해 설명하고 있습니까?

세부 내용 파악하기 2. 가에서 무엇과 무엇을 비교하고 있습니까?

3. 나에서 창의 기능이 무엇이라고 했습니까? 모두 고르세요.

- ☐ 그림의 모양과 크기 결정
- ☐ 건물의 용도 결정
- ☐ 내부 공간의 분위기 조성
- ☐ 빛, 바람, 소음 조절

거기에 그림을 걸게 하고 벽 윗부분에는 빛이 들어올 수 있게끔 커다란 창을 만들었다. 마지막으로 학생들이 사계절 변화하는 경치를 볼 수 있도록 벽 옆으로 작은 액자 크기의 창문을 냈다. 이로써 창밖의 경치는 여러 개의 액자 안으로 들어와 각각의 풍경화가 된다. 붉은 벽을 감싸안을 듯이 겹쳐진 창은 건물 사용자에게 빛을 선물하는 동시에 외부의 풍경을 엿볼 수 있게 한 것이다.

〈서현, 건축, 음악처럼 듣고 미술처럼 보다, 2004〉

4. 다음 중 다에서 묘사되고 있는 창문은 무엇입니까?

① 

② 

③ 

5. 다에서 설명하는 건물의 특징은 무엇입니까?

읽어 보세요 2 clip 5

다음은 건물의 외양을 묘사한 글입니다. 글을 읽고 질문에 답해 보세요.

창덕궁은 조선 시대의 대표적인 궁궐 중의 하나로 아름다운 후원과 함께 유네스코 세계문화유산에 등재된 역사적인 공간이다. 특히 후원에 있는 연경당은 소박하면서도 아름다운 전통 한옥 건물이다. 연못이 있는 넓은 앞마당을 지나 작은 문을 통과하면 오른쪽에 사랑채가 보이고 왼쪽에 안채가 보인다. 사랑채와 안채 사이는 나지막한 담으로 분리된 것처럼 보이지만 사실은 정겹게 이어져 있다. 안채와 사랑채는 나무와 돌, 곡선과 직선의 소박한 조화가 아름다운 건축물이다.

사랑채는 남자들이 주로 생활하던 곳으로 부드러운 곡선의 지붕과 지붕을 떠받치는 직선의 간결한 나무 기둥이 조화를 이루고 있다. 사랑채 대청마루에는 직사각형의 문이 뒤뜰로 나 있는데 내다보이는 뒷마당의 풍경이 그림 액자에 담긴 것처럼 아름답기 이를 데 없다. 대청마루 옆에는 여름철에 많이 이용하던 여름방이 있다. 방은 직육면체 모양의 주춧돌 세 개를 받쳐 공중에 떠 있는 형상이다. 방 아래로 바람이 통하도록 함으로써 시원한 여름 한철을 보내도록 한 지혜가 담겨 있다. 이 방은 문살의 모양이 특히 인상적이다. 문살은 대칭을 이루는 사각형 무늬로 조형미가 뛰어나고 섬세해 멀리서 보면 마치 수를 놓은 것같이 아름답다.

중심 내용 파악하기 1. 무엇을 소개하고 있습니까?

세부 내용 파악하기 2. 이 글에서 묘사하지 않은 것은 무엇입니까?

① 안채의 아궁이　　② 안채의 연못

③ 사랑채의 대청마루　　④ 사랑채의 여름방

3. 각 건물을 알맞게 묘사한 것과 연결해 보세요.

1) 

사랑채

2) 

사랑채 여름방

3) 

안채

- 한복 소매 선을 닮은 지붕의 곡선이 단아하다.
- 부드러운 곡선의 지붕과 직선의 간결한 나무 기둥이 조화를 이룬다.
- 직육면체 모양의 주춧돌 때문에 공중에 떠 있는 것 같고 창살의 조형미가 뛰어나며 섬세하다.

사랑채 옆에 이어져 있는 안채는 한복의 소매선을 닮은 지붕의 곡선이 단아한 건물이다. 안채에서는 아래에 커다란 아궁이가 달려 있는 방이 눈에 띈다. 아궁이에 불을 때면 그 열기로 뜨거워진 온돌이 한겨울 추위를 막아 주었으리라. 마루로 오르기 전에 놓인 직육면체의 디딤돌은 군더더기 없이 단정하고 소박하다.

마당에는 우뚝 서서 보기만 해도 든든한 나무 위로 새들이 노래하며 날아다닌다. 집 뒤로 울긋불긋 물든 단풍은 병풍처럼 연경당을 감싸고 있다. 고요하면서도 넉넉한 품으로 우리를 반겨 주는 연경당은 바쁜 생활 속에서 지친 사람들에게 잠시의 여유를 주는 곳이다.

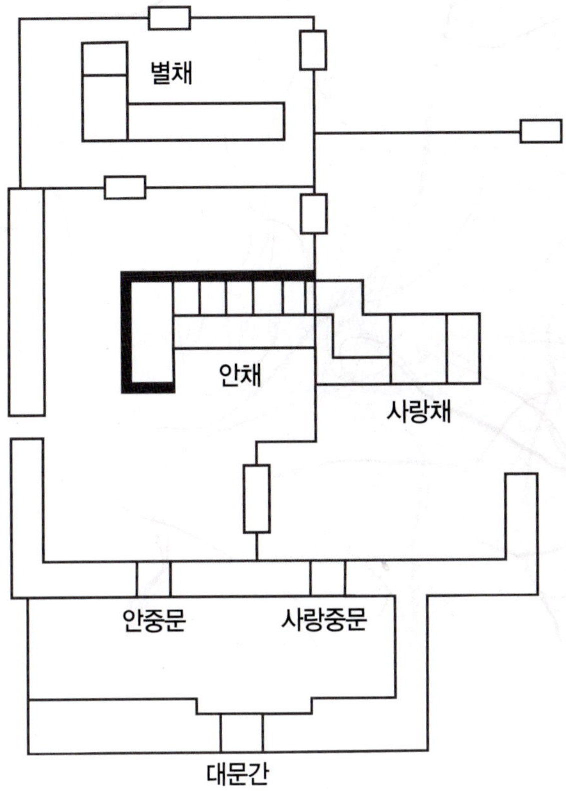

4. 이 건축물을 보고 글쓴이가 받은 느낌은 무엇입니까? 모두 고르세요.

- ☐ 소박하다
- ☐ 웅장하다
- ☐ 섬세하다
- ☐ 신비롭다
- ☐ 조형미가 뛰어나다
- ☐ 단정하다
- ☐ 압도되다
- ☐ 수를 놓은 것 같다
- ☐ 완벽하다

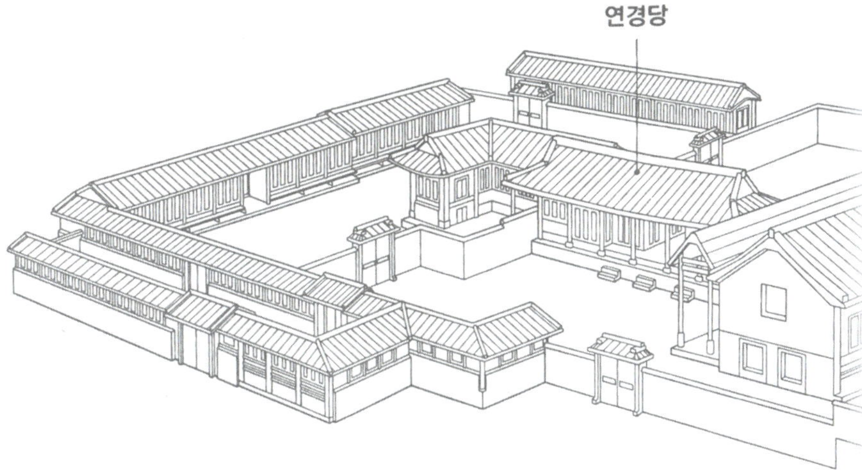

이야기해 보세요

여러분 나라의 전통 가옥을 묘사해 보세요.

쓰기

건축물을 묘사하는 글을 써 보세요.

준비해 보세요

다음 문장에서 어색한 부분을 찾아 바르게 고쳐 보세요.

1. 나는 친한 친구와 산책한 것을 좋아해서 자주 공원에 놀러 간다.
2. 민수가 어제 모임에 못 왔는데 밤늦게까지 해야 한 일이 많아서 그랬다고 미안해했다.
3. 10년 만에 중학교 때 친구들을 만났는데 다들 못 알아보는 정도로 변해 있어서 낯선 느낌이 들었다.
4. 이번 주에 시장에 갈 시간이 없을 정도로 바쁠 것 같아서 가족들이 일주일 동안 먹는 것을 주말에 다 사다 놓았다.
5. 어릴 때 나는 어른들이 내 머리를 만져준 것을 아주 좋아했었는데 요즘 아이들에게는 함부로 그렇게 해서는 안 된다.

표현을 연습해 보세요

1. 다음은 묘사할 때 자주 쓰는 표현입니다. 다음 표현을 사용하여 묘사해 보세요.

- 마치 ~처럼/같이 생기다
- 마치 ~처럼/같이 보이다
- ~모양
- ~을 듯이
- ~는 것 같다
- ~을 닮다
- ~이 특징이다

이 건물의 지붕은 **마치** 태극 문양**같이 생겼다.**

1)

2)

2. 다음 표현을 사용하여 건물을 묘사하는 단락을 써 보세요.

〈보기〉

직사각형 조화를 이루다 간결하다 세련되다
~모양 대칭을 이루다 ~이/가 특징이다

서울대학교 미술대학 건물은 **직사각형**의 창문이 빨간 벽돌과 **조화를 이루고** 있는 **간결하고 세련된** 건물이다. 특히 **대칭을 이루는** 여러 개의 창문이 ㄷ자 **모양**으로 길게 연결되어 있는 것**이 특징이다**.

서울대학교 미술대학

1)

직선 곡선 반원형 동그랗다
섬세하다 조화를 이루다 대칭을 이루다

옛 서울역

2)

직선 독특하다 길쭉하다 삼각형 모양
직육면체 모양 조형미가 뛰어나다
강렬한 인상을 남기다

서울대학교 모아미술관

써 보세요

1. 여러분 나라의 유명한 건물에 대해 친구에게 소개해 보세요.

2. 그 건물의 특징을 메모하고 묘사하는 글을 써 보세요.

어휘와 표현

2. 건축물의 미학

● 어휘

간결(簡潔)하다

❸ 간단하고 깔끔하다. to be concise / 简洁 / 簡潔だ

그 회사의 휴대폰과 컴퓨터는 간결한 디자인으로 주목받고 있다.

강렬(强烈)한 인상(印象)을 남기다 [강녈한]

강한 느낌을 마음속에 남기다. to leave a strong impression / 留下深刻印象 / 強烈な印象を残す

그 배우의 눈빛 연기는 관객들에게 강렬한 인상을 남겼다.

건축물(建築物)[건충물]

❸ 건물. building / 建筑 / 建築物

경복궁은 조선 시대에 지어진 건축물 중의 하나이다.

경외감(敬畏感)을 불러일으키다

존경과 두려움의 감정을 동시에 생기게 하다. to arouse a sense of awe / 激发敬畏感 / 畏敬の念を抱かしめる

이집트의 피라미드는 많은 역사학자로부터 호기심과 경외감을 불러일으키기에 충분했다.

곡선(曲線)[곡썬]

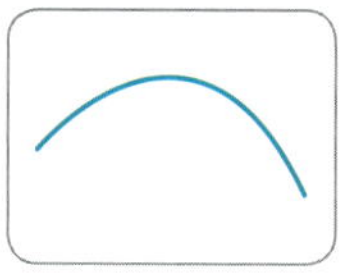

❸ 부드럽게 굽은 선. curved line / 曲线 / 曲線

한복의 소매는 완만한 곡선을 이루고 있다.

길쭉하다[길쭈카다]

❸ 긴 느낌이 있다. to be a little long / 长条形的，稍长 / やや長めだ

저는 얼굴이 길쭉해서 어렸을 때부터 별명이 오이였어요.

네모나다

❸ 모양이 네모로 되어 있다. to be square / 方的 / 四角い

내 친구는 얼굴형이 네모난 편이다.

단아(端雅)하다

❸ 단정하고 아담하다. to be neat and elegant / 端庄文雅 / 端正で優雅だ

한옥은 한복을 곱게 차려입은 여자처럼 단아하고 정숙한 아름다움이 있다.

대칭(對稱)을 이루다

상하좌우의 균형이 맞다. to have symmetry / 对称 / 対称をなす

창문 아래에는 책상이 하나 있는데 이 책상의 양옆에는 여러 개의 서랍들이 대칭을 이루고 있었다.

독특(獨特)하다[독트카다]

❸ 특별하게 다르다. to be unique / 独特 / 独特だ

두리안은 독특한 냄새가 나는 과일이다.

동그랗다

❸ 모양이 동글다. to be round / 圆乎的 / まるい

내 말을 듣고 놀랐는지 친구가 눈을 동그랗게 뜨고 나를 쳐다봤다.

반원형(半圓形)[바눤형]

❸ 원의 반으로 이루어진 모양. semicircle / 半圆形 / 半円

새로 짓는 구청 건물은 반원형의 7층 건물이라고 한다.

분위기(雰圍氣)가 신비(神秘)롭다

신기하고 묘한 느낌이 있다. to have a mysterious atmosphere / 气氛神秘 / 雰囲気が神秘的だ

해가 진 겨울 산은 쓸쓸하면서도 분위기가 신비로웠다.

삼각형(三角形)[삼가켱]

❸ 세 개의 선으로 둘러싸인 도형. triangle / 三角形 / 三角形

삼각 김밥은 김밥을 삼각형 모양으로 만든 것이다.

섬세(纖細)하다

❸ 곱고 가늘다. to be delicate / 精细 / 繊細だ

그 작가는 동물의 털까지 하나하나 섬세하게 그리는 것으로 유명하다.

소박(素朴)하다[소바카다]

❸ 꾸밈없이 수수하다. to be simple / 朴素 / 素朴だ

어머니는 화려한 옷차림보다는 소박한 옷차림을 선호하신다.

아늑하다[아느카다]

❸ 안긴 것처럼 포근하고 편안하다. to be cozy / 温馨，舒适 / 奥まって静かだ, 穏やかだ

내 고향 마을은 산으로 둘러싸여 있어서 아늑한 느낌을 준다.

압도(壓倒)되다[압또되다]

❸ 뛰어난 힘이나 능력, 재주에 눌려 움직일 수 없을 것같이 느끼다. to be overpowered, to be overwhelmed / 折服 / 圧倒される

나는 지난여름 이집트를 여행하면서 피라미드를 보고 그 크기에 압도되었다.

완벽(完璧)하다[완벼카다]

❸ 부족함이 없이 완전하다. to be perfect / 完美 / 完璧だ

나나 씨는 한국어 말하기 대회에서 완벽한 한국어로 1등을 차지했다.

웅장(雄壯)하다
형 크고 거대하다. to be grand / 雄伟 / 雄壮だ
인천 공항은 하루에 몇 백 대의 비행기를 수용할 만큼 웅장한 규모를 자랑한다.

원형(圓形)
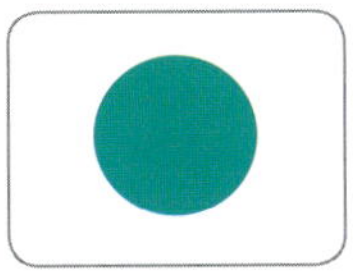
명 둥근 모양. round shape / 圆形 / 円形
올림픽에 참가한 각국 선수단들이 원형 경기장으로 들어서고 있다.

전율(戰慄)을 느끼다
몹시 두려워하거나 놀라서 떨리다. to feel thrilled / 战栗，颤抖 / 戦慄が走る
오페라 공연을 보다가 소프라노의 고음을 듣고 전율을 느꼈다.

정교(精巧)하다
형 정밀하다. to be elaborate / 精巧 / 精巧だ
이 반지는 디자인이 정교하다.

정사각형(正四角形)[정사가경]
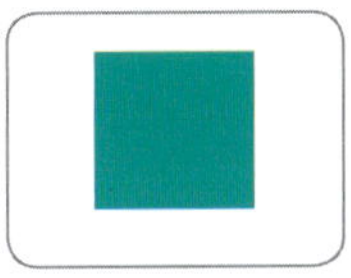
명 네 변의 길이가 같은 사각형. (regular) square / 正方形 / 正方形
어머니는 김을 구워서 정사각형 모양으로 자르셨다.

정육면체(正六面體)[정늉면체]
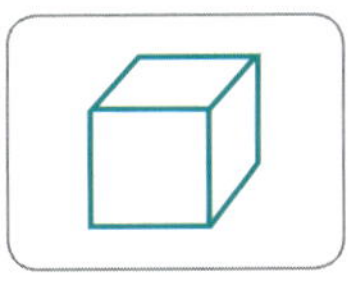
명 여섯 개의 정사각형으로 된 입체 도형. regular hexahedron / 正方体 / 正六面体
주사위는 정육면체 모양이다.

조형미(造形美)가 뛰어나다
형태에서 느껴지는 아름다움이 뛰어나다. aesthetic value of a sculpture/three dimensional artwork is exceptional / 造型优美，造型突出 / 造形美が際立つ
시드니의 오페라 하우스는 현대 건축 역사에 남을 만큼 아름답고 조형미가 뛰어나다는 평가를 받고 있다.

조화(調和)를 이루다
서로 잘 어울리다. to be harmonized / 和谐 / 調和をなす
그 영화는 주인공과 조연들의 연기가 조화를 이루었다.

직사각형(直四角形)[직싸가경]
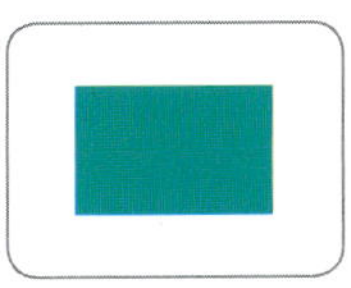
명 네 각이 모두 90도인 사각형. rectangle / 长方形 / 長方形
가수 A 씨가 쓰고 나온 직사각형 모양의 안경은 큰 인기를 끌었다.

직선(直線)[직썬]
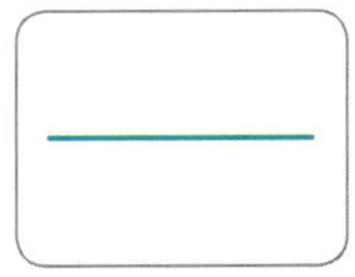
명 곧은 선. straight line / 直线 / 直線
중요한 결정을 해야 할 때 아버지는 직선으로 뻗은 도로를 바라보면서 오랫동안 생각하시는 버릇이 있다.

직육면체(直六面體)[징늉면체]
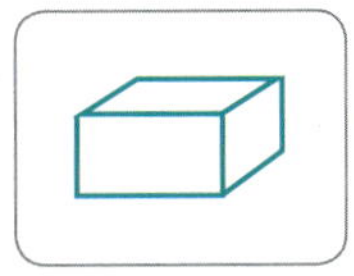
명 여섯 개의 직사각형으로 된 입체 도형. rectangular parallelepiped / 长方体 / 直六面体, 直方体
우리 주변에서는 냉장고, 옷장과 같은 직육면체를 많이 볼 수 있다.

화려(華麗)하다
형 환하게 빛나며 곱고 아름답다. to be showy, to be splendid / 华丽 / 華麗だ
남산에서 내려다보는 서울의 야경은 무척 화려하다.

● 읽기

■ 읽어 보세요 1

가늠하다
동 목표나 기준에 맞는지 계산하다. to estimate / 估算，估量 / 見積もる, 見当をつける
멀리 떨어져 있어서 그 건물의 높이를 제대로 가늠하기가 어려웠다.

모순(矛盾)되다
동 두 사실이 서로 맞지 않다. contradiction / 矛盾 / 矛盾
그 남자는 자신을 사랑하지만 결혼하기는 싫다는 여자의 말이 모순된다고 생각했다.

변수(變數)
명 상황을 변화시킬 수 있는 요인. variable / 变数，变量 / 変数
물가 결정에는 수요와 공급, 유가 등 여러 가지 변수가 작용한다.

풍경화(風景畵)

명 경치를 그린 그림. landscape painting / 风景画 / 風景画
잔잔한 호수와 호수를 둘러싼 숲의 모습이 마치 아름다운 풍경화를 보는 것 같았다.

흡사(恰似)하다[흡싸하다]
형 비슷하다. to be similar / 相似，酷似 / そっくりだ
이번에 새로 개발한 제품의 디자인은 이전 모델과 흡사하지만 기능은 더 좋아졌다.

어휘와 표현

■ 읽어 보세요 2

나지막하다[나지마카다]

❸ 높이가 좀 낮은 듯하다. to be rather low / 低矮 / やや低めだ
우리 할머니 댁은 지은 지 오십 년이 넘은 나지막한 초가집이다.

등재(登載)되다

❺ 어떤 일이 기록되어 올라가다. to be registered / 登记，记载 / 登録される
제주도는 유네스코 세계자연유산에 등재되었다.

떠받치다

❺ 떨어지거나 쓰러지지 못하게 밑에서 위로 받쳐 버티다. to support / 支撑 / 支える
이 나무는 너무 약해서 지붕을 떠받치기에는 적당하지 못하다.

문살[문쌀]

❸ 문에 종이를 바르거나 유리를 끼우는 데 뼈대가 되는 가느다란 나무. frame of a paper sliding door / 门框 / (障子などの)桟, ほね
화려하게 꾸미지 않은 조선 시대의 문살에는 단아함이 배어 있다.

병풍(屛風)

❸ 바람을 막거나 무엇을 가리기 위해, 또는 장식용으로 방안에 둘러치는 물건. folding screen / 屏风 / 屏風
방 안에 들어가자 벽에 둘러친 병풍 앞에 김 선생님이 앉아 계셨다.

주춧돌[주춛똘]

❸ 건물의 기초를 튼튼히 하기 위해 기둥 밑에 두는 돌. foundation stone / 基石 / いしずえ, 礎石
어지럽게 난 풀 사이에 크고 많은 주춧돌이 놓여 있는 것으로 보아 옛날 이곳에 궁궐이 있었음을 짐작할 수 있다.

● 쓰기

태극 문양(太極文樣)

한국 국기 가운데 있는 원형의 무늬. yin-yang symbol / 太极图案 / 太極の模様
그 디자이너는 한국의 태극 문양을 접목시켜 옷을 디자인했다.

자기 평가

1. 다음 중 아는 어휘에 √ 하세요.

- [ ] 건축물
- [ ] 정육면체
- [ ] 웅장하다
- [ ] 정교하다
- [ ] 접목시키다
- [ ] 감상적 목적
- [ ] 매개체가 되다
- [ ] 대칭을 이루다
- [ ] 치료에 활용하다
- [ ] 사회를 비판하다
- [ ] 스트레스를 해소하다
- [ ] 조형미가 뛰어나다

2. 알맞은 표현을 골라서 문장을 완성해 보세요.

-(으)면서(도)　　-고서는　　-게끔　　-기(가) 이를 데 없다

1) 가 : 음식에 관심이 많은데 음식을 직접 만들어 본 적이 없어.
   나 : .... 요리를 잘할 수가 없어. 오늘부터 해 봐.

2) 가 : 아이의 식습관을 어떻게 길러야 할까요?
   나 : 어릴 때부터 편식을 하지 않고 .... 하는 것이 중요해요.

3) 외국 여행을 갔는데 그 나라의 말을 전혀 알아들을 수 없어서 ....
   그래서 열심히 외국어를 배우기로 결심했다.

4) 가고 싶어 했던 대학에 합격해 다른 도시로 떠나게 되었다. 한편으로는 ....
   막상 부모님 곁을 떠난다고 생각하니 혼자 살 일이 걱정되었다.

3. 이 단원을 공부하고 여러분이 할 수 있게 된 것에 √ 해 보세요.

- [ ] 건축물의 외양을 묘사하는 글을 쓸 수 있다.
- [ ] 발표 주제를 정해 그 주제를 소개하고 발표 개요를 제시할 수 있다.
- [ ] 인터뷰를 듣고 내용을 평가할 수 있으며 발표를 듣고 제목을 붙일 수 있다.
- [ ] 건축물에 대한 글을 읽고 묘사 대상을 상상할 수 있으며 필자의 인상을 이해할 수 있다.

정답

2. 1) 직접 만들어 보지 않고서는 2) 골고루 음식을 먹게끔 3) 답답하기 이를 데 없었다 4) 기뻐하면서도

보충 어휘

속담(Ⅱ) 한국 문화와 사회를 이해하는 데 도움이 되는 속담을 익혀 봅시다.

계란으로 바위 치기다 이길 수 없는 상대에게 도전함.	**내 코가 석 자**다 내 상황이 힘들어서 남을 도와줄 여유가 없음.
도토리 키 재기다 실력이 좋지 않은 비슷한 사람끼리 서로 다툼.	**땅 짚고 헤엄치기**다 매우 쉬운 일.
밑 빠진 독에 물 붓기다 아무리 힘과 돈을 들여도 효과가 없음.	**빛 좋은 개살구**다 겉보기만 좋고 실속이 없는 사람이나 그런 경우.
싼 게 비지떡이다 값이 싼 물건은 품질도 그만큼 나쁨.	**우물 안 개구리**다 경험이 부족하고 세상일을 잘 모르는 사람.
울며 겨자 먹기로/다 하기 싫은 일을 억지로 함.	**티끌 모아 태산**이다 아무리 적은 돈이라도 꾸준히 모으면 나중에 큰 돈이 됨.

연습 1 다음 그림과 어울리는 속담을 찾아보세요.

1)

① 내 코가 석자
② 도토리 키 재기

2)

① 싼 게 비지떡
② 티끌 모아 태산

3) 

① 울며 겨자 먹기
② 땅 짚고 헤엄치기

4) 

① 빛 좋은 개살구
② 우물 안 개구리

연습 2 다음 상황과 관련 있는 속담을 써 보세요.

1) 자식이 많은 집은 돈을 아무리 많이 벌어도 쓸 일이 많아서 돈이 항상 부족해요.

→ 밑 빠진 독에 물 붓기

2) 5,000원짜리 티셔츠를 샀는데 한 번 세탁기에 넣고 돌렸더니 줄어서 못 입게 됐어요.

→

3) 친구가 시험공부를 도와 달라고 했는데 나도 시험공부를 하나도 못 해서 친구를 도와줄 수 없었어요.

→

4) 대기업이 동네 빵집까지 진출했다. 동네 가게는 아무리 노력을 해도 막강한 자본력을 앞세운 대기업과 싸우기가 어렵다.

→

5) 자국의 문화만 고집하고 다른 나라의 문화를 받아들이려 하지 않으면 남을 이해하지 못하는 편협한 사람이 된다.

→

6) 과일 가게 아저씨는 동네에 새로 생긴 대형 마트에서 수박을 너무 싸게 팔아서 어쩔 수 없이 10,000원에 팔던 수박을 원가보다 싼 5,000원에 팔고 있다.

→

보충 어휘

연습 3 다음 그림을 보고 대화를 완성해 보세요.

1)

2)

3)

4)

연습 4 어울리는 속담을 골라 대화를 완성해 보세요.

도토리 키 재기	계란으로 바위 치기	우물 안 개구리
티끌 모아 태산	땅 짚고 헤엄치기	밑 빠진 독에 물 붓기

1) 태권도 대회에 많은 외국인 학생들이 참가했다. 배운 지 세 달밖에 안 된 학생들이 대부분이어서 겨우 태권도를 흉내 내는 정도의 수준이었다. 학생들의 실력이 ....(이)라서 심사위원들이 1등을 가리는 데 애를 먹었다.

2) 주식이나 펀드에 투자하고 계십니까? 아무리 투자해도 수익이 전혀 없어 ....(이)나 다름 없으시다고요? 그럼, 저희 AA 투자 회사를 찾아 주십시오.

3) 대학원 입시에 간단한 프랑스어 해석 시험이 있었다. 나는 프랑스에서 유학했기 때문에 그런 시험은 ....처럼 쉽게 느껴졌다.

4) 생활비를 아끼고 싶으세요? ....(이)라고 하잖아요. 작은 것부터 아껴 보세요. 안 쓰는 플러그는 뽑아 두시고 빨래는 모아서 한꺼번에 하세요.

5) 대학생 자녀를 둔 가정주부입니다. 저희 아이는 집에서 게임만 하느라 친구도 사귀지 않고 독서도 하지 않고 여행하는 것도 싫어합니다. 이렇게 세상 경험이 없어서 시야가 좁은 .... 이/가 될까 봐 걱정입니다.

6) 대기업에서 일을 하다가 이유 없이 해고를 당한 김 씨는 자신이 다니던 회사를 상대로 소송을 하기로 했다. 주변에서는 ....(이)라고 했지만 김 씨는 이길 수 없는 소송이라 할지라도 해 보겠다고 했다.

VII 사상과 이데올로기

1 한국인과 유교 사상

주제	유교 사상과 한국 사회
어휘	유교와 한국인의 사고방식
문법과 표현	• N더러 • N이/가 다 뭐예요?
듣기	• 대화 듣고 관련 사례 추론하기 • 발표 듣고 개요 파악하기
말하기	• 발표하기 3 (자료 제시하기, 결론 말하기)

2 한국인과 이데올로기

주제	한국인과 이데올로기
어휘	전쟁과 이데올로기
문법과 표현	• N은/는 고사하고 • (비록) A/V-(으)ㄹ망정
읽기	• 만화 읽고 추론하기 • 설명문 읽고 인과 관계 파악하기
쓰기	• '-았더니'와 '-았던'에 유의하며 글 쓰기 • 역사적 사건 기술하기
보충 어휘	연어 I

1

한국인과 유교 사상

주제
유교 사상과 한국 사회

어휘
유교와 한국인의 사고방식

문법과 표현
· N더러
· N이/가 다 뭐예요?

듣기
· 대화 듣고 관련 사례 추론하기
· 발표 듣고 개요 파악하기

말하기
발표하기 3
(자료 제시하기, 결론 말하기)

들어가기

이야기해 보세요

1. 어떤 상황입니까?

2. 왜 이런 일들이 생기는 것 같습니까?

어휘와 문법

읽어 보세요 track 38

LEI 지식 SEARCH GO 질문하기

LEI 지식人 홈 | 지식人 Q&A | 지역 Q&A | 고민 Q&A | 오픈 사전

홈 〉 LEI 지식人 〉 생활

Q **한국 사람들은 처음 만나면 나이부터 물어보는데 이럴 때 항상 당황스럽습니다. 한국 사람들은 왜 처음 만난 사람의 나이를 알고 싶어 할까요?**

A 한국어는 나이에 따라 호칭이 정해지고 높임말과 반말을 구별해서 씁니다. 또한 나이에 따라 상하 관계가 정해지는 유교 사상 때문에 사람을 처음 만나면 그 사람의 나이에 관심을 가지게 됩니다. 그렇지만 이런 문화에 익숙하지 않은 외국인들은 한국인들이 나이에 대한 질문을 하면 언짢게 생각하거나 당황스러워하기도 합니다.

Q **나이를 알고 싶을 때 실례가 되지 않게 물어보는 방법이 있나요?**

A 처음 만난 사람**더러** "몇 살이세요?"라고 직접 나이를 물어보면 그 사람이 당황하게 되죠. "몇 학번이세요?", "무슨 띠세요?"와 같이 우회적으로 물어보는 방법을 사용하기도 합니다.

└ RE : 저보다 나이가 한 살 많은 한국 친구가 있는데 저한테 형이라고 부르라고 했어요. 실은 생일이 세 달밖에 차이가 안 나는데 형**이 다 뭐예요**? 우리 나라에서는 나이에 상관없이 다 친구가 될 수 있고 형이라는 호칭도 안 쓰니까 처음엔 많이 당황스러웠어요.

완료 인터넷 100%

1. 한국 사람들은 왜 처음 만난 사람의 나이를 알고 싶어 합니까?

2. 어떻게 하면 실례가 되지 않게 나이를 물어볼 수 있습니까?

어휘를 연습해 보세요

동기
호칭
적령기
위계질서를 중시하다
서열
혈연관계
상하 관계
나이 대 / 연배가 같다
학번 / 동갑 / 동년배 / 또래
연령 제한
유교적 전통
가부장적이다
권위적이다
실례(가) 되다
예의에 어긋나다
말을 높이다 / 말을 놓다
유교 문화가 반영되다

1. 서로 관계있는 것끼리 연결해 보세요.

1) 가부장적이다 •	• 한국 친구가 자기가 나보다 두 살 더 많다고 하면서 반말을 해도 되겠느냐고 했다.
2) 말을 놓다 •	• 한국에서 조상들에게 제사를 지내는 관습은 유교와 관계가 깊다. 유교는 한국인의 생활 양식에 많은 영향을 미쳤다.
3) 유교적 전통 •	• 우리 형제들은 아버지가 하시는 말씀에 언제나 복종해야만 했다. 왜냐하면 아버지는 우리 집에서 하늘과 같은 존재였기 때문이다.
4) 동갑 •	• 일 년 늦게 대학에 입학한 신입생은 나이가 같은 2학년 선배를 부를 때 선배님 대신 선배라는 말을 쓴다.
5) 예의에 어긋나다 •	• 어른과 술을 마실 때 어른에게 한 손으로 술을 따르면 안 된다.

문법과 표현을 연습해 보세요

1. N더러

· 수민이가 나더러 바보라고 했다고?

· 제가 민석이더러 박물관에서는 조용히 하라고 말했어요.

2. N이/가 다 뭐예요?

· 지금 일하느라 정신이 없는데 휴가가 다 뭐예요?

· 생일이 한 달밖에 차이가 안 나는데 언니가 다 뭐예요?

1. 다음을 보고 조언해 보세요.

1) 수업 시간에 발표해야 하는데 발표 자료를 예쁘게 못 만들어서 걱정이에요.

나나 씨**더러** 도와 달라고 부탁해 보세요.

2) 이번 주에 귀국하는데 짐이 많아서 공항까지 어떻게 가야 할지 모르겠어요.

3) 방학에 부산에 놀러 가려고 하는데 어디에 가면 좋을지 모르겠어요.

나나

아키라

선미

2. 다음 그림을 보고 이야기해 보세요.

1)

2)

3)

어제 결혼기념일에 선물 받으셨어요?

선물**이 다 뭐예요**? 남편이 기억도 못 해서 결국 제가 알려 줬어요.

듣기

준비해 보세요

1. "찬물도 위아래가 있다."는 말의 뜻은 무엇일까요?

2. 여러분 나라에도 비슷한 속담이 있습니까?

들어 보세요 1 track 39

다음은 외국인 학생과 선생님의 대화입니다. 잘 듣고 질문에 답해 보세요.

중심 내용 파악하기

1. 무엇에 대한 대화입니까?

세부 내용 파악하기

2. 들은 내용과 다른 것은 무엇입니까?
   ① 줄리앙은 '형, 누나' 등의 호칭 사용이 불편하다.
   ② 한국 사람들은 호칭을 통해 상하 관계를 확인하려 한다.
   ③ 대학에서는 학번이라는 것이 나이를 대신 나타내 주기도 한다.
   ④ 한국 사회는 나이 차이가 많이 나는 사람도 친구가 될 수 있다.

3. 유교에서 강조하는 것은 무엇입니까?

추론하기

4. 유교와 관련된 진술과 거리가 먼 것은 무엇입니까?
   ① "나이가 어린 직장 상사는 대하기 불편합니다."
   ② "민수야, 선생님께 숙제를 드릴 때 두 손으로 드려야지."
   ③ "수업에 늦을 것 같아서 교수님께 미리 전화를 드렸어요."
   ④ "어른이 식사가 끝날 때까지 기다려야지, 먼저 일어나면 예의가 아니지."

들어 보세요 2 track 40

다음은 외국인 학생의 발표입니다. 잘 듣고 질문에 답해 보세요.

중심 내용 파악하기 1. 무엇에 대한 발표입니까?

<table>
<tr><td colspan="2">발표 주제</td><td>1) ____________________</td></tr>
<tr><td rowspan="2">발표 내용</td><td>첫 번째 부분</td><td>2) ____________________</td></tr>
<tr><td>두 번째 부분</td><td>유교 사상이 반영된 한국어의 사례</td></tr>
</table>

세부 내용 파악하기 2. 학생이 이 주제를 선택한 이유는 무엇입니까?

3. 빈칸에 알맞은 말을 넣어 보세요.

유교의 영향 → 서열 의식을 중시하는 사회

→ 1) ____________의 발달

예) 진지 드십시오, 진지 드세요, 밥 먹어요, 밥 먹어라.

→ 2) ____________의 발달

예) uncle : 큰아버지, 작은아버지, 외삼촌, 삼촌, 이모부

이야기해 보세요

1. 유교와 관련된 한국인의 사고방식이나 생활 습관에 대해 이야기해 보세요.

예) 나이 많은 사람이 밥값을 내려고 하는 것, 조상들에게 제사를 지내는 것

2. 한국의 유교적 전통에 대한 여러분의 생각을 이야기해 보세요.

버스나 지하철에서 노인들에게 자리를 양보하거나 배려하는 모습은 보기 좋아요. 한국이 유교적 전통을 계속 이어 나가면 좋을 것 같아요.

말하기

발표 내용을 정리하고 결론을 제시해서 발표해 보세요.

준비해 보세요

1. 여러분은 좋은 발표의 조건이 무엇이라고 생각합니까? ✓ 하고 왜 그렇게 생각하는지 이야기해 보세요.

- ☐ 주제가 흥미롭다.
- ☐ 발표 내용이 자연스럽게 연결된다.
- ☐ 자료와 사진을 가능한 한 많이 준비한다.
- ☐ 내용을 잘 전달하기 위해 발표문을 보고 읽는다.
- ☐ 청중과 눈을 맞추면서 자신감 있는 태도로 발표한다.

표현을 연습해 보세요

1. 다음은 자료를 제시할 때 쓰는 표현입니다. 다음 표현을 사용하여 이야기해 보세요.

〈자료 제시하기〉

- 먼저 이 예문[그림, 사진, 도표, 그래프]을 봐 주십시오.
- 이 그림은 ~을 보여 줍니다[나타냅니다].
- 이 그림은 ~에 대한 것입니다.

먼저 이 예문을 봐 주십시오. 이 예문은 순서와 질서를 중시하는 유교 사상**을 나타냅니다.**

1) 예문

찬물도 위아래가 있다

→ 순서와 질서를 중시하는 유교 사상

2) 도표

	교육	공무원
내성적	10.5	80
외향적	70.9	10

→ 직업과 성격의 관계

3) 사진

→ 미술 치료가 치매 치료에 효과적

2. 다음은 다음 항목으로 넘어갈 때 쓰는 표현입니다. 다음 표현을 사용하여 개요를 보고 설명해 보세요.

〈다음 항목으로 넘어가기〉

- 다음으로[그러면, 이번에는] ~을 살펴보겠습니다.
- 우선[먼저, 마지막으로] ~에 대해 말씀드리겠습니다.

다음으로 유교 사상이 반영된 한국어의 사례를 **살펴보겠습니다.** (…) **우선** 한국어의 높임말**에 대해 말씀드리겠습니다.** (…) **마지막으로** 한국어의 호칭**에 대해 말씀드리겠습니다.** (…)

1)

II. 유교 사상이 반영된 한국어의 사례

(…)

1. 한국어의 높임말
2. 한국어의 호칭

2)

II. 직업에 알맞은 성격 유형

(…)

1. 교육과 서비스업
2. 생산직과 공무원

3)

II. 예술에 대한 인식 변화

(…)

1. 실생활에 응용된 예
2. 치료에 응용된 예

3. 다음은 결론을 제시할 때 쓰는 표현입니다. 다음 표현을 사용하여 이야기해 보세요.

〈결론 제시하기〉

- 지금까지 말씀드린 것을 통해 ~다고(다는) 결론을 내릴 수 있습니다.
- 지금까지 발표한 내용을 종합해 본다면 ~다고 볼 수 있습니다. 따라서 ~해야 할 것입니다.

지금까지 말씀드린 것을 통해 유교 사상은 그 어떤 사상보다 한국인의 언어생활과 습관에 큰 영향을 미쳤**다는 결론을 내릴 수 있습니다. 따라서** 한국어와 한국 문화를 좀 더 깊이 이해하기 위해서는 유교 사상에 대해 꼭 알아야 한다고 외국인 친구들에게 조언해 주고 싶습니다.

1)

V. 결론

- 유교 사상은 한국인의 언어생활과 습관에 큰 영향을 미침.
- 한국 문화를 이해하기 위해 유교 사상을 먼저 이해할 필요가 있음.

2)

V. 결론

- 성격에 맞는 직업을 선택해야 성공할 수 있음.
- 자신의 성격에 대해 잘 알고 그에 맞는 직업을 선택하는 게 좋음.

3)

V. 결론

- 예술의 목적이 다양화되었음.
- 다양한 목적으로 예술 작품을 이용했으면 좋겠음.

발표해 보세요 clip 6 / clip 7

1. 6단원에서 정한 주제를 바탕으로 개요를 완성해 보세요.

발표 주제 : 한국어에 반영된 유교 사상

Ⅰ. 유교 사상과 한국어의 관련성
  1. 언어와 문화의 관련성
  2. 유교 사상과 한국어

Ⅱ. 유교 사상이 반영된 한국어 사례
  1. 공손한 표현과 높임말
  2. 다양한 호칭어

Ⅲ. 결론
  - 유교 사상은 한국인의 언어생활과 습관에 큰 영향을 미침.
  - 한국 문화를 이해하기 위해 유교 사상을 먼저 이해할 필요가 있음.

발표 주제 : ______________________

2. 개요를 바탕으로 발표해 보세요.

발표 주제 소개	안녕하세요? 저는 국어국문학과 신입생 줄리앙입니다. 오늘 저는 여러분께 한국어에 반영된 유교 사상이라는 주제로 말씀드리려고 합니다. 제가 이 주제를 선택한 이유는 언어와 문화는 서로 관련성이 깊고 한국어에는 유교 사상이 많이 반영되어 있다고 생각했기 때문입니다.
발표 개요 제시	제 발표는 크게 두 부분으로 되어 있습니다. 첫 번째는 유교 사상과 한국어의 관련성에 대한 것이고, 두 번째는 유교 사상이 반영된 한국어의 사례에 대한 것입니다.
내용 전개	우선 유교 사상과 한국어의 관련성에 대해 살펴보도록 하겠습니다. 먼저 이 예문을 봐 주십시오. (…) 다음으로 유교 사상이 반영된 한국어의 사례에 대해 말씀드리겠습니다. (…)
결론	지금까지 말씀드린 것을 통해 유교 사상은 그 어떤 사상보다 한국인의 언어생활과 습관에 큰 영향을 미쳤다는 결론을 내릴 수 있습니다. 한국어와 한국 문화를 좀 더 깊이 이해하기 위해서는 유교 사상에 대해 꼭 알아야 한다고 외국인 친구들에게 조언해 주고 싶습니다. 제 발표를 들어 주셔서 감사합니다. 이상으로 발표를 마치겠습니다.

어휘와 표현

1. 한국인과 유교 사상

● 어휘

가부장적(家父長的)이다
집안에서 아버지가 절대적인 힘을 가지는 특징이 있다. to be patriarchal / 家长制的，父权的 / 家父長的だ
아버지는 가부장적이라서 집안의 모든 일을 혼자서 결정하신다.

권위적(權威的)이다
권위를 내세우는 특징이 있다. to be authoritative, to be bossy / 权威的，支配的 / 権威的だ
지나치게 권위적인 상사는 부하 직원과 관계가 좋지 않다.

나이 대(代)가 같다 [나이때]
사람들의 나이가 비슷하다. to be similar in age / 相同年龄段 / 年が近い
나이 대가 같은 사람들끼리 만나서 이야기하면 말이 잘 통한다.

동갑(同甲)
명 같은 나이. the same age / 同岁 / 同い年
아내와 나는 어렸을 적부터 한동네에 살았던 동갑 친구였다.

동기(同期)
명 학교나 회사에 같은 시기에 들어온 사람. peers who joined a company or school at the same time / 同期（同学或同事）/ 同期
대학 동기인 민수와 나는 60이 넘은 지금까지도 친하게 지내고 있다.

동년배(同年輩)
명 나이가 같거나 비슷한 사람(주로 나이가 많은 사람이 사용함). person of a similar age / 同龄人 / 同年輩
마을 회관에 동년배의 노인들이 모여 앉아 바둑과 장기를 두고 있었다.

또래
명 나이나 정도가 서로 비슷한 사람들. same age group / 同辈，朋辈 / 同じ年頃の仲間
은서는 또래의 아이들에 비해 키가 크다.

말을 높이다
높임말을 쓰다. to talk in an honorific way / 使用敬語 / 敬語を使う
처음 만난 사람에게는 우선 말을 높이는 것이 좋다.

말을 놓다 [노타]
높임말을 쓰지 않고 반말로 하다. to speak casually, to not use honorific forms / 不使用敬语 / 敬語を使わない
이제 많이 친해졌으니까 편하게 말을 놓는 게 어때요?

상하 관계(上下關係)
윗사람과 아랫사람의 관계. hierarchy / 等级秩序 / 上下関係
유교에서는 상하 관계를 매우 중시하므로 사람들 사이의 순서를 엄격하게 구분한다.

서열(序列)
명 일정한 기준에 따른 순서. rank / 序列，顺序 / 序列
예전에는 형제간에도 엄격하게 서열을 따져서 행동하곤 했다.

실례(失禮)(가) 되다
말이나 행동이 예의에 맞지 않다. to be discourteous / 失礼 / 失礼になる
처음 만나자마자 나이를 물어보는 것은 외국인에게 실례가 되는 질문이다.

연령 제한(年齡制限) [열령]
어떤 일을 할 때 어느 정도의 나이를 넘지 않은 사람들로 한정하는 것. age limit / 年龄限制 / 年齢制限
공무원 시험의 연령 제한이 폐지되어 시험 응시자의 평균 연령이 높아졌다.

연배(年輩)가 같다
사람들의 나이가 비슷하다(주로 나이가 많은 사람들이 사용함). to be similar in age (mostly used by older people) / 同辈，同龄 / 同年代だ
김 교수님은 우리 아버지와 연배가 같으신 줄 알았는데 사실은 아버지보다 열 살이나 위셨다.

예의(禮義)에 어긋나다 [어근나다]
예의에 맞지 않다. to go against proper etiquette, to commit a faux pas / 有悖礼仪，不礼貌 / 礼儀に反する
수업 시간에 껌을 씹는 것은 예의에 어긋나는 행동이다.

위계질서(位階秩序)를 중시(重視)하다 [위계질써]
상하 관계에서의 순서와 질서를 중요하게 생각하다. to stress the order of rank, to place importance on hierarchy / 重视等级序列 / 上下関係の秩序を重視する
군대에서는 위계질서를 매우 중시하므로 상관의 말에 무조건 복종해야 한다.

유교 문화(儒教文化)가 반영(反映)되다
유교 문화의 영향을 받아 나타나다. Confucian culture is reflected / 反映儒家文化 / 儒教文化が反映される
조상들에게 제사를 지내는 것은 유교 문화가 반영된 대표적인 관습이다.

유교적 전통(儒教的傳統)
유교와 관련되어 과거로부터 내려오는 사상이나 행동 양식. Confucian traditions / 儒家传统 / 儒教的伝統
아버지는 유교적 전통을 매우 중시하는 집안에서 태어나셨다.

적령기(適齡期)[정녕기]
명 어떤 일을 하기에 적당한 나이나 때. optimal age / 适龄期 / 適齢期
여성이 사회 진출을 하면서 결혼 적령기가 점점 늦추어지고 있다.

학번(學番)[학뻔]
명 같은 해에 입학한 학생들에게 입학 연도를 붙인 번호(예를 들어 2013년에 입학한 학생의 경우 13학번이 된다). year that one started college / 入学年度 / 入学年度
졸업 20주년을 맞아 88학번 모임을 가졌다.

혈연관계(血緣關係)
명 부모와 자식, 형제 등 피로 맺어진 관계. blood relationship / 血缘关系 / 血縁関係
"피는 물보다 진하다."라는 말은 혈연관계를 잘 나타낸 말이다.

호칭(呼稱)
명 이름 대신 부르는 말. title, designation / 称呼 / 呼称
그녀는 그를 선배라는 호칭 대신 오빠라고 불렀다.

● 듣기

■ 들어 보세요 1

밀접(密接)하다[밀쩌파다]
형 가까운 관계에 있다. to be close / 紧密 / 密切, 密接みっせつだ
언어와 문화는 밀접한 관계가 있다.

본격적(本格的)이다[본껵쩍]
어떤 일이나 상태가 매우 활발하다. to be full-scale, to be full-fledged / 正式, 正规 / 本格的だ
장마가 끝나자 본격적인 무더위가 시작되었다.

엄격(嚴格)하다[엄껴카다]
형 규칙 등이 엄하고 철저하다. to be strict / 严格, 严格的 / 厳格だ
우리 기숙사는 규칙이 너무 엄격해서 두 번 이상 외박하면 퇴사해야 한다.

■ 들어 보세요 2

일상사(日常事)[일쌍사]
명 일상생활, 혹은 일상생활에서 일어나는 일. everyday affair / 日常事务 / 日常の事がら
내 일기장에는 매일의 크고 작은 일상사가 자세히 적혀 있다.

친밀(親密)하다
형 사이나 관계가 가깝고 친하다. to be intimate / 亲密 / 親密だ
한국에서는 나이가 많은 사람에게 보통 존댓말을 쓰지만 친밀한 사이가 되면 반말을 쓰기도 한다.

통치 이념(統治理念)
명 나라나 어떤 지역을 다스리는 원리나 사상. ruling principle / 统治理念 / 統治理念
조선 시대에는 유교를 통치 이념으로 삼아 나라를 다스렸다.

● 말하기

넘어가다
동 (발표할 때) 다음 순서로 가다. to move on / 转入 / 省略して次に進む
자, 이제부터는 다른 문제로 넘어가 토론해 보겠습니다.

제시(提示)하다
동 말이나 글로 나타내어 보여 주다. to present / 提出, 展示 / 提示する
그 정치인은 야당 정치인의 의견을 반박하기 위해 여론 조사 결과를 자료로 제시했다.

항목(項目)
명 어떤 것을 구성하고 있는 한 부분. item / 项目 / 項目
정부는 새해 예산 항목을 발표했다.

2 한국인과 이데올로기

주제
한국인과 이데올로기

어휘
전쟁과 이데올로기

문법
· N은/는 고사하고
· (비록) A/V-(으)ㄹ망정

읽기
· 인과 관계 파악하며 읽기
· 추론하며 읽기

쓰기
· '-았(었)더니'와 '-았(었)던'에 유의하며 글 쓰기
· 역사적 사건 기술하기

들어가기

이야기해 보세요

독립

분단

한국 전쟁

남북 대립과 정상 회담

1. 무엇에 대한 사진입니까?

2. 여러분 나라에도 이런 일들이 있었습니까?

어휘와 문법

읽어 보세요 track 41

제2차 세계 대전을 거치면서 미국과 소련은 초강대국으로 부상하게 되었다. 그리고 세계는 미국 중심의 자유 민주주의 진영과 소련 중심의 공산주의 진영으로 나뉘었다. 두 나라의 이데올로기 대립으로 20세기 냉전 체제가 형성되었고 한반도도 그 영향에서 자유로울 수 없었다. 한국의 독립 직후 미국과 소련이 한반도를 38도선을 기준으로 나누어 영향력을 행사하면서 한반도는 통일 국가**는 고사하고** 이데올로기의 대결 장소로 전락하게 되었다.

한국 전쟁은 이데올로기의 대립으로 일어난 전쟁이었다. 같은 민족끼리 서로 돕지는 못**할망정** 전쟁으로 서로를 죽이는 일이 발생한 것이다. 3년간의 전쟁의 상처가 너무나 컸기 때문에 남북한 사이에 불신과 증오심이 깊어졌다. 그러나 최근에는 민족적 비극이 되풀이되어서는 안 된다는 반성의 목소리도 높아졌다. 서로에 대한 불신과 증오심을 없애고 새로운 평화의 이데올로기를 실현시키기 위한 노력이 이어지고 있다.

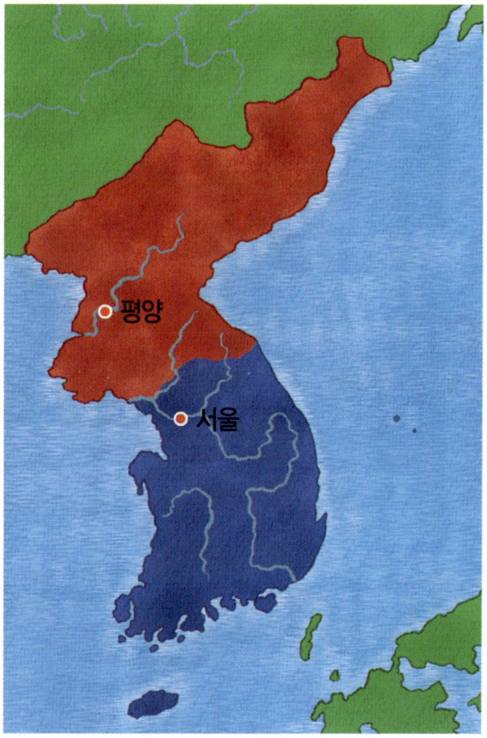

1. 제2차 세계 대전 이후 한반도에는 어떤 일이 일어났습니까?

2. 한국 전쟁의 결과 남북한의 관계는 어떻게 변화했습니까?

어휘를 연습해 보세요

이산가족
정상회담
냉전 / 탈냉전
이념[이데올로기, 사상]
공산주의 / 자본주의 / 사회주의 / 민주주의

국가보안법
대립하다
분단되다
참전하다

침략하다
수교를 맺다
정부를 수립하다
휴전 협정을 맺다
보수적이다 / 진보적이다

안보를 위협하다
평화를 염원하다

1. 서로 관계있는 것끼리 연결하세요.

1) 정상 회담	•	• 1945년 한국이 독립한 후 38도선을 중심으로 남한에는 미군이 북한에는 소련군이 들어와 한반도는 남과 북으로 갈라지게 되었다.
2) 이데올로기	•	• 우리 할머니는 한국 전쟁 때 아버지와 함께 남한으로 오셨는데 그때 다른 가족들과 헤어지게 되셨다고 한다.
3) 분단되다	•	• 러시아 대통령이 오늘 한국을 방문했다. 두 나라 대통령은 오후에 한국과 러시아의 경제 협력에 대한 회의를 할 예정이다.
4) 이산가족	•	• 한국과 몽골이 공식적인 외교 관계를 맺게 된 지 30주년이 되었다. 앞으로도 두 나라는 서로 협력하며 우호적인 관계를 지속해 나가기로 했다.
5) 수교를 맺다	•	• 민주주의 정부가 들어선 남한에서는 공산주의자를 처벌하고 국민을 대상으로 민주주의 이념 교육을 강화했다.

문법과 표현을 연습해 보세요

1. N은/는 고사하고

- 오랫동안 집을 비웠더니 냉장고에 먹을 것은 고사하고 마실 물조차 없었다.
- 너무 피곤해서 청소는 고사하고 손가락 하나 까딱하기도 힘들다.

2. (비록) A/V-(으)ㄹ망정

- 내가 사는 원룸은 비록 규모는 작을망정 생활에 필요한 것은 다 갖추어져 있다.
- 정부가 내년부터 장애인에 대한 혜택을 줄이겠다고 발표했다. 조금이라도 더 지원해 주지는 못할망정 혜택을 줄여서는 안 될 것이다.

1. 다음과 같이 이야기해 보세요.

1)

장학금은 **고사하고** 수료할 수 있을지도 잘 모르겠어요.

2)

3)

2. 다음과 같이 써 보세요.

1) **라면왕 이철호 씨, "100번 실패하더라도 다시 한번 도전할 것"**

[나도 한 마디] → 여러 번 실패했을망정 끝까지 포기하지 않는 자세는 정말 배울 만한 것 같다.

2) **신세대들 직업 선택 기준 변화, "연봉 높으면 적성 고려 안 해"**

[나도 한 마디] →

3) **커피 소비량 증가, 직장인들, "밥 굶어도 커피는 못 끊어"**

[나도 한 마디] →

읽기

준비해 보세요

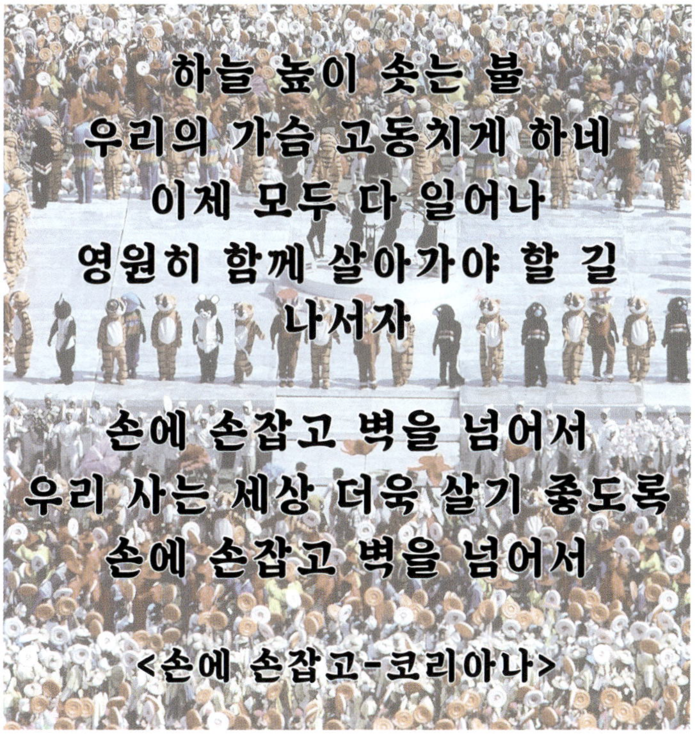

1. 88년 서울 올림픽 공식 주제가의 가사입니다. 가사의 의미를 이야기해 보세요.

읽어 보세요 track 42

다음은 한국의 역사에 대한 설명문입니다. 글을 읽고 질문에 답해 보세요.

1. 냉전 체제와 남북한 정부 수립

제2차 세계 대전 이후 세계 질서는 미국 중심의 자유 민주주의 진영과 소련 중심의 공산주의 진영으로 나뉘었다. 이데올로기의 대립으로 시작된 냉전 체제는 한반도에도 영향을 미쳐 한반도는 일본으로부터 독립한 이후에도 통일된 국가를 수립할 수 없었다. 위도 38도선을 기준으로 북쪽에는 소련군이, 남쪽에는 미국이 들어와 영향력을 행사했기 때문이다. 이후 김구와 같은 지도자들은 남북이 영원히 분단될 것을 우려하여 각각의 정부를 세우는 것을 반대했으나 냉전 체제라는 현실에 부딪혀 이를 실현시킬 수 없었다. ⓐ결국 1948년 남한에는 자유 민주주의 체제의 대한민국 정부가, 북한에는 공산주의 체제의 조선민주주의 인민공화국이 수립되었다.

2. 한국 전쟁

한반도에 각각 자유 민주주의와 공산주의 정부가 수립된 가운데 남북은 서로 다른 이념으로 인해 대립하게 되었다. 1950년 6월 25일 새벽, 전쟁으로 통일을 이루고자 했던 북한이 남한을 침략하면서 ⓑ한국 전쟁이 발발하였다. 남한은 갑자기 일어난 전쟁에 대비하지 못해 많은 전투에서 패배했고 부산을 제외한 거의 대부분의 지역을 잃었다. 한국은 UN군에 도움을 요청했고 이후 다시 서울을 되찾았다. 그러나 북한을 지원하기 위해 참전한 중국으로 인해 또다시 밀고 밀리는 싸움이 계속되었다. 결국 1953년 7월이 되어서야 휴전 협정이 맺어지게 되었다. 한국 전쟁으로 450만 명이 넘는 사상자가 생겼으며, 도로, 공장, 건물 등의 시설도 대부분 파괴되었다.

3. 국가보안법 제정

이념 대립은 남한과 북한뿐만 아니라 남한 내에 있는 공산주의 세력을 찾아 처벌하는 데에도 영향을 미쳤다. 한국 전쟁 전인 1948년에는 '제주 4 · 3 사건'이나 '여수 · 순천 10 · 19 사건'과 같은 대규모 유혈 사태가 일어나기도 했다. 1948년 12월에 제정된 ⓒ'국가보안법'은 이러한 혼란스러운 상황 속에서 국가의 안보를 위협하는 자들을 처벌하기 위한 명목으로 만들어져 몇 번의 개정을 거쳐 현재까지도 남아 있다. 국가보안법에 대해 정치 사상범을 만들어 내고 인권을 침해할 소지가 있으므로 폐지해야 한다는 입장과 남북한이 아직 휴전 상태이고 대한민국의 안보를 위협하는 세력을 통제하기 위해 필요하다는 입장이 팽팽히 맞서고 있다.

4. 탈냉전 시대

남북 관계는 1970년대에 이르러 조금씩 달라지는 모습을 보였다. 이때부터 남북한은 서로의 실체를 인정하고 대화와 교류를 시작했다. 1971년 대한 적십자사는 북한 적십자사에 ⓓ이산가족 상봉을 위한 회담을 제의했고 1985년 최초의 이산가족 상봉이 이루어졌다. 1972년에는 외국의 간섭 없이 평화적인 방법으로 통일하겠다는 것을 약속한 '7 · 4 남북 공동성명'이 서울과 평양에서 동시에 발표되었다.

이러한 탈냉전의 분위기 속에서 ⓔ1988년 서울 올림픽이 개최되었다. 서울 올림픽에는 자유 민주주의 국가와 사회주의 국가들이 동시에 참가했고 특히 소련과 동독이 참가한 마지막 올림픽으로 기록되었다. 이로써 서울 올림픽은 탈냉전 시대를 열어간다는 상징적인 의미를 갖게 되었다. 이후 국제적으로 평화의 분위기가 고조되었고 1989년 미국과 소련 양국의 정상은 몰타에서 냉전의 종식을 선언했다. 한국도 서울 올림픽 이후 사회주의 국가들과 수교를 맺게 되었다.

5. 평화를 위한 노력

2000년 시드니 올림픽 개막식에서는 사상 처음으로 남북 선수단이 'KOREA'라는 이름으로 공동 입장하면서 한반도의 평화에 대한 의지를 전 세계에 보여주었다. 또한 남북한은 그동안의 불신과 증오를 넘어 평화를 위한 신뢰를 쌓기 위해 여러 가지 노력을 하고 있다. 앞으로 해결해 나가야 할 과제들이 많고 여러 난제들이 남아 있지만 이념을 뛰어넘어 평화를 염원하는 마음만큼은 변하지 않을 것이다.

중심 내용 파악하기 1. 서로 관계있는 것끼리 연결해 보세요.

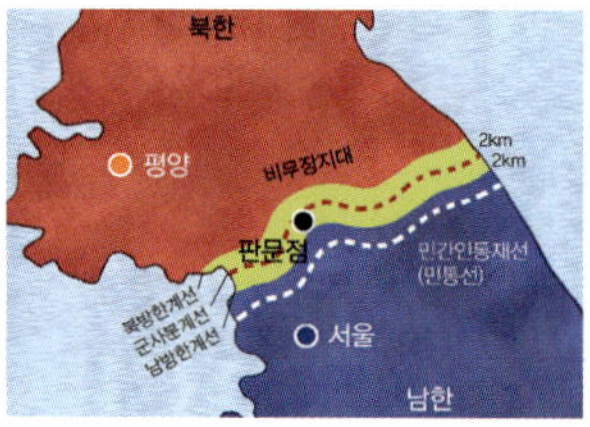

남북 단일 스포츠 팀 • 판문점과 비무장 지대 • 남북한 정상 회담 • 대한민국 정부 수립 •

• 냉전 체제와 남북한 정부 수립
• 한국 전쟁
• 탈냉전 시대 평화를 위한 노력

세부 내용 파악하기 2. 언제 사건이 있었는지 표를 완성해 보세요.

시 기	사 건
1945. 8. 15.	일본으로부터 독립
1948	
1950. 6. 25.	
1972. 7. 4.	남북 공동성명 발표
1985	
1988	
2000	

인과 관계 파악 하기 3. 다음의 배경 및 원인에 대해 이야기해 보세요.

결과	배경 및 원인
ⓐ 남북한 정부 수립	
ⓑ 한국 전쟁	
ⓒ 국가보안법 제정	
ⓓ 이산가족 상봉	
ⓔ 88 서울 올림픽	

이야기해 보세요

여러분 나라의 역사에서 특정 이데올로기가 강조된 시기가 있었는지 이야기해 보세요.

쓰기

역사적 사건에 대해 기술해 보세요.

준비해 보세요

다음 문장에서 어색한 부분을 찾아 바르게 고쳐 보세요.

1. 이거 내가 한 번 입던 청바지인데 너 입을래?

2. 새벽에 창문을 열더니 밤사이 눈이 쌓여 있었다.

3. 한참을 혼자서 잘 놀았던 아이가 갑자기 울기 시작했다.

4. 민수는 방에 들어왔더니 그대로 침대에 누워 잠이 들었다.

표현을 연습해 보세요

1. 글을 읽고 한국 전쟁을 정리해 보세요.

1950년 6월 25일 새벽에 전쟁을 통해 무력 통일을 원했던 북한은 남침을 해 왔다. 남한은 갑자기 일어난 전쟁에 대비하지 못해 많은 전투에서 패배하게 되었고 부산을 제외한 거의 대부분의 지역을 잃었다. 한국은 UN군에 도움을 요청하게 되었고 이후 다시 서울을 되찾았다. 그러나 북한을 지원하기 위해 온 중국군으로 인해 밀고 밀리는 전쟁은 계속되었다. 결국 1953년 7월 27일이 되어서야 휴전 협정이 맺어지게 된다. 한국 전쟁으로 수많은 사상자가 나왔으며 도로, 공장, 건물 등의 시설도 대부분 파괴되었다.

1) 의의(교훈) •	• 남북한의 이데올로기 대립이 극심했음. 1950년 6월 25일 새벽에 북한이 남침을 함.
2) 배경 및 원인 •	• 많은 사상자와 피해를 내고 3년 만에 전쟁이 끝남.
3) 한국 전쟁의 과정 및 결과 •	• 같은 민족 사이의 이데올로기의 대립으로 인해 여러 가지 비극이 생김.

2. 사건의 배경과 원인에 대해 쓸 때 사용하는 표현입니다. 다음 표현을 사용하여 연습해 보세요.

- ~은 ○년 ○월 ○일에 일어난 사건[일, 전쟁]이다
- 이 사건[일, 전쟁]의 발단은 ~이었다
- 이 사건은 ~이 발단이 되었다

> - 한국 전쟁**은** 1950**년** 6**월** 25**일에 일어난** 전쟁**이다.**
> - **이 전쟁의 원인은** 남북한의 민주주의와 공산주의의 이념 대립**이었다.**

1) 한국 전쟁
- 1950. 6. 25.~1953. 7. 27.
- 남북한의 민주주의와 공산주의 이념 대립.

2) 제1차 세계 대전
- 1914. 7. 28.~1918. 11. 11.
- 19세기, 식민지 쟁탈전을 둘러싼 유럽의 제국주의 강대국 사이의 대립.

3) 제2차 세계 대전
- 1939. 9. 1.~1945. 9. 2.
- 1939년 9월 1일에 일어난 독일의 폴란드 침공.

3. 사건의 과정과 결과에 대해 쓸 때 사용하는 표현입니다. 다음 표현을 사용하여 연습해 보세요.

- ~게 되었으나 ~게 되었다
- 그로 인해 ~이 발생하였다
- 끝이 나게 되었다[~으로 끝이 났다]
- 그로 인해 ~다는 결과를 낳았다

> - 한국 전쟁 초기에 남한은 부산 지역을 제외한 모든 지역을 잃**게 되었다.** 그 후 UN군의 도움으로 서울을 되찾**게 되었다.** 1953년 7월 27일 휴전 협정을 맺음으로써 한국 전쟁은 **끝이 나게 되었다. 그로 인해** 450만 명의 사망, 부상, 실종자가 발생하고 대부분의 도로와 건물이 파괴되었다.

1) 한국 전쟁
- 남한은 부산을 제외한 모든 지역을 잃게 됨. UN군의 도움으로 서울을 되찾게 됨.
- 1953년 7월 27일 휴전 협정이 맺어짐. 450만 명의 사망, 부상, 실종자가 발생하고 대부분의 도로와 건물이 파괴됨.

2) 제1차 세계 대전
- 1917년, 미국이 독일에 선전 포고를 한 이래, 연합국은 반격에 들어가기 시작. 결국, 동맹국의 군대가 차례대로 투항함.
- 1918년 11월 11일 휴전 협정이 맺어짐. 제1차 세계 대전으로 약 9백만이 사망, 참전국의 수많은 혁명 등을 포함한 주요 정치적 변화가 일어남.

3) 제2차 세계 대전
- 1941년 독일은 거의 전 유럽을 차지함. 미국이 전쟁에 뛰어들어 연합국을 지원하자, 소련도 독일과의 동맹을 깨고 연합국에 가담함.
- 1945년 9월 2일 일본의 항복으로 전쟁이 끝남. 전 세계적으로 약 5천5백만 명의 사망자가 발생하고 세계의 정치, 경제, 사회, 문화 등 모든 영역에도 커다란 변동이 나타남.

4. 사건의 의미를 제시하는 표현입니다. 다음 표현을 사용하여 연습해 보세요.

- ~다는 점에서 의미가 크다[교훈을 주다]
- ~다는 의의[의미]를 찾을 수 있다
- ~다는 점에서 우리에게 시사하는 바가 크다

- 한국 전쟁은 불필요한 이데올로기의 대립은 민족의 발전과 번영을 막을 수 있**다는 점에서** 우리에게 **교훈을 준다.**

1) 한국 전쟁

- 불필요한 이데올로기의 대립은 민족 발전과 번영을 막음.

2) 제1차 세계 대전

- 제국주의적인 야욕을 가진 세계열강들의 패권 다툼으로 전 세계를 전쟁터로 만들며 세계 평화를 위협함.

3) 제2차 세계 대전

- 전체주의 국가들의 야욕이 인류 역사상 가장 많은 인명 피해와 재산 피해를 남기며 세계 평화를 위협함.

5. 메모를 보고 역사적인 사건에 대해 써 보세요.

1) 제1차 세계 대전

제1차 세계 대전은 1914년 7월 28일부터 1918년 11월 11일까지 일어난 유럽을 중심으로 한 세계 대전이다. 19세기 식민지 쟁탈전을 둘러싼 유럽의 강대국 사이의 대립이 발단이 되었다.

- **배경 :** 1914년 7월 28일부터 1918년 11월 11일까지 일어난 유럽을 중심으로 한 세계 대전. 19세기, 식민지 쟁탈전을 둘러싼 유럽의 강대국 사이의 대립은 마침내 유럽 전체를 전쟁의 소용돌이로 몰아넣음.
- **과정 및 결과 :** 1917년 미국이 독일에 선전포고를 한 이래, 연합국은 반격에 들어가기 시작함. 결국, 동맹국의 군대가 차례대로 투항함. 1918년 11월 11일 휴전 협정이 맺어짐. 약 9백만이 사망, 제1차 세계 대전은 사망자가 가장 많았던 전쟁 중 하나이며, 참전국의 수많은 혁명들 등을 포함한 주요 정치적 변화가 일어남.
- **의의 :** 제국주의적인 야욕을 가진 세계열강들의 패권 다툼으로 전 세계를 전쟁터로 만들며 세계 평화를 위협함.

2) 제2차 세계 대전

- **배경 :** 1939년 9월 1일부터 1945년 9월 2일까지 일어난 세계전쟁. 이 전쟁은 1939년 9월 1일에 일어난 독일의 폴란드 침공이 발단이 됨.
- **과정 및 결과 :** 1941년 독일은 거의 전 유럽을 차지함. 미국이 전쟁에 뛰어들어 연합국을 지원하자, 소련도 독일과의 동맹을 깨고 연합국에 가담함. 1945년 9월 2일 일본의 항복으로 전쟁이 끝남. 전 세계적으로 약 5천5백만 명의 사망자가 발생하고 세계의 정치, 경제, 사회, 문화 등 모든 영역에도 커다란 변동이 나타남.
- **의의 :** 전체주의 국가들의 야욕이 인류 역사상 가장 많은 인명 피해와 재산 피해를 남기며 세계 평화를 위협함.

써 보세요

1. 여러분 나라의 역사적인 사건 하나를 골라 인터넷으로 자료를 조사해 보세요. 다음 항목에 따라 메모해 보세요.

〈한국 전쟁〉

- 배경
  - 남북한의 극심한 이념 대립이 원인.
- 과정 및 결과
  - 북한은 남한을 침략해 3년간 전쟁을 함. 1953년 7월 27일 휴전 협정을 맺음. 450만 명이 실종, 부상, 사망했고 대부분의 도로와 건물이 파괴됨.
- 의의
  - 불필요한 이데올로기의 대립이 민족 발전과 번영을 막음.

〈　　　　〉

- 배경
- 과정 및 결과
- 의의

2. 메모를 보며 친구에게 사건을 소개하고 글을 써 보세요.

어휘와 표현

2. 한국인과 이데올로기

● 어휘

공산주의(共産主義)[공산주의/공산주이]
명 개인이 재산을 소유하는 대신에 모든 재산을 국가가 소유함으로써 평등한 사회를 이루려는 사상. communism / 共产主义 / 共産主義
공산주의 국가에 시장 경제의 원리가 도입되면서 개인의 재산 소유가 인정되기 시작했다.

국가보안법(國家保安法)[국까보안뻡]
명 1948년에 국가의 안전을 위협하는 반국가 활동을 규제하기 위해 만들어진 법률. National Security Law / 国家安全法 / 国家保安法
경찰은 정부의 허락 없이 북한을 방문한 사람을 국가보안법 위반 혐의로 구속했다.

냉전(冷戰)
명 제2차 세계 대전 이후 미국과 소련을 중심으로 한 자본주의와 공산주의의 대립. 또는 직접적으로 무력을 사용하지 않고 경제나 외교 등을 수단으로 하는 대립. the Cold War / 冷战 / 冷戦
제2차 세계 대전이 끝난 후 세계는 미국을 중심으로 하는 자본주의권 국가와 소련 중심의 사회주의권 국가 간의 냉전 체제로 재편되었다.

대립(對立)하다[대리파다]
동 의견이나 성격 등이 서로 맞서거나 반대되다. to oppose / 对立，对抗 / 対立する
영토 문제로 계속 대립하던 두 나라는 결국 전쟁을 시작했다.

민주주의(民主主義)[민주주의/민주주이]
명 국민이 권력을 가지고 스스로 권리를 행사하는 정치 형태. democracy / 民主主义 / 民主主義
민주주의 국가에서는 국민들의 의견이 국가 정책에 반영되기 때문에 여론이 정치에 미치는 영향이 크다.

보수적(保守的)이다
새로운 것에 반대하고 기존의 것을 유지하려는 특성이 있다. to be conservative / 保守 / 保守的だ
우리 어머니는 보수적인 집안에서 태어나셔서 외삼촌들처럼 대학 교육을 받을 수 없었다.

분단(分斷)되다
동 국가나 지역이 둘 이상으로 나뉘다. to be divided / 分裂 / 分断される
한국 전쟁이 끝나자 미국을 비롯한 강대국들에 의해 한반도는 남북으로 분단되었다.

사회주의(社會主義)[사회주의/사회주이]
명 자본주의의 단점을 해결하고 모든 사람이 평등하게 조화를 이루는 사회를 실현하려는 사상. socialism / 社会主义 / 社会主義
사회주의 국가와 공산주의 국가는 다른 개념이지만 동일하게 취급되는 경우가 많다.

수교(修交)를 맺다
나라와 나라 사이에 외교 관계를 가지다. to establish diplomatic relations / 缔交，建立邦交 / 修好する
한국은 중국과 수교를 맺은 후 중국에 대한 수출량이 크게 증가했다.

안보(安保)를 위협(威脅)하다[위혀파다]
편안하고 안전한 상태를 보장받지 못하다. to threaten security / 威胁安全 / 安保を脅かす
학자들은 기후 변화가 세계의 안보를 위협하는 가장 큰 요인이 될 것이라고 전망한다.

이념(理念)[이데올로기(ideologie), 사상(思想)]
명 어떤 것에 대해 가지고 있는 구체적인 사고나 생각. ideology / 理念，意识形态 / 理念, イデア, 思想
조선 시대는 유교적 이념이 널리 퍼졌기 때문에 왕들의 권한이 강했다.

이산가족(離散家族)
명 남북 분단 등의 이유로 오랫동안 헤어져 사는 가족. separated families / 离散家属，失散亲人 / 離散家族
우리 할아버지는 남북 이산가족 찾기 프로그램을 통해 전쟁 때 실종되었던 동생을 만나셨다.

자본주의(資本主義)[자본주의/자본주이]
명 개인이 재산을 소유하는 것을 인정하고 생산 활동을 함으로써 이익을 얻으려는 사상. 또는 경제 구조. capitalism / 资本主义 / 資本主義
자본주의 사회에서 부가 소수의 사람에게 편중되는 것은 어제오늘만의 일이 아니다.

정부(政府)를 수립(樹立)하다
정부를 세우다. to establish a government / 建立政府，成立政府 / 政府を樹立する, 政府を立てる
우체국에서는 정부가 수립된 지 70년이 된 것을 기념하기 위해 새로운 디자인의 우표를 발행했다.

정상 회담(頂上會談)
명 두 나라 이상 국가의 최고 지도자가 모여서 하는 회의. summit talk / 首脑会谈 / 頂上会談, 首脳会談, サミット
일주일 후에 열릴 한미 정상 회담에서는 무역 분쟁에 대해 논의될 것이다.

진보적(進步的)이다
사회의 변화와 발전을 추구하려는 특성이 있다. to be progressive / 进步 / 進歩的だ
그 신문의 자유주의적이고 진보적인 성향은 여러 차례 보수주의자들에게 비판을 받았다.

어휘와 표현

참전(參戰)하다
동 군인이나 국가가 전쟁에 참여하다. to enter a war / 参阵 / 参戦する
한국 전쟁이 일어나자 유엔(UN) 16개국이 참전했다.

침략(侵略)하다[침냐카다]
동 정당한 이유 없이 남의 나라에 쳐들어가다. to invade / 侵略 / 侵略する
걸프전(Gulf戰)은 이라크가 쿠웨이트를 침략한 것이 발단이 되어 일어난 전쟁이다.

탈냉전(脫冷戰)
명 냉전에서 벗어남. end of cold war / 后冷战 / 脱冷戦, ポストコールドウォー
세계적인 탈냉전 분위기 속에서 남북의 교류는 더욱 활성화되었다.

평화(平和)를 염원(念願)하다
평화로운 상태가 되기를 간절히 바라고 원하다. to wish for peace / 希望和平 / 平和を願う
세계의 평화를 염원하기 위한 행사가 한국에서 열릴 예정이다.

휴전 협정(休戰協定)을 맺다 [협쩡]
전쟁을 중단하기로 약속하다. to come to a cease-fire agreement / 签订停战协定 / 協定を結ぶ
1953년 7월 27일에 휴전 협정을 맺은 후 북한과 남한은 현재까지 휴전 상태를 유지하고 있다.

● 읽기

■ 읽어 보세요

개최(開催)되다
동 모임이나 회의 따위가 주최되어 열리다. to be hosted / 举办, 召开 / 開催される
유명한 사진작가의 전시회가 개최되자 사람들이 몰려들어 전시회장 주변의 도로가 마비될 정도였다.

명목(名目)
명 겉으로 내세우는 이름. title, pretext / 名义, 名目, 名头, 幌子 / 共名目
그 사람은 사장이라는 명목으로 사무실을 지키고 있지만 하는 일은 거의 없다.

분위기(雰圍氣)가 고조(高潮)되다
분위기가 한창 좋아지거나 높아지다. to have a highly elated atmosphere / 热气腾腾 / 雰囲気が盛り上がる
말하기 대회에서 인기 가수가 무대에 나오자 분위기가 한층 고조되었다.

사상범(思想犯)
명 현 사회에 반대하는 사상을 가지고 개혁을 하려는 행동을 해서 성립하는 범죄. 또는 그런 죄를 지은 사람. political offender / 政治犯 / 思想犯
한국 전쟁 당시에는 죄가 없음에도 불구하고 사상범으로 몰리는 경우가 있었다.

위도(緯度)
명 지구 위의 위치를 나타내는 좌표축 중에서 가로로 된 것. 적도를 중심으로 남북으로 평행하게 그은 선. latitude / 纬度 / 緯度
같은 위도에 위치한 지역이라 하더라도 기후가 다를 수 있다.

유혈 사태(流血事態)
명 죽거나 다치는 사람이 생긴 상황. bloodshed / 流血事件 / 血の雨, 流血
처음에는 평화적으로 이루어졌던 시위가 점점 그 규모가 커지면서 과격해져서 유혈 사태가 일어났다.

제정(制定)되다
동 제도나 법률이 만들어지다. be established / 制定 / 制定される
제헌절은 헌법이 제정된 것을 기념하는 날이다.

종식(終熄)
명 한때 매우 성하던 현상이나 일이 끝나거나 없어짐. cessation / 结束, 平息 / 終熄
평화 집회에 참석한 사람들은 전쟁의 종식을 바라는 마음으로 촛불을 켜고 거리를 행진했다.

진영(陣營)
명 정치적 · 사회적 · 경제적으로 구분된 서로 대립되는 세력의 어느 한 쪽. camp, bloc / 阵营 / 陣営
그 작가는 순수 미술과 참여 미술 그 어느 진영에도 속하지 않는다는 평가를 받는다.

파괴(破壞)되다
동 건물 등이 부서지거나 깨지다. to be destroyed / 破坏, 崩摧 / 破壊される
강력한 지진이 발생하자 도시는 순식간에 파괴되고 많은 사상사가 발생했다.

패배(敗北)하다
동 싸움에서 지다. to be defeated / 败北, 失利 / 敗北, 敗れる
이번 경기에서 우리 농구 팀은 전년도 우승 팀에게 1점 차로 패배했다.

팽팽히
부 둘의 힘이 서로 비슷하게. tensely / 紧紧地, 紧绷绷地 / 五分に渡り合うような様子
성범죄자의 신상 정보 공개에 대해 찬반 여론이 팽팽히 맞서고 있다.

자기 평가

1. 다음 중 아는 어휘에 ✓ 하세요.

☐ 적령기　☐ 호칭　☐ 국가보안법
☐ 대립하다　☐ 참전하다　☐ 유교적 전통
☐ 이데올로기　☐ 분단되다　☐ 가부장적이다
☐ 위계질서를 중시하다　☐ 휴전 협정을 맺다　☐ 연배가 같다

2. 알맞은 표현을 골라서 문장을 완성해 보세요.

더러　　이/가 다 뭐예요?　　-(으)ㄹ망정　　은/는 고사하고

1) 가 : 엄마, 왜 그렇게 기분이 좋으세요?
   나 : 글쎄, 오늘 미용실에 갔는데 사람들이 .... 실제 나이보다 젊어 보인다고 하더라.

2) 가 : 한국에서 유학하면서 여행 많이 하셨어요?
   나 : ....? 공부하느라고 여행은 생각할 시간도 없었어요.

3) 할머니가 요즘 많이 편찮으신데 잘 잡수시지도 못한다. .... 물도 제대로 못 드셔서 큰일이다.

4) 그 드라마에서 주인공은 사랑과 우정 사이에서 고민하다가 우정을 선택했다. 그렇지만 내가 그 사람이었다면 .... 사랑하는 사람을 포기하지 않았을 것이다.

3. 이 단원을 공부하고 여러분이 할 수 있게 된 것에 ✓ 해 보세요.

☐ 역사적 사건에 대해 기술하는 글을 쓸 수 있다.
☐ 선택한 주제의 발표 내용을 정리하고 결론을 포함하여 발표할 수 있다.
☐ 유교 사상과 관련된 대화와 발표를 듣고 관련 사례를 추론하고 개요를 파악할 수 있다.
☐ 만화를 읽고 추론하거나 한국 역사에 대한 설명문을 읽고 인과 관계를 파악할 수 있다.

정답

2. 1) 나더러 2) 여행이 다 뭐예요 3) 밥은 고사하고 4) 친구를 잃을망정

보충 어휘

연어(I) 상태나 모양을 나타내는 부사와 동사가 함께 쓰이는 연어를 익혀 봅시다.

덜컥 열리다 문 등이 갑자기 열리다.	**뚝 그치다** 계속되던 일이 갑자기 멈추다.
벌떡 일어나다 눕거나 앉아 있다가 갑자기 일어나다.	**쭉 펴다** 등이나 가슴 등 접었던 것을 펴다.
털썩 주저앉다 놀라거나 힘이 없어서 갑자기 앉다.	**텅 비다** 어떤 공간에 아무것도 들어 있지 않다.
펄쩍 뛰다 힘 있게 위로 뛰거나 갑자기 놀라서 뛰다.	**푹 쉬다** 충분히 쉬다.
홱 돌아보다 갑자기 빠르게 고개를 돌려 바라보다.	**흠뻑 젖다** 물이나 땀에 많이 젖다.

연습 1 다음 그림을 보고 표현의 의미를 찾아보세요.

1)

① 계속해서 비가 오다.
② 비가 내리다가 갑자기 그만 내리다.

2)

① 접었던 것을 펴다.
② 굽게 있었던 자세에서 조금 구부려 보다.

3)

① 손을 잡고 걷다.
② 힘 있게 위로 뛰다.

4)

① 힘이 없어 갑자기 주저앉다.
② 피곤했던 상태에서 충분히 쉬다.

연습 2 다음 상황과 관련 있는 표현을 써 보세요.

1) 딸의 결혼식을 마치고 돌아온 아버지는 딸의 방에 들어가 보았다. 딸이 쓰던 물건이 다 없어져서 방에는 아무것도 없었다.

→ 텅 비다.

2) 같이 놀고 있던 민수는 할 일이 생각났다면서 갑자기 일어났다.

→

3) 방 안에서 자고 있었는데 열쇠 돌리는 소리가 나더니 갑자기 문이 열렸다.

→

4) "이 바보야!"라는 말이 들리자 소년은 소리가 나는 쪽을 향해 고개를 돌렸다.

→

5) 갑자기 소나기가 쏟아졌다. 도서관까지 열심히 뛰어갔지만 옷이 모두 젖었다.

→

6) 두통이 심해서 병원에 갔더니 과로와 스트레스 때문이라고 한다. 의사는 무리하지 말고 집에서 충분히 쉬라고 당부했다.

→

보충 어휘

연습 3 다음 그림을 보고 대화를 완성해 보세요.

1)

2)

3)

4)

연습 4 어울리는 표현을 골라 문장을 완성해 보세요.

털썩 주저앉다	텅 비다	펄쩍 뛰다	덜컥 열리다	홱 돌아보다	뚝 그치다

1) 여행을 갔다가 새벽 비행기를 타고 한국에 돌아왔다. 공항에서 집으로 돌아오는데 평소 사람들과 차로 북적이던 길이 .... 있어서 마치 유령의 도시에 온 양 기분이 이상했다.

2) 휴대폰으로 문자를 보내면서 길을 가고 있었는데 갑자기 내 앞에서 자동차가 끽하고 멈춰 섰다. 다행히 사고가 나지는 않았지만 너무 놀란 나머지 그 자리에 ....고 말았다.

3) 사람들로 붐비는 출근 시간에 지하철을 탔다. 그런데 갑자기 내 옆에 서 있던 아주머니가 큰 소리로 "도둑이야!"라고 외치자 지하철 안에 있던 모든 사람들이 내가 서 있는 쪽을 ....

4) 내가 교실에 들어가자 민수와 나나가 하던 이야기를 .... 어색하게 나를 쳐다봤다. 나에 대한 이야기를 했으리라 생각되었지만 자세한 내용을 알 수 없으니 모르는 척할 수밖에 없었다.

5) 내 방에서 옷을 갈아입는데 문이 ....더니 누나가 들어왔다. 가족끼리라도 노크를 해야 되는 것 아니냐며 따졌지만 누나는 대수롭지 않은 듯 내 말을 무시하고 나의 휴대폰 충전기를 가져갔다.

6) 쉬는 시간에 화장실에 다녀와 보니 내 지갑이 없어졌다. 옆자리에 앉은 스티븐에게 혹시 내 지갑 못 봤느냐고 묻자 그걸 왜 자기한테 묻느냐면서 ....며 불같이 화를 냈다.

부록

- 보충 자료
- 듣기 지문
- 모범 답안
- 어휘 색인

보충 자료

소나기

황 순 원

소년은 개울가에서 소녀를 보자 곧 윤 초시네 증손녀(曾孫女)딸이라는 걸 알 수 있었다. 소녀는 개울에다 손을 잠그고 물장난을 하고 있는 것이다. 서울서는 이런 개울물을 보지 못하기나 한 듯이.

벌써 며칠째 소녀는 학교에서 돌아오는 길에 물장난이었다. 그런데 어제까지는 개울 기슭에서 하더니, 오늘은 징검다리 한가운데 앉아서 하고 있다.

소년은 개울둑에 앉아 버렸다. 소녀가 비키기를 기다리자는 것이다.

요행 지나가는 사람이 있어, 소녀가 길을 비켜 주었다.

다음 날은 좀 늦게 개울가로 나왔다.

이 날은 소녀가 징검다리 한가운데 앉아 세수를 하고 있었다. 분홍 스웨터 소매를 걷어 올린 팔과 목덜미가 마냥 희었다.

한참 세수를 하고 나더니, 이번에는 물속을 빤히 들여다본다. 얼굴이라도 비추어 보는 것이리라. 갑자기 물을 움켜 낸다. 고기 새끼라도 지나가는 듯.

소녀는 소년이 개울둑에 앉아 있는 걸 아는지 모르는지 그냥 날쌔게 물만 움켜 낸다. 그러나 번번이 허탕이다. 그대로 재미있는 양, 자꾸 물만 움킨다. 어제처럼 개울을 건너는 사람이 있어야 길을 비킬 모양이다.

그러다가 소녀가 물속에서 무엇을 하나 집어낸다. 하얀 조약돌이었다. 그러고는 벌떡 일어나 팔짝팔짝 징검다리를 뛰어 건너간다.

다 건너가더니만 홱 이리로 돌아서며,

"이 바보."

조약돌이 날아왔다.

소년은 저도 모르게 벌떡 일어섰다.

단발머리를 나풀거리며 소녀가 막 달린다. 갈밭 사잇길로 들어섰다.

뒤에는 청량한 가을 햇살 아래 빛나는 갈꽃뿐.

이제 저쯤 갈밭머리로 소녀가 나타나리라. 꽤 오랜 시간이 지났다고 생각됐다. 그런데도 소녀는 나타나지 않는다. 발돋움을 했다. 그러고도 상당한 시간이 지났다고 생각됐다.

저쪽 갈밭머리에 갈꽃이 한 움큼 움직였다. 소녀가 갈꽃을 안고 있었다. 그리고 이제는 천천한 걸음이었다. 유난히 맑은 가을 햇살이 소녀의 갈꽃머리에서 반짝거렸다. 소녀 아닌 갈꽃이 들길을 걸어가는 것만 같았다.

소년은 이 갈꽃이 아주 뵈지 않게 되기까지 그대로 서 있었다. 문득, 소녀가 던진 조약돌을 내려다보았다. 물기가 걷혀 있었다. 소년은 조약돌을 집어 주머니에 넣었다.

다음 날부터 좀 더 늦게 개울가로 나왔다. 소녀의 그림자가 뵈지 않았다. 다행이었다.
그러나 이상한 일이었다. 소녀의 그림자가 뵈지 않는 날이 계속될수록 소년의 가슴 한구석에는 어딘가 허전함이 자리 잡는 것이었다. 주머니 속 조약돌을 주무르는 버릇이 생겼다.
그러한 어떤 날, 소년은 전에 소녀가 앉아 물장난을 하던 징검다리 한가운데에 앉아 보았다. 물 속에 손을 잠갔다. 세수를 하였다. 물 속을 들여다보았다. 검게 탄 얼굴이 그대로 비치었다. 싫었다.
소년은 두 손으로 물 속의 얼굴을 움키었다. 몇 번이고 움키었다. 그러다가 깜짝 놀라 일어나고 말았다. 소녀가 이리로 건너오고 있지 않느냐.
'숨어서 내가 하는 일을 엿보고 있었구나.' 소년은 달리기 시작했다.
디딤돌을 헛디뎠다. 한 발이 물 속에 빠졌다. 더 달렸다.
몸을 가릴 데가 있어 줬으면 좋겠다. 이 쪽 길에는 갈밭도 없다. 메밀밭이다. 전에 없이 메밀꽃 내가 짜릿하게 코를 찌른다고 생각됐다. 미간이 아찔했다. 찝찔한 액체가 입으로 흘러들었다. 코피였다.
소년은 한 손으로 코피를 훔쳐 내면서 그냥 달렸다. 어디선가 '바보, 바보' 하는 소리가 자꾸만 뒤따라오는 것 같았다.
토요일이었다.
개울가에 이르니, 며칠째 보이지 않던 소녀가 건너편 가에 앉아 물장난을 하고 있었다.
모르는 체 징검다리를 건너기 시작했다. 얼마 전에 소녀 앞에서 한 번 실수를 했을 뿐, 여태 큰길 가듯이 건너던 징검다리를 오늘은 조심스럽게 건넌다.
"얘."
못 들은 체했다. 둑 위로 올라섰다.
"얘, 이게 무슨 조개지?"
자기도 모르게 돌아섰다. 소녀의 맑고 검은 눈과 마주쳤다. 얼른 소녀의 손바닥으로 눈을 떨구었다.
"비단조개."
"이름도 참 곱다."
갈림길에 왔다. 여기서 소녀는 아래편으로 한 삼 마장쯤, 소년은 우대로 한 십 리 가까운 길을 가야 한다.
소녀가 걸음을 멈추며,
"너, 저 산 너머에 가 본 일 있니?"
벌 끝을 가리켰다.
"없다."
"우리, 가 보지 않으련? 시골 오니까 혼자서 심심해 못 견디겠다."
"저래 봬도 멀다."
"멀면 얼마나 멀기에? 서울 있을 땐 사뭇 먼 데까지 소풍 갔었다."
소녀의 눈이 금세 '바보, 바보' 할 것만 같았다.
논 사잇길로 들어섰다. 벼 가을걷이하는 곁을 지났다.
허수아비가 서 있었다. 소년이 새끼줄을 흔들었다. 참새가 몇 마리 날아간다. '참, 오늘은 일찍 집으로 돌아가 텃논의 참새를 봐야 할걸.' 하는 생각이 든다.
"아, 재밌다!"
소녀가 허수아비 줄을 잡더니 흔들어 댄다. 허수아비가 자꾸 우쭐거리며 춤을 춘다. 소녀의 왼쪽 볼에 살포시 보조개가 패였다.
저만큼 허수아비가 또 서 있다. 소녀가 그리로 달려간다. 그 뒤를 소년도 달렸다. 오늘 같은 날은 일찍 집으로 돌아가 집안일을 도와야 한다는 생각을 잊어버리기라도 하려는 듯이.
소녀의 곁을 스쳐 그냥 달린다. 메뚜기가 따끔따끔 얼굴에 와 부딪친다. 쪽빛으로 한껏 갠 하늘이 소년의 눈앞에서 맴을 돈다. 어지럽다. 저놈의 독수리, 저놈의 독수리가 맴을 돌고 있기 때문이다.
돌아다보니, 소녀는 지금 자기가 지나쳐 온 허수아비를 흔들고 있다. 좀 전 허수아비보다 더 우쭐거린다.
논이 끝난 곳에 도랑이 하나 있었다. 소녀가 먼저 뛰어 건넜다.
거기서부터 산 밑까지는 밭이었다.
수숫단을 세워 놓은 밭머리를 지났다.
"저게 뭐니?"
"원두막."
"여기 참외, 맛있니?"
"그럼. 참외 맛도 좋지만 수박 맛은 더 좋다."
"하나 먹어 봤으면."
소년이 참외 그루에 심은 무우밭으로 들어가, 무우 두 밑을 뽑아 왔다. 아직 밑이 덜 들어 있었다. 잎을 비틀어 팽개친 후, 소녀에게 한 개 건넨다. 그리고는 이렇게 먹어야 한다는 듯이, 먼저 대강이를 한 입 베물어 낸 다음, 손톱으로 한 돌이 껍질을 벗겨 우쩍 깨문다.
소녀도 따라 했다. 그러나, 세 입도 못 먹고,
"아, 맵고 지려."
하며 집어 던지고 만다.
"참, 맛없어 못 먹겠다."
소년이 더 멀리 팽개쳐 버렸다.
산이 가까와졌다.
단풍잎이 눈에 따가왔다.
"야아!"
소녀가 산을 향해 달려갔다. 이번은 소년이 뒤따라 달리지 않았다. 그러고도 곧 소녀보다 더 많은 꽃을 꺾었다.
"이게 들국화, 이게 싸리꽃, 이게 도라지꽃, ……."
"도라지꽃이 이렇게 예쁜 줄은 몰랐네. 난 보랏빛이 좋아! …… 그런데, 이 양산같이 생긴 노란 꽃이 뭐지?"
"마타리꽃."
소녀는 마타리꽃을 양산 받듯이 해 보인다. 약간 상기된 얼굴에 살포시 보조개를 떠올리며.
다시 소년은 꽃 한 움큼을 꺾어 왔다. 싱싱한 꽃가지만 골라 소녀에게 건넨다.
그러나 소녀는

"하나도 버리지 마라."

산마루께로 올라갔다.

맞은편 골짜기에 오손도손 초가집이 몇 모여 있었다.

누가 말한 것도 아닌데, 바위에 나란히 걸터앉았다. 유달리 주위가 조용해진 것 같았다. 따가운 가을 햇살만이 말라가는 풀 냄새를 퍼뜨리고 있었다.

"저건 또 무슨 꽃이지?"

적잖이 비탈진 곳에 칡덩굴이 엉키어 꽃을 달고 있었다.

"꼭 등꽃 같네. 서울 우리 학교에 큰 등나무가 있었단다. 저 꽃을 보니까 등나무 밑에서 놀던 동무들 생각이 난다."

소녀가 조용히 일어나 비탈진 곳으로 간다. 꽃송이가 많이 달린 줄기를 잡고 끊기 시작한다. 좀처럼 끊어지지 않는다. 안간힘을 쓰다가 그만 미끄러지고 만다. 칡덩굴을 그러쥐었다.

소년이 놀라 달려갔다. 소녀가 손을 내밀었다. 손을 잡아 이끌어 올리며, 소년은 제가 꺾어다 줄 것 잘못했다고 뉘우친다. 소녀의 오른쪽 무릎에 핏방울이 내맺혔다. 소년은 저도 모르게 생채기에 입술을 가져다 대고 빨기 시작했다. 그러다가, 무슨 생각을 했는지 홱 일어나 저쪽으로 달려간다.

좀 만에 숨이 차 돌아온 소년은,

"이걸 바르면 낫는다."

송진을 생채기에다 문질러 바르고는 그 달음으로 칡덩굴 있는 데로 내려가, 꽃 많이 달린 몇 줄기를 이빨로 끊어 가지고 올라온다. 그리고는,

"저기 송아지가 있다. 그리 가 보자."

누렁 송아지였다. 아직 코뚜레도 꿰지 않았다.

소년이 고삐를 바투 잡아 쥐고 등을 긁어 주는 체 훌쩍 올라탔다. 송아지가 껑충거리며 돌아간다.

소녀의 흰 얼굴이, 분홍 스웨터가, 남색 스커어트가, 안고 있는 꽃과 함께 범벅이 된다. 모두가 하나의 큰 꽃묶음 같다. 어지럽다. 그러나, 내리지 않으리라. 자랑스러웠다. 이것만은 소녀가 흉내 내지 못할, 자기 혼자만이 할 수 있는 일인 것이다.

"너희, 예서 뭣들 하느냐?"

농부(農夫) 하나가 억새풀 사이로 올라왔다.

송아지 등에서 뛰어내렸다. 어린 송아지를 타서 허리가 상하면 어쩌느냐고 꾸지람을 들을 것만 같다.

그런데, 나룻이 긴 농부는 소녀 편을 한 번 흘어보고는 그저 송아지 고삐를 풀어 내면서,

"어서들 집으로 가거라. 소나기가 올라."

참, 먹장구름 한 장이 머리 위에 와 있다. 갑자기 사면이 소란스러워진 것 같다. 바람이 우수수 소리를 내며 지나간다. 삽시간에 주위가 보랏빛으로 변했다.

산을 내려오는데, 떡갈나무 잎에서 빗방울 듣는 소리가 난다. 굵은 빗방울이었다.

목덜미가 선뜩선뜩했다. 그러자, 대번에 눈앞을 가로막는 빗줄기.

비안개 속에 원두막이 보였다. 그리로 가 비를 그을 수밖에.

그러나 원두막은 기둥이 기울고 지붕도 갈래갈래 찢어져 있었다. 그런대로 비가 덜 새는 곳을 가려 소녀를 들어서게 했다.

소녀의 입술이 파아랗게 질렸다. 어깨를 자꾸 떨었다.

무명 겹저고리를 벗어 소녀의 어깨를 싸 주었다. 소녀는 비에 젖은 눈을 들어 한 번 쳐다보았을 뿐, 소년이 하는 대로 잠자코 있었다. 그리고는, 안고 온 꽃묶음 속에서 가지가 꺾이고 꽃이 일그러진 송이를 골라 발밑에 버린다.

소녀가 들어선 곳도 비가 새기 시작했다. 더 거기서 비를 그을 수 없었다.

밖을 내다보던 소년이 무엇을 생각했는지 수수밭 쪽으로 달려간다. 세워 놓은 수숫단 속을 비집어 보더니, 옆의 수숫단을 날라다 덧세운다. 다시 속을 비집어 본다. 그리고는 이쪽을 향해 손짓을 한다.

수숫단 속은 비는 안 새었다. 그저 어둡고 좁은 게 안됐다. 앞에 나앉은 소년은 그냥 비를 맞아야만 했다. 그런 소년의 어깨에서 김이 올랐다.

소녀가 속삭이듯이, 이리 들어와 앉으라고 했다. 괜찮다고 했다. 소녀가 다시, 들어와 앉으라고 했다. 할 수 없이 뒷걸음질을 쳤다. 그 바람에, 소녀가 안고 있는 꽃묶음이 망그러졌다. 그러나 소녀는 상관없다고 생각했다. 비에 젖은 소년의 몸 내음새가 확 코에 끼얹혀졌다. 그러나 고개를 돌리지 않았다. 도리어 소년의 몸기운으로 해서 떨리던 몸이 적이 누그러지는 느낌이었다.

소란하던 수숫잎 소리가 뚝 그쳤다. 밖이 멀게졌다.

수숫단 속을 벗어 나왔다. 멀지 않은 앞쪽에 햇빛이 눈부시게 내리붓고 있었다. 도랑 있는 곳까지 와 보니, 엄청나게 물이 불어 있었다. 빛마저 제법 붉은 흙탕물이었다. 뛰어 건널 수가 없었다.

소년이 등을 돌려 댔다. 소녀가 순순히 업히었다. 걷어 올린 소년의 잠방이까지 물이 올라왔다. 소녀는 "어머나" 소리를 지르며 소년의 목을 끌어안았다.

개울가에 다다르기 전에, 가을 하늘은 언제 그랬는가 싶게 구름 한 점 없이 쪽빛으로 개어 있었다.

그 뒤로는 소녀의 모습이 뵈지 않았다. 매일같이 개울가로 달려와 봐도 뵈지 않았다.

학교에서 쉬는 시간에 운동장을 살피기도 했다. 남몰래 5학년 여자반을 엿보기도 했다. 그러나 뵈지 않았다.

그날도 소년은 주머니 속 흰 조약돌만 만지작거리며 개울가로 나왔다. 그랬더니, 이쪽 개울둑에 소녀가 앉아 있는 게 아닌가.

소년은 가슴부터 두근거렸다.

"그동안 앓았다."

어쩐지 소녀의 얼굴이 해쓱해져 있었다.

"그날, 소나기 맞은 탓 아냐?"

소녀가 가만히 고개를 끄덕이었다.

"인제 다 났냐?"

"아직도……."

"그럼, 누워 있어야지."
"하도 갑갑해서 나왔다. 참, 그날 재밌었어……. 그런데, 그날 어디서 이런 물이 들었는지 잘 지지 않는다."
소녀가 분홍 스웨터 앞자락을 내려다본다. 거기에 검붉은 진흙물 같은 게 들어 있었다.
소녀가 가만히 보조개를 떠올리며,
"그래 이게 무슨 물 같니?"
소년은 스웨터 앞자락만 바라다보고 있었다.
"내, 생각해 냈다. 그날, 도랑을 건너면서 내가 업힌 일이 있지? 그때, 네 등에서 옮은 물이다."
소년은 얼굴이 확 달아오름을 느꼈다.
갈림길에서 소녀는
"저, 오늘 아침에 우리 집에서 대추를 땄다. 낼 제사 지내려고……."
대추 한 줌을 내준다. 소년은 주춤한다.
"맛봐라. 우리 증조(曾祖)할아버지가 심었다는데, 아주 달다."
소년은 두 손을 오그려 내밀며,
"참, 알도 굵다!"
"그리고 저, 우리 이번에 제사 지내고 나서 좀 있다 집을 내주게 됐다."
소년은 소녀네가 이사해 오기 전에 벌써 어른들의 이야기를 들어서, 윤 초시 손자(孫子)가 서울서 사업에 실패해 가지고 고향에 돌아오지 않을 수 없게 되었다는 걸 알고 있었다. 그것이 이번에는 고향 집마저 남의 손에 넘기게 된 모양이었다.
"왜 그런지 난 이사 가는 게 싫어졌다. 어른들이 하는 일이니 어쩔 수 없지만 …"
전에 없이, 소녀의 까만 눈에 쓸쓸한 빛이 떠돌았다.
소녀와 헤어져 돌아오는 길에, 소년은 혼잣속으로, 소녀가 이사를 간다는 말을 수없이 되뇌어 보았다. 무어 그리 안타까울 것도 서러울 것도 없었다. 그렇건만, 소년은 지금 자기가 씹고 있는 대추알의 단맛을 모르고 있었다.
이날 밤, 소년은 몰래 덕쇠 할아버지네 호두밭으로 갔다.
낮에 봐 두었던 나무로 올라갔다. 그리고 봐 두었던 가지를 향해 작대기를 내리쳤다. 호두송이 떨어지는 소리가 별나게 크게 들렸다. 가슴이 선뜩했다. 그러나 다음 순간, 굵은 호두야 많이 떨어져라, 많이 떨어져라, 저도 모를 힘에 이끌려 마구 작대기를 내리치는 것이었다.
돌아오는 길에는 열 이틀 달이 지우는 그늘만 골라 디뎠다. 그늘의 고마움을 처음 느꼈다.
불룩한 주머니를 어루만졌다. 호두송이를 맨손으로 깠다가는 옴이 오르기 쉽다는 말 같은 건 아무렇지도 않았다. 그저 근동에서 제일가는 이 덕쇠 할아버지네 호두를 어서 소녀에게 맛보여야 한다는 생각만이 앞섰다.
그러다, 아차 하는 생각이 들었다. 소녀더러 병이 좀 낫거들랑 이사 가기 전에 한 번 개울가로 나와 달라는 말을 못 해 둔 것이었다. 바보 같은 것, 바보 같은 것.
이튿날, 소년이 학교에서 돌아오니, 아버지가 나들이옷으로 갈아입고 닭 한 마리를 안고 있었다.
어디 가시냐고 물었다.
그 말에는 대꾸도 없이, 아버지는 안고 있는 닭의 무게를 겨냥해 보면서,
"이만하면 될까?"
어머니가 망태기를 내주며,
"벌써 며칠째 '걀걀' 하고 알 날 자리를 보던데요. 크진 않아도 살은 쪘을 거예요."
소년이 이번에는 어머니한테, 아버지가 어디 가시느냐고 물어 보았다.
"저, 서당골 윤 초시 댁에 가신다. 제삿상에라도 놓으시라고……."
"그럼, 큰 놈으로 하나 가져가지. 저 얼룩수탉으로……."
이 말에, 아버지는 허허 웃고 나서,
"임마, 그래도 이게 실속이 있다."
소년은 공연히 열쩍어, 책보를 집어던지고는 외양간으로 가, 쇠잔등을 한 번 철썩 갈겼다. 쇠파리라도 잡는 체.
개울물은 날로 여물어 갔다.
소년은 갈림길에서 아래쪽으로 가 보았다. 갈밭머리에서 바라보는 서당골 마을은 쪽빛 하늘 아래 한결 가까워 보였다.
어른들의 말이, 내일 소녀네가 양평읍으로 이사 간다는 것이었다. 거기 가서는 조그마한 가겟방을 보게 되리라는 것이었다.
소년은 저도 모르게 주머니 속 호두알을 만지작거리며, 한 손으로는 수없이 갈꽃을 휘어 꺾고 있었다.
그날 밤, 소년은 자리에 누워서도 같은 생각뿐이었다. 내일 소녀네가 이사하는 걸 가 보나 어쩌나. 가면 소녀를 보게 될까 어떨까.
그러다가 까무룩 잠이 들었는가 하는데,
"허, 참, 세상일도……."
마을 갔던 아버지가 언제 돌아왔는지,
"윤 초시 댁도 말이 아니야. 그 많던 전답(田畓)을 다 팔아 버리고, 대대로 살아오던 집마저 남의 손에 넘기더니, 또 악상까지 당하는 걸 보면……."
남폿불 밑에서 바느질감을 안고 있던 어머니가,
"증손(曾孫)이라곤 계집애 그 애 하나뿐이었지요?"
"그렇지. 사내 애 둘 있던 건 어려서 잃어버리고……."
"어쩌면 그렇게 자식복이 없을까."
"글쎄 말이지. 이번 앤 꽤 여러 날 앓는 걸 약도 변변히 못 써 봤다더군. 지금 같아선 윤 초시네도 대가 끊긴 셈이지……. 그런데 참, 이번 계집앤 어린 것이 여간 잔망스럽지가 않아. 글쎄, 죽기 전에 이런 말을 했다지 않아? 자기가 죽거든 자기 입던 옷을 꼭 그대로 입혀서 묻어 달라고……."

듣기 지문

I. 개인과 사회생활

1. 바람직한 인재상

● 들어 보세요 1

Tr 3 p.22 1-1.

회장 : 21세기는 새로운 기회의 시대이며 경쟁과 속도의 시대입니다. 우리 기업은 전 세계를 무대로 치열한 경쟁을 벌이고 있습니다. 이 경쟁에서 살아남기 위해서는 인재 발굴과 기술 개발, 창의적인 아이디어, 이 세 가지가 무엇보다도 중요합니다. 그중에서도 인재 발굴이 가장 중요한데 세계 일류 기업들과 경쟁해서 이기려면 우수한 인재 확보가 관건이기 때문입니다.

Tr 4 p.22 1-2.

회장 : 21세기는 새로운 기회의 시대이며 경쟁과 속도의 시대입니다. 우리 기업은 전 세계를 무대로 치열한 경쟁을 벌이고 있습니다. 이 경쟁에서 살아남기 위해서는 인재 발굴과 기술 개발, 창의적인 아이디어, 이 세 가지가 무엇보다도 중요합니다. 그중에서도 인재 발굴이 가장 중요한데 세계 일류 기업들과 경쟁해서 이기려면 우수한 인재 확보가 관건이기 때문입니다.

저는 회사가 문을 연 1957년부터 공채를 시작했고 그때부터 지금까지 일일이 직접 면접을 하고 있습니다. 이제는 회사의 규모가 커져서 면접을 하는 것이 아주 힘든 일이 되었지만 우리 회사에 필요한 인재를 뽑는 것이 중요하다고 생각해 아직까지도 직접 면접장에 들어갑니다.

저는 도전 정신과 책임감이 강한 사람, 추진력이 있고 리더십이 있는 사람을 선호합니다. 이런 사람을 중점적으로 채용해 기업의 인재로 키우면 회사가 더욱 성장할 수 있을 거라고 생각합니다.

우리 회사는 2007년부터 '천재 경영'을 원칙으로 삼고 있습니다. 여기서 '천재'란 '팔방미인형' 인재로 놀기도 잘 놀고 공부도 잘하고 일도 효율적으로 잘하는 사람입니다. 이런 사람은 무슨 일을 하건 자신의 잠재력과 능력을 최대한 발휘할 수 있습니다. '천재'로 불리는 소수 엘리트 한 명은 평범한 직원 1,000명 아니 10,000명의 능력을 합친 것과 같습니다. '천재'가 세 명만 있어도 우리 기업은 물론 한국 경제의 차원이 달라질 것입니다.

● 들어 보세요 2 Tr 5 p.23

사회자 : '기업인과의 대담' 두 번째 시간입니다. 오늘 이 시간에는 한국의 대표 기업인 고려건설의 김민숙 회장님을 모시고 의견을 들어 보려고 합니다. 회장님, 안녕하십니까?

회장 : 네, 안녕하십니까?

사회자 : 귀한 시간 내 주셔서 감사합니다. 회장님께서 고려건설을 설립하신 지 30년 만에 세계 굴지의 건설 회사로 키우신 데에는 회장님의 사업에 대한 안목과 창의적 경영이 가장 큰 기여를 했다고 봅니다. 그 외에 회사 발전에 기여한 것으로는 무엇이 있을까요?

회장 : 뭐니 뭐니 해도 우리 회사 직원들이지요.

사회자 : 회사 발전이 직원들 덕분이라고 하셨는데 직원을 채용할 때 회장님께서 중요하다고 생각하시는 점이 있으면 말씀해 주시죠.

회장 : 세상에는 훌륭한 인재들이 아주 많은데 그런 인재들만 뽑는다고 회사가 발전하는 것은 아닙니다. 하나같이 잘나고 뛰어난 사람들만 뽑아 놓으면 서로 반목하고 싸우기 일쑤입니다. 그래서 저는 소수의 엘리트보다는 다양성을 지닌 평범한 인재를 채용하고 그들의 조화를 추구합니다. 예컨대, 일 처리가 꼼꼼하나 거북이처럼 느린 '거북이형' 인재는 어떤 일을 하건 간에 일 처리에 실수가 없다는 점에서 채용해 쓸 만합니다. 일 처리가 빠르지만 실수가 많은 '토끼형'은 창의적이라는 점에서 채용해 쓸 만합니다.
사회는 다양한 인재가 모여 조화 속에서 자신의 장점을 발휘할 때 발전하게 됩니다. 회사도 일반 사회와 같아서 잘난 사람 못난 사람이 서로 부족한 부분을 채우면서 어울려 살아가는 것입니다.

사회자 : 인재도 회사라는 사회 안에서 자신의 강점은 최대한 발휘하고 부족한 부분은 다른 사람에게 도움을 받으며 성장한다는 말씀이시군요.

회장 : 네, 그렇습니다. 모든 면에서 잘난 사람도 없고 못난 사람도 없습니다. 우리 회사의 인재들도 원만한 대인 관계를 통해서 서로 부족한 면을 채워 나가고 있습니다. 이것이 천천히, 그러나 꾸준하게 발전할 수 있었던 우리 회사만의 경영 비결이자 인재 경영법입니다. 일류 기업으로 성장하기 위해서는 인재들 사이의 친화력과 조화가 가장 큰 덕목이며 기업 발전의 밑거름이 된다고 생각합니다.

사회자 : 그럼, 도전 정신과 승부욕이 강해서 매사에 자기중심적이고 앞만 보고 달리는 '경주마형' 인재는 회장님 회사에 필요 없을까요?

II. 사랑과 추억

1. 잊지 못할 순간

● 들어 보세요 1 Tr 10 p.58

진행자 : 오늘은 '인연'이라는 주제로 함께하고 계십니다. 계속해서 이번 사연은 서울 관악구에서 김민수 씨가 보내 주신 사연입니다.

여러분은 인연을 믿으십니까? 저는 피할 수 없는 인연이 있다고 생각합니다. 25년 전 어느 날의 일입니다. 저는 이전 직장의 여직원에게서 제 앞으로 편지가 왔다는 전화를 받게 되었습니다. 일주일 후에 편지를 찾으러 갔습니다. 그 편지는 6개월 전에 선배의 소개로 만난 여자로부터 온 편지였습니다.

저는 그녀와 명동에서 첫 만남을 가졌는데 이런저런 이야기를 하다 보니까 어색함이 사라지고 그녀에게 호감이 생기기 시작했습니다. 그녀는 외모는 말할 것도 없고 저와 성격도 잘 맞는 여자였습니다. 그러나 선배로부터 그녀의 부모님이 저와 만나는 것을 반대하신다는 이야기를 듣고 더 이상 연락을 하지 못하고 있었습니다.

그런데 갑자기 그녀에게서 편지가 온 것입니다. 정말 마음이 설렜습니다. 당장 그녀에게 연락을 하고 싶었지만 저에게는 그녀의 전화번호가 없었습니다. 그녀를 소개해 주었던 선배는 호주로 이민을 떠나 소식이 끊어진 상태였고 그녀에게서 받은 명함도 어디에 있는지 알 수 없어 막막했습니다. 저는 그녀와는 인연이 아니라고 생각하면서 아쉬움을 달랬습니다.

긴 장마가 끝난 어느 날 오랜만에 대청소를 해야겠다고 마음먹고 책장을 정리하는데 뭔가 '툭' 하고 떨어졌습니다. 제가 그토록 찾던 그녀의 명함이었습니다. 저는 그녀에게 전화를 걸었습니다. 다시 그녀와 연락이 닿아 날아갈 듯이 기뻤습니다. 그러나 행복한 순간도 잠시, 전화기 너머로 갓난아이의 울음소리가 들려왔습니다. 순간 저는 그녀가 이미 누군가의 아내가 되어 있다는 것을 직감했습니다. 저는 서둘러서 전화를 끊었습니다. 저에게 편지를 보낸 그녀가 원망스러웠습니다.

그렇게 3년이 지났고 그녀를 거의 잊어버릴 무렵, 어느 날 이민 간 선배가 한국에 왔다고 연락해 왔습니다. 오래간만에 선배를 만나 외국 생활 이야기를 들으며 즐거운 시간을 보냈습니다. 그런데 선배가 갑자기 소개해 줄 사람이 있다고 하면서 어쩌면 저도 그 사람을 알지도 모른다고 했습니다. 한 시간쯤 지나서 한 여자가 들어왔습니다. 바로 그녀였습니다. 그녀는 여전히 아름다웠습니다.

선배는 "명희가 그동안 일이 너무 바빠서 결혼을 못 했어. 다시 만나 보지 않을래?" 하면서 웃으며 저에게 물었습니다. 선배의 말에 가슴이 두근거렸습니다. 제가 그동안 오해를 한 것이었습니다. 알고 보니 그녀의 집으로 전화했을 때 그녀의 결혼한 언니가 친정에 며칠 와 있던 중이었고 그 갓난아이는 그녀의 조카였던 것입니다. 오해가 눈 녹듯이 사라지던 그 순간이 지금까지의 제 인생에서 잊지 못할 최고의 순간입니다.

그날 이후 그녀와 저는 매일매일 하루도 빠짐없이 만났고 다시 데이트를 시작한 지 두 달 만에 결혼을 했습니다. 결혼한 지 20년도 넘었지만 우리는 부부싸움 한 번 안 하고 늘 즐겁게 살고 있습니다.

● 들어 보세요 2 Tr 11 p.59

사회자 : 〈TV는 사랑을 싣고〉, 오늘은 멀리 파라과이에서 오신 민영석 씨와 함께 하겠습니다. 어서 오세요, 민영석 씨.

민영석 : 안녕하세요?

사회자 : 오늘 용서를 빌고 싶은 분을 찾으신다고요? 사연 간단히 소개해 주세요.

민영석 : 네, 지금으로부터 15년 전 이야기인데요. 저는 IMF 때 무역업을 하다가 환율이 갑자기 오르는 바람에 빚만 지고 사업이 망하게 됐어요. 그때는 어떻게 살아가야 할지 앞이 캄캄했지요. 가진 게 아무 것도 없었던 저는 용산역에서 노숙 생활을 시작했습니다. 돈이 없으니 역 근처 식당을 돌아다니며 끼니를 구걸했는데 매번 식당에서 쫓겨나고 사흘이나 굶다 보니 세상에 대한 원망이 마음속에 가득 찼어요. 오늘도 밥을 못 얻어먹으면 식당에 불을 질러 버리겠다고 마음먹고 무작정 어떤 할머니가 하는 국숫집에 가서 앉았지요.

사회자 : 국숫집에서 음식을 주던가요?

민영석 : 할머니는 허름한 제 옷차림을 보셨는데도 국수를 그릇에 가득 담아 주셨어요. 국수를 허겁지겁 먹고 나니 할머니가 제 그릇을 뺏어 가셔서는 국수를 또 한가득 담아 주시더군요. 그렇게 국수 두 그릇을 먹고 나니 슬슬 걱정이 되는 거예요. 좀 앉아 있다가 할머니가 잠깐 한눈파시는 사이에 도망을 쳤어요. 그런데 할머니가 쫓아 나오면서 저한테 "아이고, 뛰지 말고 그냥 걸어가. 다쳐, 이 사람아!"라고 소리치시는 거예요. 그 말을 듣는 순간 미안함과 고마움에 눈물이 왈칵 쏟아졌어요. 그날 이후 세상에 대한 미움을 버리고 다시 일을 시작해서 지금은 파라과이에서 작은 사업을 하고 있답니다.

사회자 : 그런 일이 있으셨군요. 이제 사업도 자리를 잡았으니까 한 번쯤 찾아가 보시지 그러셨어요?

민영석 : 찾아뵙고 국숫값도 드리고 죄송하다는 말씀도 드리고 싶었는데 용기가 나지 않더군요.

사회자 : 그럼, 오늘 큰 용기를 내셨는데요. 저희가 국숫집 할머니를 찾아봤습니다. 할머니께서 15년 전 국수를 먹고 돈도 내지 않고 도망간 민영석 씨를 만나러 오셨을까요? 민영석 씨, 조마조마하시죠? 할머니를 크게 불러 보세요.

민영석 : 할머니!

사회자 : 벌써 눈가가 촉촉해지셨는데요. 다시 한번 크게 불러 주세요.

민영석 : 할머니!

사회자 : 나오셨군요. 이쪽으로 오시죠. 아, 민영석 씨가 말을 잇지 못하시고 눈물을 왈칵 쏟으시네요.

민영석 : 할머니, 정말 죄송합니다. 그때는 너무 힘들고 막막해서 그랬어요. 용서해 주세요.

할머니 : 별말씀을요. 나를 찾아 줘서 고맙고 내 국수를 먹고 이렇게 성공해 줘서 오히려 내가 고맙지요.

사회자 : 할머니, 그때 잡으려고 들면 잡을 수도 있었을 텐데 왜 도망가는 민영석 씨에게 뛰지 말고 걸어가라는 말씀을 하셨어요?

할머니 : 국수 두 그릇을 허겁지겁 먹고 도망치는 걸 보고 처음에는 저도 어이가 없었어요. 그런데 ________________.

III. 경제와 생활

1. 물가 이야기

● 들어 보세요 1 Tr 15 p.96

사회자 : 청취자 여러분, 안녕하세요? 오늘 '5분 경제'에서는 전문가를 모시고 보완재와 대체재라는 경제 용어에 대해 이해해 보는 시간을 갖겠습니다. 교수님, 안녕하세요?

교수 : 네, 안녕하십니까?

사회자 : 교수님, 우선 보완재란 무엇입니까?

교수 : 네, 보완재는 보완 관계에 있는 두 상품을 말합니다. 보완은 모자라거나 부족한 것을 보충해 완전하게 한다는 뜻이지요. 예를 들어 우리가 삼겹살을 먹을 때 고기만 먹는 것이 아니라 상추에 고기를 싸서 먹고 또 술을 드시는 분들은 소주도 같이 마시게 되지요. 이럴 때 삼겹살과 상추, 혹은 삼겹살과 소주의 관계를 보완 관계라고 합니다. 그렇기 때문에 보완 관계에 있는 상품은 어떤 한 상품의 수요가 늘어나면 다른 것도 함께 수요가 늘어나게 되지요.

사회자 : 네, 그럼 커피와 설탕의 관계도 그런 건가요?

교수 : 그렇습니다. 사람들은 보통 커피를 마실 때 설탕을 타서 마시게 되죠. "바늘 가는 데 실 간다." 라는 말처럼 커피와 설탕은 보통 같이 먹기 때문에 커피의 수요가 증가하면 설탕의 수요도 증가하게 됩니다. 따라서 커피 가격이 상승하면 설탕 가격도 상승하게 되는 것입니다.

사회자 : 네, 잘 알겠습니다. 교수님, 혹시 보완재와 반대되는 경우가 있습니까?

교수 : 네, 보완재와 달리 한 상품의 수요가 늘어나면 다른 상품의 수요가 줄어드는 경우 서로 대체 관계에 있다고 말하고 이러한 대체 관계에 있는 상품을 다른 상품의 대체재라고 합니다.

사회자 : 그럼 대체재에는 어떤 예들이 있습니까?

교수 : 소고기와 돼지고기야말로 대체재의 대표적인 예이지요. 소고깃값이 올라가면 소고기 소비는 줄게 되고 소비자들은 가격이 저렴한 돼지고기를 더 선호하게 됩니다. 그러면 소고기에 대한 구매력이 떨어지면서 소고깃값은 다시 하락하게 되고 이런 과정을 거치면서 시장 가격이 적절하게 조정됩니다.

사회자 : 네, 그럼 쌀과 밀가루 같은 경우도 대체재로 볼 수 있을까요? 1960년대에 한국에 쌀이 많이 부족해지자 쌀 대신 밀가루를 먹는 분식 운동을 했었는데 그런 경우 쌀과 밀가루가 서로 대체재였다고 볼 수 있을까요?

교수 : 네, 그렇게 볼 수도 있지요. 그 당시 쌀의 대체재로 밀가루가 사용되었던 것입니다.

사회자 : 네, 경제 용어를 쉽게 이해할 수 있는 유익한 시간이었습니다. 오늘 말씀 감사합니다.

● **들어 보세요 2** Tr 16 p.97

강연자 : 요즘 배춧값이 폭락해서 농민들이 울상입니다. 배추 한 포기 가격이 1,500원까지 떨어져 예년 평균 3,000원에 턱없이 못 미치고 있습니다. 지난해 가을 배추 한 포기 값이 12,000원을 넘어 김치가 '금치'로 불리던 때와는 아주 대조적입니다. 이것은 정부가 올해 배추 공급량을 예측했음에도 불구하고 공급이 초과되어 나타난 현상입니다.

그런데 농산물 가격은 왜 이렇게 폭등과 폭락을 반복할까요? 그 이유는 농산물 공급이 비탄력적이기 때문입니다. 가격이 오를 때 공산품은 즉시 공급을 늘릴 수 있는 데 반해 농산물은 자연적 제약 때문에 즉시 공급을 늘리는 것이 불가능합니다. 예를 들어서 사과 농사를 지을 때 사과가 한창 익어가는 8월 말에 태풍으로 사과가 다 떨어져 버리는 피해를 입을 수도 있습니다. 그렇다면 이 해에는 사과 생산량이 크게 줄어들어 사괏값이 큰 폭으로 오를 것이라고 예측할 수 있습니다. 그러나 이렇게 가격 폭등을 예상할 수 있지만 사과는 짧은 기간 안에 꽃을 피우고 열매 맺게 할 수 없기 때문에 공급량을 빨리 늘릴 수 없습니다.

이에 비해서 공산품인 휴지는 갑자기 소비가 늘어나서 공급이 더 필요할 경우에 공장에서 짧은 기간 안에 비교적 쉽게 생산량을 늘릴 수 있습니다. 즉, 공산품은 시장의 수요에 따라 탄력적으로 공급량을 조절할 수 있는 반면에 농산물은 공급량을 탄력적으로 조절할 수 없습니다. 따라서 농산물은 수요 공급 간에 시차가 커서 주기적으로 초과 공급이나 초과 수요가 생기게 됩니다.

이런 현상으로 인해 매년 농산물 가격이 불안정한 것입니다. 그러므로 정부는 농산물 가격에 대한 여러 가지 대책을 마련하고 농산물 유통에도 더 적극적인 역할을 해서 물가를 안정시키고 농민들을 보호할 필요가 있습니다.

IV. 건강한 삶

1. 음식과 체질

● **들어 보세요 1** Tr 20 p.132

사회자 : 청취자 여러분, 안녕하십니까? 〈건강한 생활〉, 오늘은 김우림 한의학 박사를 모시고 체질과 음식에 대해 말씀을 나눠 보도록 하겠습니다. 박사

님, 안녕하세요?

박사 : 네, 안녕하십니까?

사회자 : 체질하면 사상 의학을 떠올리는 분들이 많습니다. 사상 의학은 조선 말기에 이제마라는 분이 처음 이야기한 걸로 알고 있는데 구체적으로 어떤 내용입니까?

박사 : 네, 이제마 선생이 체형과 성격을 보고 사람들의 체질을 네 가지로 분류했는데요. 태양인, 태음인, 소양인, 소음인이 바로 그것입니다. 태양인은 머리가 크고 상체가 발달했으며 결단력 있는 성격을 갖고 있습니다. 소양인 역시 상체가 발달하고 결단력이 있다는 점에서는 태양인과 비슷한데 성격이 급하고 싫증을 잘 내서 한번 시작한 일을 끝내지 못한다는 점에서 태양인과 차이가 있습니다.

태음인은 네 체질 중 체격이 가장 큰 편인데요. 키, 손발이 크고 하체가 발달했고 식성도 좋습니다. 참을성이 많고 미리 계획을 세워 일을 하기 때문에 성공할 가능성도 매우 높은 편입니다. 마지막으로 소음인은 하체가 발달하기는 했지만 상체와 하체가 균형 잡혀 있고 매사에 꼼꼼하고 침착한 성격을 가지고 있습니다. 이제마 선생은 각 체질에 맞는 음식이 있고 체질에 좋은 음식을 먹어야 건강을 유지할 수 있다고 하셨지요.

사회자 : 그렇다면 체질에 잘 맞는 음식은 어떤 것인가요?

박사 : 태양인과 소양인은 신체에 열이 많아서 뜨거운 것을 싫어하고 또 몸에도 잘 맞지 않습니다. 반면 태음인, 소음인은 몸이 차갑기 때문에 따뜻한 음식과 잘 맞습니다. 소음인의 경우 위가 약하고 속이 차서 따뜻한 성질을 가진 닭과 인삼이 들어간 삼계탕을 먹으면 좋습니다. 태음인도 따뜻한 성질의 음식을 먹으면 좋은데 특히 소고기가 잘 맞습니다. 그리고 설렁탕과 뗄래야 뗄 수 없는 음식인 깍두기도 설렁탕을 먹을 때 같이 먹으면 태음인에게 아주 좋습니다.

사회자 : 박사님 말씀을 들어 보니 저는 소양인 같은데요. 그럼 소양인이 먹으면 좋은 음식은 무엇입니까?

박사 : 소양인에게는 보쌈이 제격인데요. 돼지고기는 성질이 차기 때문에 열이 많은 소양인과 아주 잘 맞습니다. 그리고 여름철 대표적인 과일인 수박과 참외도 성질이 차기 때문에 소양인이 이런 과일을 먹으면 열을 내리는 데 아주 효과적입니다.

사회자 : 따라서 소음인에게는 참외나 수박이 좋지 않겠군요. 그럼 태양인은 어떤 음식을 먹으면 좋은가요?

박사 : 네, 이 네 체질 가운데서 고기를 먹으면 좋지 않은 체질이 바로 태양인입니다. 태양인은 채식만 해도 건강을 유지할 수 있고요. 단백질을 보충하려면 고기보다는 콩이나 계란 흰자를 먹으면 됩니다.

사회자 : 건강에 좋다고 알려진 음식이 모든 사람에게 좋은 건 아니네요. 체질에 따라 음식도 골라 먹어야겠습니다. 박사님, 오늘 말씀 감사합니다.

● 들어 보세요 2

Tr 21 p.133 **2-1.**

사회자 : 앞서 사상 의학에 대해 토론자들께서 다양한 의견을 말씀해 주셨는데요. 크게 두 가지로 종합해 볼 수 있을 것 같습니다. 사상 의학의 이점을 활용하자는 의견이 한 가지이고 다른 하나는 사상 의학의 과학성에 의문을 제기한 것입니다.

Tr 22 p.133 **2-2.**

사회자 : 앞서 사상 의학에 대해 토론자들께서 다양한 의견을 말씀해 주셨는데요. 크게 두 가지로 종합해 볼 수 있을 것 같습니다. 사상 의학의 이점을 활용하자는 의견이 한 가지이고 다른 하나는 사상 의학의 과학성에 의문을 제기한 것입니다.

먼저, 사상 의학을 활용하면 사람들의 체질에 따라 질병을 예측할 수 있고 음식 섭취를 조절해 건강한 생활에 도움을 줄 수 있다는 주장이 있었습니다. 반면 사상 의학이 체형이나 성격을 보고 체질을 구분한 것인데 분류 기준이 뚜렷하지 않고 수천 수만 명의 사람을 단 네 가지 체질로 구분하는 것이 가능하냐는 의견도 있었습니다.

자, 그러면 이번에는 건강한 생활을 위해 어떤 음식을 섭취하는 것이 좋을지 의견을 나눠 보도록 하겠습니다. 요즘 서구화된 식생활로 인해 비만을 걱정하시는 분들이 늘고 있는데요. 이에 대한 의견 부탁드립니다.

토론자 1 : 저는 건강한 생활을 위해서는 구석기 식단을 식탁에 도입해야 한다고 생각합니다.

사회자 : 구석기 식단요? 좀 더 자세히 말씀해 주시지요.

토론자 1 : 구석기 시대에는 사냥과 채집으로만 식량을 구했습니다. 사냥으로 얻은 육류와 채집으로 얻은 나무 열매가 주식이어서 단백질과 비타민, 무기질 성분이 포함된 식품을 주로 먹었지요. 반면 현대인들은 탄수화물과 지방을 너무 많이 섭취해서 비만을 초래한 것입니다. 구석기 식단대로만 음식을 섭취하면 뚱뚱한 사람은 찾을래야 찾을 수가 없게 될 것입니다.

토론자 2 : 저는 좀 다른 생각입니다. 현대인은 주로 머리를 쓰는 일을 많이 하기 때문에 탄수화물을 많이 필요로 합니다. 따라서 쌀이나 빵과 같은 음식물의 섭취는 필수적입니다. 저도 구석기 식단으로 다이어트를 한 적이 있었는데요. 탄수화물을 섭취하지 않았더니 어찌나 두뇌 회전이 안되던지 거의 일을 하지 못했습니다. 탄수화물을 무조건 배제하기보다는 열량이 낮으면서도 탄수화물, 단백질, 비타민 등 영양소가 균형을 이룬 식단을 추구해야 합니다.

V. 성공과 실패

1. 새로운 시도

● 들어 보세요 1 Tr 27 p.168

강연자 : 한글은 세종대왕이 양반들의 반대를 무릅쓰고 1443년에 만들어 1446년에 반포한 문자입니다. 고유의 문자가 없었던 한민족은 오랫동안 한자를 사용해 왔고 국가의 공식 문서와 책자도 모두 한자로 쓰였습니다. 여러분도 아시다시피 한자는 배우기 어려운 문자였기 때문에 일반 백성들이 글을 알기란 매우 어려운 일이었지요. 양반들이 생각했을 때 새로운 문자는 별로 필요하지 않았습니다. 조금 어렵다 뿐이지 이미 공식적으로 사용하던 한자라는 문자가 있었기 때문이지요. 그러나 세종대왕은 백성들도 문자를 쉽게 사용하고 글을 읽고 자신의 생각을 표현할 수 있도록 하자는 취지로 한글을 만들었습니다.

새롭고 쉬운 문자를 만드는 것은 양반들이 원래 갖고 있던 권위를 떨어뜨리는 것이었으므로 한글은 양반들에게는 환영받지 못했습니다. 양반들은 한글을 만들 때 거세게 반발했고 한글이 반포된 후에도 한글을 '언문', '아랫글'이라고 부르며 공공연히 무시했습니다. 세종대왕은 한자로 쓰인 책을 한글로 번역하는 등 한글을 알리기 위해 많은 노력을 기울였습니다. 그러나 이런 노력에도 불구하고 한글 창제 이후에도 공식 문서는 여전히 한자로 작성되었고 한글은 왕실과 양반 가문의 여자들, 상인들, 평민들이 주로 사용하는 문자가 되었습니다.

한글은 개화기를 거치면서 주목을 받기 시작했습니다. 1894년에 한글은 공식 문자가 되어 한자와 같은 지위를 갖게 되었고 일본 식민지 시대에는 한국인의 생각을 표현하는 역할을 했습니다. 현대에 한글은 한민족의 사상과 문화를 표현하는 문자로서 국내외에서 좋은 평가를 받고 있습니다. 만약 세종대왕이 양반들의 반대에 부딪쳐 새로운 문자 개발을 중단했더라면 어떻게 되었을까요? 한국 사람들은 한국말을 한자나 다른 문자를 사용해 표현해야만 했을 것입니다.

고유의 언어가 있어도 고유한 문자가 없다면 그 언어는 사라질 가능성이 매우 높다고 합니다. 그러니 세종대왕의 새로운 도전은 한국어를 보존하고 한국의 문화 발전에 크게 기여했다는 데에서 매우 의미 있는 일인 것입니다.

● 들어 보세요 2 Tr 28 p.168

사회자 : 2005년에 콘크리트에 덮여 있던 청계천은 맑은 물이 흐르는 제 모습을 찾았고 현재는 시민 생활의 일부분으로 자리를 잡았습니다. 오늘은 청계천 복원 사업을 담당했던 서울시청 관계자를 모시고 청계천 사업의 의미를 평가해 보는 시간을 갖겠습니다. 청계천 복원 사업이 발표되자 주변 상인들이 거세게 반발했다고 들었는데요.

공무원 : 네, 1958년 청계천이 복개되면서 콘크리트로 덮인 청계천 위로 고가 도로가 세워졌습니다. 복개 도로를 따라 노점상이 밀집해 있었는데요. 청계천 복원 사업이 발표되자 서울시는 생계를 걱정하는 상인들의 비난을 받았었지요.

사회자 : 도심 교통이 마비될 것이라며 시민들의 반응도 회의적이었다고 들었는데요. 이런 상황에서 사업을 진행하기란 쉬운 일이 아니었을 것 같습니다.

공무원 : 말씀하신 대로 고가 도로를 철거하면 도심 교통이 마비될 것이라는 비난과 오랜 세월 청계천 주변에서 장사를 하던 상인들의 생계 문제로 인해 청계천 복원 사업은 시작 단계부터 논란이 되었습니다. 그러나 서울시에서는 청계천 복원이 서울시의 관광 가치를 높이고 서울시를 친환경 도시로 거듭나게 할 거라고 확신했습니다. 그래서 중앙 버스 전용 차로제를 도입해 교통 체계를 개편하는 한편 상인 이주를 지원하고 보상비를 지급하며 반발을 누그러뜨렸지요. 그 결과 큰 무리 없이 공사를 진행할 수 있었고 현재와 같은 시민의 휴식 공간이 탄생하게 된 것입니다.

사회자 : 그런데 청계천이 복원되면서 청계천 주변에 자리 잡고 있던 공구 상가가 큰 타격을 받았고 최근 '차 없는 거리'가 조성되면서 인근 상가를 찾는 발길이 줄었다는 이야기도 들리던데요. 사업에 참여하셨던 분으로서 이런 점에 대해서는 어떻게 평가하시는지요?

공무원 : 청계천 복원 사업이 새로운 것을 시도한 일인 만큼 어느 정도의 희생은 감수해야 한다고 생각합니다. 새로운 도전에는 늘 반대와 희생이 따르기 마련이고 이를 감수해야만 큰 성과를 낼 수 있습니다. 약간의 희생이 있기는 했지만 청계천 사업은 새로운 것에 도전해 목표를 달성한 좋은 예로 평가될 것입니다.

VI. 생활과 예술

1. 생활 속의 예술

● 들어 보세요 1 Tr 33 p.204

사회자 : 청취자 여러분, 안녕하십니까? 〈앞서가는 교육〉, 오늘은 이주성 교수를 모시고 창의적인 수업에 대해 들어 보도록 하겠습니다. 교수님, 안녕하세요?

교수 : 네, 안녕하십니까?

사회자 : 이번 학기에 새로운 방식의 수업을 해 보셨다고 들었습니다. 구체적으로 어떤 수업을 하셨습니까?

교수 : 네, 이번 학기 디자인 수업에서 '창조'라는 주제로 수업을 진행했는데요. 학생들의 고정 관념을 깨기 위해 연극을 하기로 했습니다. 각 조에서 학생들이 직접 극본을 쓰고 기획에서부터 연출, 연기뿐만 아니라 무대까지도 직접 준비해서 10분짜리 연극을 하게끔 했습니다.

사회자 : 학기를 마치면서 직접 공연도 하셨다고요?

교수 : 네, 대학로의 한 극장에서 학생들이 직접 공연을 했는데요. 아무래도 전문가가 아니라서 어색한 부분도 있었지만 현장에서의 열기는 정말 뜨거웠습니다.

사회자 : 학생들의 반응은 어땠습니까?

교수 : 처음에는 디자인 수업과 관련 없는 연극을 왜 해야 하는지 회의적인 태도였어요. 그런데 연극 준비를 하면서 조금씩 바뀌더니 공연을 마친 후에는 강의에서보다 훨씬 많은 것을 배웠다고 했습니다.

실제로 이론만 배우고서는 디자이너에게 필요한 창의적 생각을 할 수 없습니다. 이번 연극을 통해 창의적인 사고를 배울 수 있었던 게 큰 수확이었다는 거지요.

사회자 : 그렇군요. 학생들이 좋은 경험을 한 것 같네요. 마지막으로 교수님께서는 이 수업을 진행하시면서 어떠셨나요?

교수 : 우선 예술의 기능을 직접 확인해 볼 수 있었습니다. 예술이 매개체가 되어 학생들은 '창조'라는 주제를 효과적으로 배울 수 있었습니다. 또한 가르치는 방법에 대해 다시 생각해 보게 되었습니다. 학생들은 굳이 가르쳐 주지 않아도 준비 과정을 통해서 필요한 것을 수집하고 창조할 수 있다는 것을 확인할 수 있었습니다.

● 들어 보세요 2 Tr 34 p.205

발표자 : 안녕하세요? 저는 오늘 여러분께 음악 치료에 관해서 말씀드리려고 합니다. 제가 이 주제를 선택한 이유는 음악에 관심이 많기도 하고 우울증이 있는 제 동생이 얼마 전 음악 치료를 받고 좋은 효과를 얻었기 때문이기도 합니다.

먼저 음악 치료란 무엇인가에 대해 알아보겠습니다. 이 사진을 봐 주십시오. 한 아이가 악기를 두드리고 있죠? 이 사진은 음악이 발달 장애 아동의 치료에 사용될 수 있다는 것을 보여 줍니다. 이와 같이 음악 치료는 음악을 이용해 병을 치료하거나 각종 스트레스를 완화시키는 심리 치료 중의 하나입니다.

다음으로 음악 치료의 대상에 대해 살펴보겠습니다. 이 사진에서 보시는 것처럼 뇌성 마비, 자폐증을 가진 아이들뿐만 아니라 우울증, 정신 질환을 가진 성인, 치매에 걸린 노인들이 치료의 대상이 됩니다. 최근에는 음악 치료의 효과가 알려지면서 환자가 아닌 일반인의 정서적 안정을 위해서도 널리 활용되고 있습니다.

음악 치료는 음악 감상, 노래 부르기, 가사 써 보기, 악기 연주 등 매우 다양한 활동을 통해 이루어지는데요. 피아노나 기타 외에도 사진에서 볼 수 있듯이 실로폰, 드럼처럼 손으로 치는 악기, 하모니카, 리코더와 같이 입으로 부는 악기 등이 이용됩니다. 환자는 이와 같은 음악 활동을 통해 교감하고 치유하는 과정을 거치게 됩니다.

이번에는 음악 치료의 효과에 대해 살펴보겠습

니다. 음악 치료는 신체적, 심리적, 사회적인 면에서 효과가 있습니다. 우선 뇌성 마비 아동의 경우 악기 연주를 통해 근육 운동을 활성화시키는 등 신체적 기능을 향상시킬 수 있고 치매 노인들과 정서적 장애가 있는 환자들은 음악 치료를 통해 심리적 안정을 얻을 수 있습니다. 또한 자폐 아동의 경우에는 사회성을 개발해 다른 사람과 관계를 맺고 어울리게끔 도움을 줄 수 있습니다.

마지막으로 음악 치료가 실생활에 응용되는 경우를 살펴보겠습니다. 앞에서 일반인들에게도 음악 치료가 활용되고 있다고 말씀드렸는데요. 즉, 일상생활에 지친 사람들의 스트레스를 완화시키거나 긴장을 풀기 위해 음악 치료를 실생활에 응용할 수 있습니다. 그런데 우리의 몸이 음악을 받아들여 긍정적인 작용을 하려면 감정과 음악 간에 동질성이 있어야 한다고 합니다. 예를 들면, 우울할 때 아주 빠른 음악만 듣고서는 마음이 정화되는 효과를 거둘 수 없습니다. 만약 우울하다면 느리면서도 밝은 분위기의 노래를 들어야 음악과 동질감을 느껴 쉽게 받아들일 수 있다고 합니다. 예를 들면 쇼팽의 발라드나 모차르트의 교향곡과 같은 것들이 이에 해당됩니다.

앞으로 이 분야에 대해서는 많은 연구가 이루어질 것으로 보입니다. 저도 기회가 있다면 음악 치료를 공부해 몸과 마음이 아픈 사람들을 치료해 주는 일을 하고 싶습니다. 지금까지 제 발표를 들어 주셔서 감사합니다. 혹시 궁금한 점 있으시면 질문해 주시기 바랍니다.

VII. 사상과 이데올로기

1. 한국인과 유교 사상

● 들어 보세요 1 Tr 39 p.236

선생님 : 오래간만이네요, 줄리앙 씨.

줄리앙 : 선생님, 그동안 잘 지내셨어요?

선생님 : 네, 덕분에 잘 지냈어요. 대학에 입학하니 어때요?

줄리앙 : 수업 듣는 것도 재미있고 선배나 동기들하고 어울리는 것도 재미있어요. 그런데 호칭 때문에 좀 힘들어요. 선배들이 제가 외국인인데도 자기들더러 '형, 누나'라고 부르라고 하니까 좀 불편해요. 한 살 차이밖에 안 나는데 형이 다 뭐예요?

선생님 : 한국 사회에서는 호칭이 아주 중요해요. 대학에서도 마찬가지지요.

줄리앙 : 왜 한국 대학생들은 나이 차이도 얼마 안 나는데 '선배님'이니 '형'이니 하는 호칭을 쓰는지 모르겠어요.

선생님 : 한국인들은 호칭을 통해 상하 관계를 확인하려고 하는 경향이 있어요. 호칭은 나이와 밀접하게 관련이 있는데 나이에 따라 서열과 호칭이 결정되기 때문이죠. 한국 사회에는 나이에 따른 상하의 위계질서가 있어서 경우에 따라서는 나이가 어린 아랫사람이 윗사람의 결정이나 의견에 모두 따라야 하지요. 대학에서는 나이를 대신하는 학번이라는 것이 있잖아요. 이 학번에 따라 선배와 후배의 서열이 결정되는 거예요.

줄리앙 : 왜 한국 사람들은 나이를 중요하게 생각하는 거예요? 우리 나라에서는 나이 차이가 많이 나는 사람도 윗사람, 아랫사람이라는 의식 없이 서로 친구가 될 수 있거든요.

선생님 : 아마도 유교 사상 때문인 것 같아요. 유교에서는 신분이나 남녀의 엄격한 구별과 그에 따른 질서를 강조했어요. 이 유교의 영향으로 나이가 많은 사람을 공경해야 한다는 생각이 아직도 강하게 남아 있어요. 지하철이나 버스에서의 경로석도 그러한 예가 되겠지요. 그리고 밥을 먹을 때도 어른이 먼저 식사를 시작하거나 술을 마실 때 어른 앞에서 얼굴을 돌리고 마시거나 하는 것도 마찬가지 예가 될 거예요.

줄리앙 : 아, 이제 좀 알겠어요. 제 한국 친구가 자기 언니보다 먼저 결혼하게 되었다고 언니한테 미안해하던데 저는 이해가 안 됐거든요. 이것도 위계를 중시하는 유교 문화로 이해할 수 있겠네요. 유교는 중국에서 처음 발생해서 한국과 일본에 전해졌다고 들었는데 중국이나 일본에 비해서 한국은 유교적 전통이 많이 남아 있는 것 같아요.

선생님 : 맞아요. 유교는 삼국 시대에 들어와서 조선 시대에 본격적으로 자리를 잡게 되었는데요. 조선 시대 500년 동안 유교가 국가의 통치 이념이 되면서 한국인의 의식과 행동 양식에 많은 영향을 미치게 된 거죠.

● 들어 보세요 2 Tr 40 p.237

줄리앙 : 안녕하세요? 저는 국어국문학과 신입생 줄리앙입니다. 오늘 저는 여러분께 한국어에 반영된 유교 사상이라는 주제로 말씀드리려고 합니다. 제가 이

주제를 선택한 이유는 언어와 문화는 서로 관련성이 깊고 한국어에는 유교 사상이 많이 반영되어 있다고 생각했기 때문입니다. 제 발표는 크게 두 부분으로 되어 있습니다. 첫 번째는 유교 사상과 한국어의 관련성에 대한 것이고, 두 번째는 유교 사상이 반영된 한국어 사례에 대한 것입니다.

우선 유교 사상과 한국어의 관련성에 대해 살펴보도록 하겠습니다. 언어는 문화와 깊은 관련성이 있고 어떤 문화는 한 언어를 이루는 바탕이 되기도 합니다. 먼저 이 속담을 봐 주십시오. "찬물도 위아래가 있다."라는 속담에는 순서와 질서를 중시하는 유교 사상이 반영되어 있습니다. 이처럼 우리가 흔히 사용하는 표현에서 유교 사상의 영향을 쉽게 발견할 수 있습니다.

다음으로 유교 사상이 반영된 한국어의 사례에 대해 말씀드리겠습니다. 유교 사상은 상하 관계와 서열을 중시하는데 가족과 사회에도 많은 영향을 미쳤습니다. 유교에서 중시하는 수직적 대인 관계가 가족에서 사회로 확장되면서 서열 의식이 분명한 사회를 이루게 되었습니다. 이런 서열 의식은 한국어의 높임말이나 복잡한 호칭어에서도 잘 드러납니다.

먼저 높임말에 대해 말씀드리겠습니다. 이 예문을 봐 주십시오. '진지 드십시오, 진지 드세요, 밥 먹어요, 밥 먹어라.'와 같이 같은 의미를 가진 문장도 화자와 청자의 관계, 서열, 나이에 따라 다르게 사용됩니다. '진지 드십시오.'와 '진지 드세요.'는 화자보다 나이가 많거나 서열이 높은 사람에게 사용할 수 있는 말입니다. 특히 '진지 드십시오.'는 '진지 드세요.'보다 격식적인 의미를 가져서 친밀하지 않은 사이에 더 자주 사용됩니다. '밥 먹어요.'는 화자와 나이와 서열이 비슷한 사람에게 쓸 수 있습니다. 반면 '밥 먹어라.'는 화자보다 나이가 어리거나 서열이 낮은 사람에게 쓸 수 있습니다. 이는 대인 관계를 상하의 서열 관계로 인식하는 유교 사상의 특징이 언어에 잘 반영된 예라고 할 수 있습니다.

다음으로 호칭에 대해 말씀드리겠습니다. 이 호칭을 봐 주십시오. 영어 'uncle'에 대응되는 한국어 표현은 '큰아버지, 작은아버지, 외삼촌, 삼촌, 이모부, 고모부'로 다양합니다. 이렇게 한국 사회에서 가족 관계에 따라 다양한 호칭으로 서로를 구분 짓고 구별하는 것도 유교 사상과 관련이 있습니다. 예를 들어 여자가 결혼하면 시부모는 며느리를 '새아가'라고 부릅니다. 반면 남편의 남동생은 '형수님'이라고 하며 남편의 여동생은 '새언니'라고 부르는 등 같은 사람이 다양한 호칭으로 불리게 됩니다. 결혼한 여자가 시댁 식구들을 부르는 호칭도 복잡해서 적절한 호칭을 몰라 당황하는 경우도 생깁니다. 이러한 호칭은 서로의 관계와 서열을 확인하는 것이므로 다양한 호칭의 발달도 상하의 서열 관계를 반영하는 것임을 알 수 있습니다.

지금까지 말씀드린 것을 통해 유교 사상은 한국어의 바탕을 이루어 한국인의 언어생활과 의식에 큰 영향을 미쳤다는 결론을 내릴 수 있습니다. 그렇기 때문에 한국어와 한국 문화를 좀 더 깊이 이해하기 위해서는 유교 사상에 대해 꼭 알아야 한다고 외국인 친구들에게 조언해 주고 싶습니다. 제 발표를 들어 주셔서 감사합니다. 이상으로 발표를 마치겠습니다.

모범 답안

I. 개인과 사회생활

1. 바람직한 인재상

듣기_들어 보세요 1 p.22

1. 1)

   - ☑ 인재 발굴 □ 새로운 기회
   - □ 기업 경쟁력 ☑ 기술 개발
   - ☑ 창의적인 아이디어 □ 개발 속도
   - ▪ 그중에서 가장 중요한 것은 인재 발굴입니다.

   2) 인재 발굴에 관한 내용

2. 1) 자신의 회사에 필요한 인재를 뽑는 것이 중요하다고 생각했기 때문입니다.

   2)

   - ☑ 리더십이 있는 사람 □ 경쟁심이 강한 사람
   - ☑ 추진력이 있는 사람 □ 일처리가 꼼꼼한 사람
   - ☑ 책임감이 강한 사람 ☑ 도전 정신이 강한 사람

   3) '천재'는 '팔방미인형' 인간으로 놀기도 잘 놀고, 공부도 잘하고, 일도 효율적으로 잘하는 사람입니다.

듣기_들어 보세요 2 p.23

1.

□ 소수 엘리트	:	☑ 평범한 다수
□ 강한 리더십	:	☑ 원만한 대인 관계
☑ 다양함	:	□ 특별함

2.

1) 거북이형 • • 자기중심적이다 도전 정신과 승부욕이 강하다

2) 토끼형 • • 창의적이다 실수가 많다

3) 경주마형 • • 실수가 없다 일 처리가 느리다

3. 다양한 인재가 모여 조화 속에서 자신의 장점을 발휘하게 하는 것입니다.

4. 경주마형은 자기중심적이라는 점에서 단점도 있지만 도전 정신과 승부욕이 강해서 추진력 있게 일을 잘 처리하는 장점이 있어서 채용하여 쓸 만합니다.

2. 공익과 사생활

읽기_읽어 보세요 1 p.36

1. ④
2. 세령호 사건으로 사형 선고를 받은 사람이었습니다.
3. 주인공과 주인공 아버지의 얼굴, 아버지의 인생사와 세령호 사건 등을 공개했습니다.
4. 죽은 아이의 아버지가 범죄 기사가 실린 잡지를 복사해서 학교와 동네 사람들에게 배포했기 때문에 주인공의 아버지가 알려지게 되었습니다.

읽기_읽어 보세요 2 p.38

1. 공공의 이익과 개인의 인권이 갈등을 일으킨다면 공익을 우선시해야 합니다.
2.

	주장	근거
1) 엘리베이터 어린이 납치 사건에서 범인을 잡는 데 CCTV가 결정적인 역할을 했다.	☐	☑
2) 범죄가 발생하기 쉬운 장소에는 CCTV를 적극적으로 설치해야 한다.	☑	☐
3) 범죄 예방을 위해서는 그들의 얼굴과 신상 정보를 반드시 공개해야 한다.	☑	☐

3.

문제	반대 의견
범죄자의 신상 정보 공개	신상 정보 공개는 범죄자의 인권을 지나치게 침해합니다.
CCTV 설치	CCTV 설치는 개인의 사생활을 침해합니다.

보충 어휘–한자 성어 I p.47

연습 1.
1) ① 2) ② 3) ② 4) ①

연습 2.
1) 노심초사 2) 정정당당 3) 노발대발
4) 독불장군 5) 적반하장 6) 동병상련

연습 3.
1) 동병상련 2) 독불장군
3) 노발대발 4) 적반하장

연습 4.
1) 이심전심 2) 기고만장 3) 노심초사
4) 정정당당 5) 다재다능 6) 솔선수범

II. 사랑과 추억

1. 잊지 못할 순간

듣기_들어 보세요 1 p.58

1. 2) 남자는 명동에서 여자를 처음 만났는데 호감이 있었지만 부모님의 반대로 계속 만나지 못했습니다.
 5) 6개월 후 여자에게 편지를 받았는데 여자의 연락처가 없어서 아쉽게 연락을 하지 못했습니다.
 3) 어느 날 책장을 정리하다가 그토록 찾던 여자의 명함을 발견했습니다.
 1) 기쁜 마음으로 여자에게 전화를 걸었는데 갓난아이의 울음소리를 듣고 서둘러 전화를 끊었습니다.
 4) 3년 후 선배의 소개로 여자를 다시 만나 오해를 풀고 결혼하게 되었습니다.
2.
1) 편지를 받았을 때 • • 막막했다
2) 그녀와 연락이 끊어졌을 때 • • 두근거렸다
3) 아기 울음소리를 들었을 때 • • 원망스러웠다
4) 3년 후 다시 만났을 때 • • 설렜다
3. ④
4. 선배가 다시 여자를 소개해 줘서 만나게 되었습니다.

듣기_들어 보세요 2 p.59

1. 국숫집 할머니를 찾고 있습니다. 그 이유는 할머니에게 용서를 빌고 싶었기 때문입니다.
2. ①-⑤-③-④-②
3. 얼마나 배가 고팠으면 그랬을까 생각하니 마음이 아프고 안타까워서 급하게 뛰지 말고 걸어가라고 했지요.
4. 1) 남자는 노숙 생활을 하다가 사흘이나 굶고 어떤 할머니가 하는 국숫집에 무작정 들어갔습니다.
   2) 국수를 두 그릇이나 먹었지만 돈이 없어 국숫값을 내지 못하고 도망을 쳤습니다.
   3) 할머니는 쫓아 나오면서 다치니까 뛰지 말고 걸어가라고 소리쳤습니다.
   4) 그 후 남자는 세상에 대한 미움을 버리고 다시 일을 시작해서 지금은 파라과이에서 사업을 하고 있습니다.

2. 소나기

읽기_읽어 보세요 p.75

1.

배경	개울가에서	산에서	도랑에서	소녀가 이사 가기 전날 밤에
사건	소년과 소녀가 처음 만났습니다. 소녀가 징검다리 한가운데 앉아 물장난을 하다가 소년에게 조약돌을 던졌습니다.	같이 산에 놀러 갔다가 소나기를 만나 함께 비를 피했습니다.	소년이 소녀를 업고 도랑을 건넜습니다.	소녀가 죽게 되었습니다.

2. 자신에게 말을 걸지 않는 소년이 답답했기 때문입니다.
3. 원두막과 수숫단 속에서 비를 피했습니다.
4. ②
5. ⓐ 쑥스러웠습니다
   ⓑ 가슴이 뛰었습니다
   ⓒ 안타까웠습니다, 가슴이 저렸습니다

보충 어휘-한자 성어 Ⅱ p.86

연습 1.
1) ① 2) ② 3) ① 4) ①

연습 2.
1) 고진감래 2) 사면초가 3) 학수고대
4) 전화위복 5) 명실상부 6) 대기만성

연습 3.
1) 학수고대 2) 전화위복
3) 칠전팔기 4) 대기만성

연습 4.
1) 당연지사 2) 승승장구 3) 사면초가
4) 명실상부 5) 고진감래 6) 천신만고

Ⅲ. 경제와 생활

1. 물가 이야기

듣기_들어 보세요 1 p.96

1. ③
2. ③
3. 1) 보완재 2) 보완재 3) 대체재 4) 대체재

듣기_들어 보세요 2 p.97

1. 농산물 가격의 변동(폭등과 폭락)
2. ④
3. ④
4. ③

2. 경제와 무역

읽기_읽어 보세요 p.111

1. 가-②, 나-⑥, 다-③, 라-⑤, 마-①, 바-④
2. 저개발국에서 물건을 싸게 구입해 선진국 소비자들이 있는 곳으로 운반한 후 비싸게 팔아 큰 이익을 얻는 사업
3. 저개발국의 생산자들이 기본적인 생활 수준에 도달할 수

있도록 소비자가 생산 비용 이상의 가격으로 제품을 구매 하는 것
4. 첫째, 공정 무역은 생산 비용 이상의 가격을 보장함으로써 생산자들이 생계를 유지하고 미래의 사업을 계획하거나 생산 시설에 투자할 수 있도록 도와주기 때문입니다. 둘째, 공정 무역은 일방적인 원조가 아닌 노동의 가치를 인정하기 때문입니다.
5. 커피 전문점, 의류, 장신구, 도자기 등이 있습니다.
6. 1) 합리적 소비　　2) 윤리적 소비
   3) 합리적 소비　　4) 윤리적 소비

보충 어휘-관용어 I p.122

연습 1.
1) ②　2) ②　3) ②　4) ①

연습 2.
1) 배가 등에 붙다　　2) 쥐꼬리만하다
3) 허리띠를 졸라매다　　4) 돈방석에 앉다
5) 상다리가 부러지다　　6) 발 디딜 틈이 없다

연습 3.
1) 상다리가 부러질　　2) 배가 등에 붙을
3) 발 디딜 틈이 없(네)　　4) 허리띠를 졸라매(고)

연습 4.
1) 쥐꼬리만한　　2) 돈방석에 앉게
3) 손가락을 빨고　　4) 파리만 날리고
5) 배가 터질　　6) 목이 빠지게

IV. 건강한 삶

1. 음식과 체질

듣기_들어 보세요 1 p.132

1. 체질과 음식
2. 체형과 성격
3. 체질에 좋은 음식을 먹어야 합니다.
4.

듣기_들어 보세요 2 p.133

1. 1) 의견 1 : 사상의학의 이점을 활용하자.
   의견 2 : 사상의학이 과연 과학적인가?
2. 1) 건강한 생활을 위해 섭취하면 좋을 음식
   2) ▪ 주장 : 구석기 식단(단백질과 비타민, 무기질)을 실천하면 비만을 막고 건강해질 수 있습니다.
      ▪ 근거 : 구석기 시대에는 비만인 사람이 없었습니다.
   3) ▪ 주장 : 열량이 낮으면서도 탄수화물, 단백질, 비타민 등 영양소가 균형을 이룬 식단을 추구해야 합니다.
      ▪ 근거 : 구석기인들은 하루 종일 육체적인 노동을 했지만 현대인들은 육체적인 노동을 해야 하는 경우는 별로 없고 주로 머리를 쓰는 일을 많이 하기 때문에 탄수화물을 많이 필요로 합니다.

2. 건강과 마음

읽기_읽어 보세요 1 p.146

1. 군인들이 약을 먹고 병이 나을 거라는 긍정적인 마음이 생겨서 면역력이 올라갔기 때문입니다.
2. ▪ 어머니가 아픈 배를 어루만져 주시면 나은 경우
   ▪ 피곤할 때 영양제나 비타민을 먹고 피로가 사라진 경우
   ▪ 홍삼을 먹고 금방 힘이 솟는 느낌을 받은 경우
3. ▪ 제2차 세계 대전 때부터 사용하기 시작했습니다.
   ▪ 그 이유는 약이 부족해서 죽어가는 군인들을 지켜보면서 군의관들은 가짜 약이라도 처방해 주는 게 낫다고 생각했기 때문입니다.
4. 따뜻한 손으로 아픈 배를 문지르면 혈액 순환이 활발해져서 장운동이 촉진되고 그 결과 배가 낫게 됩니다.

읽기_읽어 보세요 2 p.148

1. (어머니의 손)은 사랑(진한 체온과 정신)이 가득한 아름다운 손입니다.
2. 눈에 티가 들어갔기 때문입니다.
3. 손녀를 안으시고 아픈 눈을 가만히 어루만져 주셨습니다.
4. 집이 가난해서 아파도 약을 먹지 못하고 누워 있을 때 어머니께서 아픈 곳을 손으로 쓰다듬어 주시면 이상하게도 금방 나았습니다.
5. 의사인 자신의 손에는 진한 체온과 정신이 빠져 있는 것을 느꼈습니다.
6.

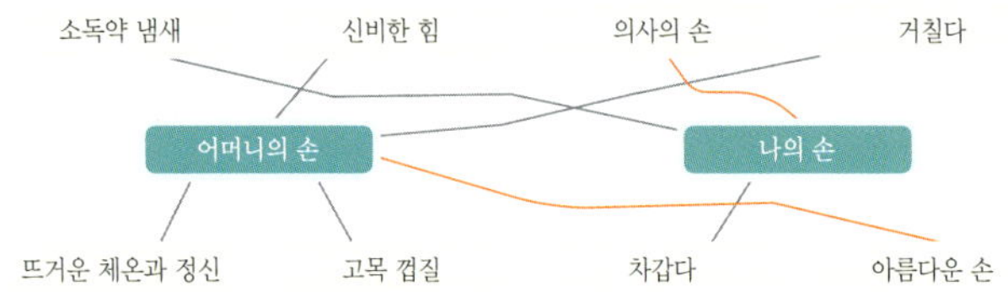

보충 어휘–관용어 Ⅱ p.158

연습 1.

1) ①　2) ①　3) ②　4) ②

연습 2.

1) 눈 녹듯이 사라지다　2) 마파람에 게 눈 감추듯 하다
3) 쥐 죽은 듯 고요하다　4) 돈을 물 쓰듯 하다
5) 소 닭 보듯 하다　6) 날개 돋친 듯이 팔리다

연습 3.

1) 마파람에 게 눈 감추듯　2) 씻은 듯이 나았어.
3) 소 닭 보듯　4) 눈 녹듯이 사라졌어.

연습 4.

1) 귀가 찢어질 듯　2) 돈을 물 쓰듯 하(더니)
3) 날개 돋친 듯이 팔리(고)　4) 쥐 죽은 듯 고요했다
5) 불 보듯 뻔하다　6) 날아갈 듯이 가벼웠다

V. 성공과 실패

1. 새로운 시도

듣기_들어 보세요 1 p.168

1. 한글의 창제 과정과 한글에 대한 평가
2. 거세게 반발하고 한글을 무시했습니다.
3. 백성들도 문자를 쉽게 사용하고 글을 읽고 자신의 생각을 표현할 수 있도록 하자는 취지로 한글을 만들었습니다.
4. 1443년–②, 1443년~1894년–④, 1894년–①, 현재–③

듣기_들어 보세요 2 p.168

1. 청계천 사업에 대한 평가
2. ▪ 복원 전 : 콘크리트로 덮인 청계천 위로 고가 도로가 세워지고 도로를 따라 노점상이 밀접해 있었습니다.
   ▪ 복원 후 : 다시 맑은 물이 흐르게 되었습니다.
3. ▪ 상인 : 생계에 대해 걱정하면서 거세게 반발하고 비난했습니다.
   ▪ 시민 : 도심 교통이 마비될 것이라며 회의적인 반응을 보였습니다.
4. ☑ 중앙 버스 전용 차로제 도입
   □ 버스, 지하철 환승 제도 마련
   ☑ 상인들의 이주 지원
   ☑ 상인들에게 보상비 지급
5. 새로운 것에 도전하여 목표를 달성한 좋은 예로 평가하고 있습니다.

2. 흔들리며 피는 꽃

읽기_읽어 보세요 1 p.181

1. 인생의 시련과 시련의 극복
2.

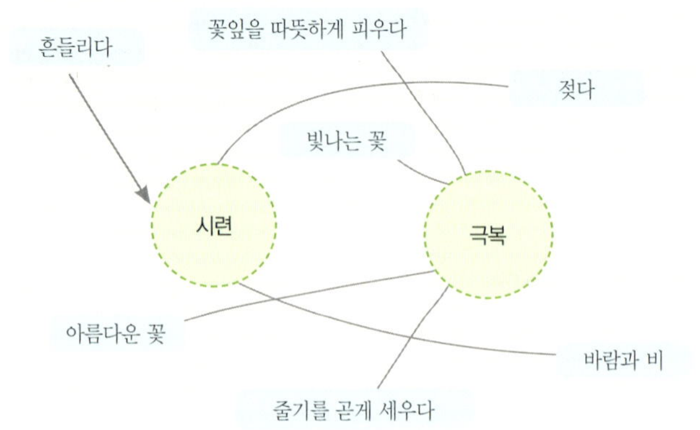

3. 계속 취업에 실패해서 좌절해 있는 취업 준비생, 올림픽에서 메달 획득에 실패한 선수

읽기_읽어 보세요 2 p.184

1.

가	사랑하는 아내가 암으로 죽고 회사도 그만두게 됨.
나	열심히 공부해서 호텔 주방장이 되고 제빵 회사에 스카우트됨.
다	전쟁으로 가족과 헤어져 생활하다가 폭격으로 다리를 다치게 됨.
라	'Mr. Lee'라는 브랜드로 노르웨이에서 성공하게 됨.
마	라면 사업을 시작했지만 소매상에서 라면을 받아 주지 않아 고생함.
바	노력한 끝에 소매상과 첫 거래를 시작함.
사	일용직 근로자로 힘든 생활을 함.

2. 한국 전쟁 때 폭격으로 다친 다리를 치료하기 위해 의사의 도움으로 노르웨이에 가게 되었습니다.
3. 한국을 방문했을 때 을지로의 한 분식점에서 먹은 라면 맛을 잊을 수 없어서 노르웨이 사람들에게 라면 맛을 알리고 싶었습니다.
4. 1) 일자리를 얻지 못하고 노는 날이 많았다.
   2) 부모님은 (아내를) 마음에 들어 하지 않으셨지만
   3) 죽어 가는 아내를 살릴 수 없었다.
   4) 사람이 정성을 다하면 하늘이 감동한다고, 열심히 노력하면 바라는 일을 이루게 된다고.
5. 어떤 시련에 부딪칠지라도 포기하지 않고 열심히 노력하면 누구나 성공할 수 있습니다.

보충 어휘-속담 I p.194

연습 1.

1) ①　2) ①　3) ②　4) ②

연습 2.

1) 돌다리도 두들겨 보고 건너라
2) 호랑이도 제 말하면 온다
3) 열 번 찍어 안 넘어가는 나무 없다
4) 벼는 익을수록 고개를 숙인다
5) 등잔 밑이 어둡다
6) 아니 땐 굴뚝에 연기 나랴

연습 3.

1) 아니 땐 굴뚝에 연기 날까
2) 돌다리도 두들겨 보고 건너라고
3) 등잔 밑이 어둡다고
4) 호랑이도 제 말하면 온다고

연습 4.

1) 원숭이도 나무에서 떨어질 때가 있다(고)
2) 병 주고 약 주는구나
3) 무소식이 희소식이라(고)
4) 열 번 찍어 안 넘어가는 나무 없(는)
5) 작은 고추가 맵다(더니)
6) 벼는 익을수록 고개를 숙인다(는)

VI. 생활과 예술

1. 생활 속의 예술

듣기_들어 보세요 1 p.204

1. ②
2. 학생들에게 직접 10분짜리 연극을 만들게끔 했습니다.
3. 처음엔 회의적이었으나 공연을 마친 후에는 강의에서보다 훨씬 많은 것을 배웠다고 했습니다.
4. ④

듣기_들어 보세요 2 p.205

1. ②
2. ④
3. 뇌성 마비 · 자폐증을 가진 아이, 우울증 · 정신적인 질환을 가진 성인, 치매에 걸린 노인들
4. ③
5. 느리면서도 밝은 분위기의 노래

2. 건축물의 미학

읽기_읽어 보세요 1 p.216

1. 건축에서의 창의 기능과 역할
2. 벽에 그림을 거는 일과 건물에 창을 내는 일
3. ☐ 그림의 모양과 크기 결정
   ☐ 건물의 용도 결정
   ☑ 내부 공간의 분위기 조성

☑ 빛, 바람, 소음 조절

4. ③

5. 건물을 사용하는 사람을 고려했습니다.

읽기_읽어 보세요 2 p.218

1. 창덕궁의 연경당(사랑채와 안채)
2. ②
3.

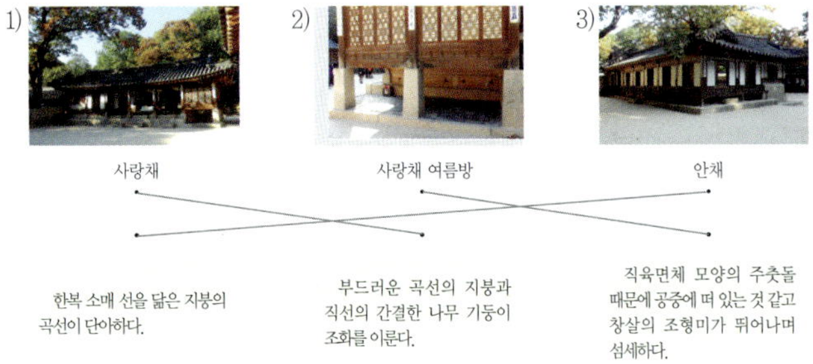

4.

☑ 소박하다	☐ 웅장하다	☑ 섬세하다
☐ 신비롭다	☑ 조형미가 뛰어나다	☑ 단정하다
☐ 압도되었다	☑ 수를 놓은 것 같다	☐ 완벽하다

보충 어휘-속담 Ⅱ p.226

연습 1.

1) ② 2) ② 3) ② 4) ①

연습 2.

1) 밑 빠진 독에 물 붓기 2) 싼 게 비지떡
3) 내 코가 석 자 4) 계란으로 바위 치기
5) 우물 안 개구리 6) 울며 겨자 먹기

연습 3.

1) 내 코가 석 자 2) 싼 게 비지떡
3) 빛 좋은 개살구 4) 울며 겨자 먹기

연습 4.

1) 도토리 키 재기 2) 밑 빠진 독에 물 붓기
3) 땅 짚고 헤엄치기 4) 티끌 모아 태산
5) 우물 안 개구리 6) 계란으로 바위 치기

VII. 사상과 이데올로기

1. 한국인과 유교 사상

듣기_들어 보세요 1 p.236

1. 나이와 호칭 문제
2. ④
3. 신분, 남녀, 상하 등의 엄격한 구별과 그에 따른 질서를 강조합니다.
4. ③

듣기_들어 보세요 2 p.237

1. 1) 한국어에 반영된 유교 사상
   2) 유교 사상과 한국어의 관련성
2. 한국어에 유교 사상이 많이 반영되어 있다고 생각했기 때문입니다.
3. 1) 높임말
   2) 호칭

2. 한국인과 이데올로기

읽기_읽어 보세요 p.250

1.

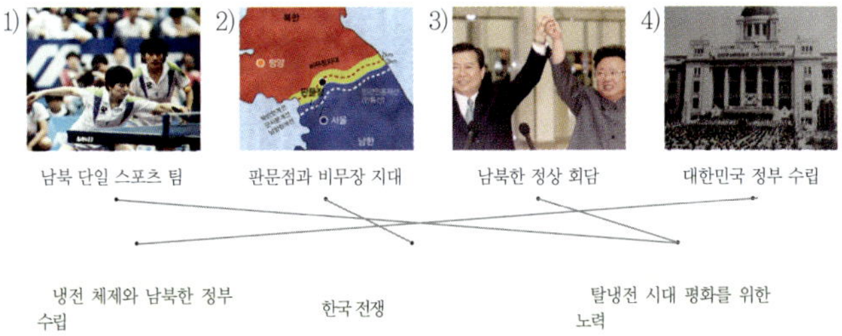

2.

시 기	사 건
1945. 8. 15.	일본으로부터 독립
1948	남북한 각각 정부 수립
1950. 6. 25.	한국 전쟁 발발
1972. 7. 4.	남북 공동성명 발표
1985	이산가족 상봉
1988	서울 올림픽
2000	시드니 올림픽 개막식에 남북 공동 입장

3.

결 과	배경 및 원인
ⓐ 남북한 정부 수립	미국과 소련의 이념 대립과 냉전 체제
ⓑ 한국 전쟁	남북한의 이념 대립
ⓒ 국가보안법 제정	남한 내에 이념 대립으로 인한 혼란스러운 상황 발생
ⓓ 이산가족 상봉	남북한 간 대화와 교류 시작, 대한 적십자사가 북한 적십자사에 회담 제의
ⓔ 88 서울 올림픽	탈냉전의 분위기 조성

보충 어휘-연어 I

p.258

연습 1.

1) ② 2) ① 3) ② 4) ①

연습 2.

1) 텅 비다 2) 벌떡 일어나다
3) 덜컥 열리다 4) 홱 돌리다
5) 흠뻑 젖다 6) 푹 쉬다

연습 3.

1) 흠뻑 젖었네 2) 푹 쉴 거야
3) 벌떡 일어났어 4) 쭉 펴

연습 4.

1) 텅 비어 2) 털썩 주저앉(고)
3) 홱 돌아봤다 4) 뚝 그치고
5) 덜컥 열리(더니) 6) 펄쩍 뛰(며)

어휘 색인

ㄱ

ㅈ

ㅊ

집필

최은규 서울대학교 국어국문학과 박사
서울대학교 언어교육원 한국어교육센터 대우부교수

서경숙 서울대학교 국어국문학과 박사 과정 수료
전 서울대학교 언어교육원 한국어교육센터 대우전임강사

이정덕 이화여자대학교 국제대학원 한국학과 박사 과정 수료
서울대학교 언어교육원 한국어교육센터 대우전임강사

우재영 서울대학교 국어교육과 박사 과정 수료
서울대학교 언어교육원 한국어교육센터 대우전임강사

번역

이소영 이화여자대학교 교육공학과 박사
서울대학교 언어교육원 한국어교육센터 대우전임강사

제효봉 서울대학교 국어교육과 박사 과정 수료
북경어언대학교 한국어학과 부교수

가와사키 게이고 서울대학교 국어국문학과 박사 수료
숭실대학교 일어일본학과 조교수